华章经典 · 金融投资

行为金融

与

投资心理学

（原书第7版）

THE PSYCHOLOGY OF INVESTING

7th Edition

［美］约翰 · R. 诺夫辛格 (John R. Nofsinger) 著

李君伟 译

机械工业出版社

CHINA MACHINE PRESS

John R. Nofsinger. The Psychology of Investing，7th Edition.

ISBN 978-0-367-74821-0

Copyright © 2023 by John R. Nofsinger.

图书在版编目（CIP）数据

行为金融与投资心理学：原书第 7 版 /（美）约翰·R. 诺夫辛格（John R. Nofsinger）著；李君伟译 . —北京：机械工业出版社，2024.2

书名原文：The Psychology of Investing, 7th Edition

ISBN 978-7-111-74894-6

Ⅰ. ①行…　Ⅱ. ①约…②李…　Ⅲ. ①金融行为—研究 ②投资—经济心理学—研究　Ⅳ. ① F830.2 ② F830.59

中国国家版本馆 CIP 数据核字（2024）第 041133 号

机械工业出版社（北京市百万庄大街22号　邮政编码100037）
策划编辑：张竞余　　　　责任编辑：张竞余　牛汉原
责任校对：张婉茹　刘雅娜　责任印制：常天培
北京铭成印刷有限公司印刷
2024 年 5 月第 1 版第 1 次印刷
147mm × 210mm · 9 印张 · 3 插页 · 208 千字
标准书号：ISBN 978-7-111-74894-6
定价：79.00 元

电话服务　　　　　　　　网络服务
客服电话：010-88361066　机 工 官 网：www.cmpbook.com
　　　　　010-88379833　机 工 官 博：weibo.com/cmp1952
　　　　　010-68326294　金 书 网：www.golden-book.com
封底无防伪标均为盗版　机工教育服务网：www.cmpedu.com

献给安娜，我的妻子和最好的朋友

广义上投资学似乎属于经济学大学科。曾几何时，"经济学帝国主义"说法风行一时。

美国经济学家加里·S.贝克尔写作了《人类行为的经济分析》一书，尝试用微观经济学的基本方法和概念解释非经济问题（如犯罪、家庭、教育等），并荣获1992年诺贝尔经济学奖。这被视为"经济学帝国主义"的典型事例。经济学家也信心满满：似乎只要拥有一套经济学工具箱里的家伙什儿，"入侵"其他社会科学领域总是手到擒来的。

可是经济学家无奈地发现，在解释诸多经济现象、预测反复出现的经济危机时，曾经令人志得意满的那些理论工具似乎并不总是那么灵光。或许更令人泄气的，是其他学科频繁地"插手"经济学家的传统地盘，并屡屡颇有建树。就说心理学，本来是研究有关人类行为与心理过程的，涉及人类的知觉、认知、情绪、人格、行为、人际关系、社会关系等领域，更在日常生活中的诸多热点如家庭、教育、健康、社会等方面盛行多年，可是在2002年，心理学家丹尼尔·卡尼曼获得了诺贝尔经济学奖，就是因为他运用社会心理学、认知科学的工具，在对理性与幸福的研究以及行为经济学方面打开了新局面。2017年，诺贝尔经济学奖授予了获得文学硕士和哲学博士学位的美国芝加哥大学商学院教授理查德·塞勒。颁奖词说，是看重他将心理学和经济学相结合的交叉学科研究，这让经济学"更人性化"，承认其"通过探索有限理性、社会偏好和缺乏自我控制的后果，展示人脑思维特点如何系统性地影响决策和市场结果"。

基于经济学理性决策的基本假定，投资学教科书还精心构建了各种理论，包括现代投资组合理论、资产定价模型、套利定价理论等。罗伯特·默顿与迈伦·斯科尔斯等人还共同发明了金融期权数学模型，为人们提供了一个非常实用的控制投资风险的模型。1997年他们因此获得了诺贝尔经济学奖。可是第2年，他们作为合伙人、深信他们模型的著名的长期资本管理公司（LTCM），却轰然倒闭了。

随着科学研究的进步，为了解决单一学科无法解决的难题，交叉学科应运而生，出现了文科之间、理科之间甚至是文理之间学科的交融，并且这种交融呈现出方兴未艾的发展势头。一向强势的经济学科明显受到了其他学科的影响，借鉴其他学科研究方法、理论的研究成果如雨后春笋般涌现。比如，丹尼尔·卡尼曼就对判断和决策的理性模型提出挑战。越来越多的证据表明，在证券交易的实战中，投资者往往是在各种情绪的支配下做出决策的。他们跑赢或跑输市场也很难或很少能够通过理性模型得到解释。

这本书是美国阿拉斯加安克雷奇大学金融学教授约翰·R. 诺夫辛格先生的一部力作，他被公认是行为金融与投资心理学方面的世界一流的专家。这本书自面世以来，作者经常根据形势的发展和自己研究的深入而进行修订。在我国国内，自2004年8月由中信出版社引进第1版之后，北京大学出版社、机械工业出版社陆续引进了各个版次，直到这次的第7版——这足以证明作者对这本书的重视以及这本书的受欢迎程度。这本书扎实地证明了心理学理论在投资决策中发挥的重要作用，展示了认知错误、启发式简化、心理偏差和情绪等属于心理学领域的因素是如何影响投资者决策的，而受这些因素影响所做出的决策往往对投资者积累财富产生负面影响。作者，当然也包括译者本人，希望读者朋友们读完这本书，不仅能更加完善对投资行为的理解，还能对避免自己投资受损产生正面影响。

最后，虽是惯例，我却发自真心，衷心感谢机械工业出版社华章分社的编辑们，没有你们的帮助和督促，这本译稿是断然不能顺利面世的。感谢中国社会科学院大学许晓凯同学提供的巨大帮助。感谢给我最温暖支持、最坚强依靠的家人。我爱你们。

李君伟

2023 年 7 月 10 日

华尔街有句古老的格言：影响市场的因素有两个——恐惧和贪婪。许多人会说，在新冠疫情开始时，恐惧主导了市场，而在2021年，贪婪主导了模因股票投资者的行动。虽然这些情况是真实的，但这一描述过于简单化了。人类的思维是如此复杂，人类的情感是如此丰富，以至于仅用恐惧和贪婪两个词，并不能充分描述投资者在做出投资决策时所受的心理影响。这本书是最早深入研究这一迷人并且重要主题的书籍之一。

很少有其他书提供这一信息，因为传统金融学领域一直专注于开发投资者用以优化预期收益和风险的工具。这一努力是卓有成效的，产生了资产定价模型、投资组合理论和期权定价等工具。尽管在投资决策过程中，投资者应该使用上述这些工具，但是投资者通常不会使用它们。因为心理学比金融理论更能影响投资者的决策。不幸的是，心理偏差可以抑制一位投资者做出良好投资决策的能力。通过了解你的心理偏差，你可以克服它们，并且增加你的财富。

你会注意到，这本书大多数章节的结构都是类似的。首先，通过一种日常行为（比如开车）来描述和说明一种心理偏差。然后，解释这种心理偏差对投资决策的影响。最后，通过学术研究表明，投资者在决策中确实表现出了这一现象。我们对投资者心理的了解正在迅速增加，因此，与第 6 版相比，这一版的所有章节都有新的变化。这本书新增了一个完整的章节，描述了模因投资者的行为和在游戏驿站股票中发生的轧空现象。

这些新增的材料并不能取代传统金融学中的案例。理解心理偏差是对传统金融工具的补充。

本版更新之处

第 1 章：心理学与金融学

● 新增了对模因投资者的讨论。

第 2 章：过度自信

● 补充了关于罗宾汉公司客户交易的一段讨论和一篇论文。

第 3 章：自豪与懊悔

● 补充了关于税收意识降低处置效应的一段讨论和一篇论文。

第 4 章：风险感知

- 补充了关于投资者恐慌和恐慌性抛售的一段讨论和一篇论文。

第 5 章：决策框架

- 增加了关于 401(k) 养老金计划投资选择和字母顺序偏差的两段讨论和一篇论文。
- 增加了关于左位偏差的一段讨论和一篇论文。

第 6 章：心理会计

- 新增了关于心理账户的内容。

第 7 章：构建投资组合

- 新增了对行为投资组合理论及其与现代投资组合理论区别的讨论。
- 新增了关于行为投资组合特征的内容和一篇论文。

第 8 章：代表性与熟悉度

- 扩大了对本土偏差的讨论，包括当投资者从一个国家搬到另一个国家时的遭遇。

第 9 章：社会互动与投资

- 重写了引语，新增了戴维·赫什莱弗在 2020 年关于社会经济和金融的演讲，这是他当年在美国金融协会（AFA）的会长演讲。

- 补充了关于社交和交易活动的一项研究。
- 增加了关于芬兰的一种名叫温卡皮塔的庞氏骗局的内容。
- 对几个小节补充了几篇学术论文以增强论述。

第 10 章：情绪与投资决策

- 增加了一节内容，关于一种新的基于音乐的情绪测量方法。
- 补充了关于一种新的基于图片的新闻悲观主义指数的讨论。

第 11 章：自我控制与决策制定

- 更新在"选择架构"部分中。
- 增加了新的论文。
- 增加了关于助推影响能否持续的讨论。
- 增加了关于与彩票相关的储蓄计划不仅提高了储蓄率，而且减少了赌博的发现。

第 12 章：投资生理学

- 增加了从基因方面探讨捐赠和股票市场参与活动的表现的内容。
- 增加了关于股票市场收益率与死亡人数相关性的参考资料。

第 13 章：2021 年的模因投资者

- 这是全新的一章。

| 第 1 章 |

心理学与金融学

金融危机开始时，恐惧气氛弥漫。政府显然是在担心整个系统的财务失败。任何观察者都可以看到，为了避免这一后果，联邦政府正在疯狂地提出前所未有的、戏剧性的方案。联邦政府强迫每家大银行都提供数百亿美元，接管其他金融机构，如抵押贷款公司房利美和房地美以及保险公司美国国际集团，并承担数千亿美元的债务。

根据道琼斯工业平均指数计算，截至 2008 年前三个季度，美国股市下跌了 18%。2008 年第四季度，在恐慌期间，市场又下跌了 19%。2009 年第一季度，亏损加速增长。2009 年 3 月 5 日，市场下跌了 25%，跌至到一个低点。当然，投资者当时并不知道这是底部。他们只知道，市场已经下跌了一年多，总共下跌了 50% 以上。而且，最近的损失也最为剧烈。个人投资者在这段时间里做了什么呢？他们在卖股票。这两个季度，他们出售了超过 1500 亿美元的股票共同基金。其中大多数都卖在了处于或接近市场底部的位置。相比之下，在当月的市场顶部，同样的投资者是 110 亿美元股票共同基金的净买家。即使到了 2012 年，个人投资者也再没有像以前那样买入股票。一朝被蛇咬，十年怕井绳。

理智上，我们都知道需要低买高卖才能在股票市场上赚到钱。然而，正如这些数字所表明的那样，个人投资者是出了名的糟糕的市场择时者。在市场大幅波动的时期，我们的心理偏差尤其具有破坏性，因为情绪会被放大。

但在这个经济动荡时期，暴露出来的不仅仅是个人投资者的认知偏差——金融专业人士的错误也暴露了出来。这些公司和机构的投资者倾向于创建复杂的模型来描述影响投资价格的所有因素。随着时间的推移，他们变得过于依赖这些模型。过度自信导致了他们更大程度的冒险行为。在某种程度上，他们不知道的是，他们的行为使公司面临着生命危险。随后意外发生了。纳西姆·塔勒布称这些意外为"黑天鹅"——因为欧洲人认为所有的天鹅都是白色的，直到他们去了澳大利亚。他们惊讶地发现，这里有黑天鹅。这一次，罕见而重要的事件是美国的房地产价格开始下跌，人们开始拖欠抵押贷款。

许多金融机构发现，在它们的傲慢中，它们过度杠杆化并迅速沉溺其中。数百家银行倒闭了。投资银行被清算或被迫出售。大型商业银行得到了政府的救助。对冲基金被清算。金融专业人士把公司的前途命运和他们的职业生涯都押注在这一模式上，结果失败了。

为什么投资者和金融专业人士经常做出糟糕的决定？虽然有些人犯错误可能是因为消息不够灵通或者训练不足，但上述那些错误却往往是由高度聪明并且训练有素的专业人士犯下的。所有的这些问题都源于认知错误、心理偏差和情绪不稳定。传统的金融学教育并没有对这些因素给予足够的讨论。研究这些因素的学问，现在被称为"行为金融学"。

传统金融学与行为金融学

从历史上看，接受正规的金融学教育，已经否定了一位投资者的心理可能会不利于其做出正确投资决策的观点。在过去的40年里，金融学领域的发展是基于以下两个假设的：

- 人们会做出理性的决定。
- 人们对未来的预测是没有偏差的。

通过假设人们会按照自己的最佳利益行事，金融学领域已经为投资者创造出一些高效能的工具。例如，投资者可以使用现代投资组合理论，以获得他们所能承受的任何给定风险水平的最高预期收益率。定价模型（如资本资产定价模型、套利定价理论和期权定价）可以帮助投资者评估证券的价值，并提供对预期风险和收益的了解。在投资学的教科书中充满了这些有用的理论。

然而，心理学家很早就知道，这些都是糟糕的假设。人们往往以一种看似不理性的方式行事，并在预测中出现可以预见的错误。例如，传统金融学假设人们厌恶风险。然而现实是，人们虽然不愿意冒险，但如果预期收益足够多，他们宁愿去冒险。金融学理论假设人们的风险规避水平是保持一致的。然而在现实世界中，人们的行为经常违反这一假设。例如，人们在购买保险时表现出风险规避情绪，可是在购买彩票时却表现出风险寻求行为。

金融学领域一直迟迟不愿意接受经济决策可能会有预测偏差的可能性。行为金融学的早期支持者通常会被认为是异教徒。然而，在过去的10年里，心理和情绪影响财务决策的证据变得越来越有说服力了。如今，行为金融学的早期支持者不再被认为是异教徒，而是远见者。尽管关于心理学何时、如何以及为什么能影响投资的争论仍在继续，但许多人认为，2002年诺贝尔经济学奖授予心理学家丹尼尔·卡尼曼和实验经济学家弗农·史密斯，就已经证明了这一领域研究的正确性。2013年，罗伯特·席勒获得诺贝尔经济学奖，显示出行为金融学在金融经济学领域越来越受欢迎。罗伯特·席勒是耶鲁大学多产的行为经济学家，也是畅销书《非理性繁荣》的作者。2017年的诺贝尔经济学奖授予了理查德·塞勒，以"感谢他对行为经济学的贡献"。

金融经济学家现在已经意识到，投资者可能是非理性的。事实上，投资者可预测的决策错误可能会影响市场的功能。行为金融学的贡献包括：一是记录投资者的实际行为；二是记录可能与由理性投资者所选择的传统模式不一致的价格模式；三是提供新的理论来解释这些行为和模式。[1]

也许最重要的是，人们的决策错误会影响他们的投资，并最终影响他们的财富。理解现代投资工具的投资者，如果让心理偏差控制他们的决定，仍可能投资失败。通过阅读这本书，你将会：

- 学习到许多影响决策的心理偏差。
- 了解这些偏差是如何影响投资决策的。
- 看看这些决定是如何减少你的财富的。
- 在你自己的生活中学会识别和避免它们。

本章的其余部分将说明这些心理偏差在投资实践中是真实存在的。如果你参与到下文的论证过程中，这一论点将会更有说服力。

预测

大脑不像电脑那样工作。相反，大脑经常通过捷径和情感过滤器来处理信息，以缩短分析时间。通过这一过程得到的决定，通常与没有使用这一过滤器所做的决定不同。这一过滤器和捷径可以被称为心理偏差。了解这些心理偏差是避免它们发挥作用的第一步。一个常见的问题是高估信息的准确性和重要性。下面的论证将说明这一问题。

让我们直面现实：投资是很困难的。你必须根据可能不充分或不准确的信息来做出决定。此外，你还必须有效地理解和分析这些信息。不幸的是，人们在预测中会出现可以预见的错误。

考虑一下表 1-1 中的 10 个问题。[2] 虽然你可能不知道这些问题的答案，但请根据你的最佳估计输入最可能的答案范围。具体来说，给出你认为最可能的最小值和最大值，这样你就能保证正确答案在你给出的两个数值之间的概率在 90% 以上。不要为了保证正确答案在你给出的数值之内而把范围设得太宽，当然，也不要让范围过于狭窄。如果你按照这些说明选择各题的范围，你应该期望在上面 10 个问题中，你会有 9 个答案都是正确的。去试一下吧，尽你最大的努力。

表 1-1 输入你认为最有可能的答案范围（最小值和最大值）

	最小	最大
1. 成年蓝鲸的平均体重是多少磅？		
2. 达·芬奇的《蒙娜丽莎》是在哪一年画的？		
3. 到 2022 年，有多少个独立的国家加入了联合国？		
4. 请估计法国巴黎和澳大利亚悉尼之间的航空距离，是多少英里？		
5. 人体有多少块骨头？		
6. 总共有多少战斗人员在第一次世界大战中丧生？		
7. 到 2021 年底，美国国会图书馆陈列了多少件展品（包括书籍、手稿、缩微品、乐谱等）？		
8. 亚马孙河有多少英里长？		
9. 地球在赤道处的旋转速度，每小时有多少英里？		
10. 国家地震信息中心每年在全球定位并发布多少次地震信息？		

如果你不知道一个问题的答案，那么你给出的范围应该很宽，以确保你有 90% 的自信可以做对它。另外，如果你认为对某一个问题可以给出非常有根据的猜测，那么你可以给出一个有 90% 把握的更窄范围。

现在让我们来看看答案：1. 250 000 磅；2. 1513 年；3. 193 个国家；4. 10 543 英里；5. 206 块骨头；6. 830 万人；7. 1.7 亿件；

8. 4000 英里；9. 1044 英里；10. 20 000 次。数一下你给出的数值，有多少个问题的正确答案在你给出的两个数之间？

　　大多数人会错 5 个或更多的问题。可是，如果你对自己给出的范围有 90% 的把握，那么你应该只答错 1 个。然而事实是，即使你对这个话题没有任何信息或知识，你对自己的答案也显得过于确定了。就算接受一定程度的教育也没有任何帮助，大多数金融学教授也都答错了至少 5 个问题。

　　上面这个例子说明，人们很难评估自己的信息和知识的准确性。现在你看到了困难，你可以有一个拯救自己的机会。由于这本书与心理学和投资学有关，请考虑以下问题：

　　1928 年，道琼斯工业平均指数（DJIA）开始进入现代，当时其规模已经扩大到了 30 只股票。1929 年初，该指数为 300 点。2016 年底，DJIA 为 19 787 点。DJIA 是一个价格加权平均值。股利在该指数中被省略了。如果股利每年再投资，那么 2016 年底的 DJIA 平均水平会是多少？

　　你猜测 DJIA 最小值和最大值是多少？同样，你应该有 90% 的把握确定正确的值在你所给出的范围之内。

　　因为你有 90% 的把握确定正确的值应该在你给出的范围之内，所以你应该得到这个正确的值。你准备好回答了吗？如果将股利再投资于 DJIA，到 2016 年底，DJIA 将为 613 514 点。[3] 这让你感到惊讶吗？这看起来是不是不可能？让我从价格到收益这一角度出发来重新定义此问题。利用财务计算器计算，我发现，在 88 年的时间中，DJIA 从 300 点增长到 613 514 点，平均年收益率是 9.05%。股市大约 9% 的平均年收益率是合理的吗？即使在了解到大多数人将他们的预测范围设定得过于狭窄，并且对这一段历史有过亲身经历之后，大多数人仍然会给出过于狭窄的预测范围。另外，请注意问题的框架有多重要。

这一例子也说明了投资者心理中被称为锚定的另一个方面。当你读到这一问题时，你关注的是 DJIA 的价格水平为 19 787 点。也就是说，你把你的想法锚定在了 19 787 点。你可能会从这个锚开始，然后尝试着增加一个适当的金额来补偿股利。投资者往往利用他们的股票购买价格和最近最高的股票价格作为锚，来进行交易。

行为金融学

即使是最聪明的人也会受到心理偏差的影响，但传统金融学认为这一点无关紧要。传统金融学假设投资者是"理性的"，并告诉我们投资者是如何行事来最大化其财富的。这些思想给我们带来了套利理论、投资组合理论、资产定价理论和期权定价理论。

另外，行为金融学是研究人们在金融环境中的实际行为。[4] 具体来说，它主要研究情绪和认知偏差是如何影响金融决策、公司和金融市场的。本书集中于考察这些问题中的一个——心理偏差是如何影响投资者行为的。真正理解这些偏差的投资者也会更充分地使用和感谢传统金融学所提供的工具。

请考虑图 1-1 中所示的决策过程。为了评估一个包含风险和 / 或不确定性的决定，大脑输入诸如对事件真实状态的认识和概率估计等，来试图量化不确定性。然而，大脑当时的情绪和预期的结果也都成了输入因素。毫无疑问，当情绪参与到这一决策过程中时，往往会产生带有偏差的决定。我们经常认为这一决策过程更像计算机。可能更有趣的是，认知过程中"类似计算机"的这

一部分（比如，原因、逻辑、大脑的某一部分）也会产生系统性的
和可预测的认知错误。因此，无论情绪是否起作用，决策和这些
决策的结果往往都是带有偏差的。

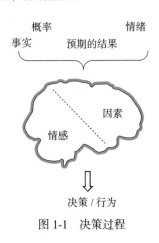

图 1-1 决策过程

认知错误的原因

投资者的许多行为都是前景理论的结果。这个理论描述了人
们如何构建和评估一个涉及不确定性的决策。[5]首先，投资者根据
相对于特定参考价格的潜在收益和损失，用决策框架大致确定自
己的选择。使用决策框架是一种很普遍的行为，它具有很强的影
响决策的能力（见第 5 章）。虽然投资者似乎是基于不同的参考项，
但看起来买入价格很重要。其次，投资者根据 S 形函数对损益进
行评估，如图 1-2 所示。

请注意图 1-2 中关于函数值的几个特点。首先，当收益为正
时，该函数的曲线是凹的。当投资者赚了 500 美元的时候，他们
的感觉很好（比如，他们感觉得到了更高的效用）。当他们赚了

1000 美元的时候，他们的感觉会更好。然而，他们获得 1000 美元时的满足感并不是获得 500 美元时的满足感的两倍。

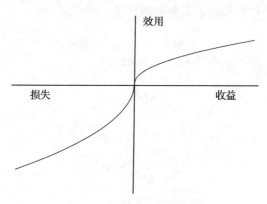

图 1-2　前景理论价值函数

其次，当收益为负时，该函数的曲线是凸的。这意味着当投资者亏损时，他们会感觉糟糕，然而两倍的亏损不会让他们感觉糟糕的程度也增至两倍。

最后，遭受亏损的函数曲线比获得收益的函数曲线更为陡峭。这种损益之间的不对称性导致人们在处于盈利或亏损区间时的不同反应（见第 3 章）。前景理论的另一个方面是，人们将每项投资分开，以跟踪损益，并定期重新检查头寸。这种单独设立账户的心理计算过程被称为心理会计（见第 6 章）。[6] 单独观察每项投资，而不使用投资组合方法，会限制投资者最小化风险和最大化收益的能力（见第 7 章）。

研究投资心理的另一种方法，是根据行为偏差的来源对其进行分类。[7] 一些认知错误是由自我欺骗造成的，这是因为人们倾向于认为自己比实际情况更好。这种自我欺骗帮助人们欺骗他人，从而在自然选择过程中生存下来。偏差的另一个来源是启发式简化。简单地说，启发式简化的存在是因为有限的认知资源（如记忆力、注意力和处理能力）迫使大脑不得不简化对复杂问题的分析过程。前景理论被认为是启发式简化的一种结果。偏差的第三个来源是人们的情绪，它可以战胜理性。

人际互动和同伴效应在财务决策中也很重要。人际互动是人们分享信息和交流信息的感受。人们在决策自己的行为时，也会受到从别人的分享和交流中所获得的意见和情绪的影响。

心理偏差对财富积累的影响

本书揭示了心理偏差、认知错误和情绪是如何影响投资者决策的。它也描述了这些有偏差的决策对财富积累产生的影响。换句话说，人们不仅会犯下可预测的错误，而且这些错误也会让他们付出经济上的代价。本书的主要目标是帮助你理解并控制自己和那些与你互动的人的偏差。此外，一些读者可能会发现从其他投资者有偏差的决策中获得经济利益的机会。

举个例子，假定人们过于看重他们用以预测未来的少数观察结果。首先考虑抛硬币的三个结果：正面、正面和正面。我们知道，从长远来看，我们应该期望出现正面和反面的次数是相同的。一下观察到连续三次正面的现象会让人们觉得，下一次硬币被抛出时，出现反面的概率会更大。因为我们知道潜在的分布规律（50%的正面，50%的反面），所以我们倾向于相信调整。这就是所谓的赌徒谬误，这个谬误是一个更大的误解的一部分。这个更大的误解被称为小数定律。[8]

考虑一下这些行为是如何影响那些玩彩票的人的。从长远来看，人们知道彩票中的每个号码都应该被选择相等的次数。因此，他们倾向于避免最近被选中的数字，因为这些数字似乎不太可能这么快又被选中。这种谬误使人们倾向于选择已经有一段时间没有被挑选的彩票号码。你可能会问，这将如何影响他们的财富呢，毕竟，他们选择的数字和其他数字一样，中奖的概率是一样的。假如每个玩彩票的人（除我之外）都要避开最近被选中的号码，而我选择最近被选中的数字。请记住，彩票的头奖是由所有的中奖者来分配的。如果我选的号码中奖，我将是唯一的盈利彩票，并得到全部头奖。如果你中奖了，你很可能会和其他人分享，因此你只能得到一小部分头奖。我们中奖的概率是一样的，但是，通过跟随一群遭受赌徒谬误折磨的人，你得到的是更少的预期收益。请注意，通过理解这种心理偏差，我可以通过改变我的决定来避免它，使我比那些遭受赌徒谬误折磨的人赚到更多的钱。

在股票市场上，相信小数定律会使人们的行为略有不同。对于硬币和彩票，我们相信并且理解其潜在结果的分布，但我们不知道不同股票和共同基金的潜在结果分布情况。事实上，我们会认为一些股票和共同基金比其他的股票和共同基金要好。在这里，我们会把所看到的少量观察结果认为是其未来的表现，非比寻常的成功在今后还会继续发生。当人们相信他们了解结果的潜在分布规律时，他们就会预测不寻常的事件将会产生逆转。也就是说，当他们不知道潜在分布规律时，他们就预测不寻常的事件会继续下去。因此，我们就会看到投资者在"追逐"去年表现出色的共同基金。

你可以对本书期待什么

本书接下来的七章内容将讨论影响人们日常生活的心理偏差。

这些章节都以相似的结构呈现出来。首先，以常见的日常活动为例来识别和解释心理偏差。其次，运用学术研究的成果来显示这种偏差是如何影响实践的。最后，研究投资者受到心理偏差的影响程度。

第 2 章至第 4 章讨论了投资决策是如何受到情绪和框架的影响的。如前面的例子所示，人们将可能结果的范围设置得过于狭窄。这是被称为过度自信的自我欺骗问题的一部分。过度自信的投资者交易太多，承担了过多的风险，得到了更低的收益。这一主题将在第 2 章中进行讨论。第 3 章分析了投资者对自己的看法是如何使他们避免产生懊悔，而是追求自豪的。因此，投资者会过早地卖出获利的股票，并长期持有亏损的股票。第 4 章阐明了投资者对风险的看法，以及这些看法是如何随着时间流逝和对事物观点发生变化而变化的。这种不断变化的冒险行为对决策过程有巨大的影响。事实上，人们对过去的记忆可能会随着时间的推移而改变，以减轻人们对失败的遗憾。

第 5 章到第 8 章剖析了启发式简化是如何影响投资者的。例如，无论你感觉自己持有的股票是盈利的还是亏损的，都会涉及决策框架（第 5 章）。假定你 5 年前花 30 美元买了一只股票。这只股票去年涨到了 60 美元，但现在只剩下 45 美元。你认为这只股票是盈利的还是亏损的？你在这个框架上的决策将导致你继续持有或者出售这只股票。现在考虑一下，你每天都会被信息轰炸；大脑使用一种叫作心理会计的过程来存储和跟踪重要的决策和结果。第 6 章表明，人们在这个过程中做出了糟糕的财务决策。在第 7 章中讨论的是一个特别重要的问题——投资者如何看待投资组合的多样化。大脑还会使用便捷方式来快速处理信息。这些快捷方式会创建一个受污染的信息视图。这就给投资者带来了代表性与熟悉程度的问题。这些问题将在第8章中进行讨论。

接下来的三章内容有点不同。第9章讨论了投资是如何进入我们的社会文化的。心理学、群体心理学和投资之间的相互作用可能会导致市场狂热和价格泡沫。互联网也会与这些因素相互作用，从而放大心理偏差。这一点很重要，因为投资者会受到他们周围人的决策的影响。第10章着重论述了情绪和心情在决策过程中的作用。投资者的乐观或悲观程度将影响他的交易决策。第11章讨论了在面对这些心理偏差时保持自我控制的困难。计划、激励措施和经验法则都有助于避免常见的问题。本章还探讨了利用人们的心理偏差来设计帮助他们节省更多资金的方案，目前有如"明天存更多"和"为了胜利而存款"等。

最后两章内容也有些不一样。第12章说明了生理学在投资和储蓄行为中所发挥的作用。在这个令人兴奋的新领域，学者们正在学习基因、性别、激素、生理学和认知老化是如何推动投资偏好的。神经科学也向我们展示了在人们的投资决策过程中大脑是如何运转的。有一个古老的问题，一个人的行为是由先天决定的，还是由后天培养的。这一章表明，至少有一部分是由天性驱动的。第13章讨论了游戏驿站股票的轧空行为，即个人投资者联合起来利用对冲基金和其他机构投资者。与正常的情况完全不同，这些新的模因投资者通过社交媒体进行互动，并通过像罗宾汉公司这样的无佣金经纪人进行交易。有很多行为金融学的议题需要讨论！

总结

大多数正规的金融学教育都以传统的金融学概念为中心。然而，心理学在财务决策中起着很重要的作用。本书展示了认知错误、启发式简化、心理偏差和情绪是如何影响投资者做出决定的。不幸的是，这些心理诱发的决策产生的结果往往会对财富产生负面影响。

思考题

1. 为什么传统的理性决策假设对投资者会有意义呢？
2. 请列举前景理论的四个特点。
3. 描述除前景理论之外的三种认知错误的来源。
4. 情绪和心情是如何影响一个人的决策过程的？

第 2 章

过 度 自 信

人们可能过于自信。心理学家已经确定，过度自信会导致人们高估自己的知识水平、低估风险，并夸大自己控制事件的能力。人们在投资决策过程中是否存在过度自信的问题？安全选择是一项困难的任务。正是在这项任务中，人们表现出最大程度的过度自信。

过度自信有两个方面的特点：校准错误和优于平均水平的效果。校准错误的方面是人们的概率分布太密集了。第 1 章中那 10 个问题和回答的表格是一个校准错误的例子。优于平均水平的效果仅仅意味着人们对自己有不切实际的积极看法。他们相信自己的能力、知识和技能都比一般人要好。以下问题的答案可以说明这一效应：

你是个好司机吗？与你在路上遇到的司机相比，你是高于平均水平、与平均水平持平，还是低于平均水平？

你是怎么回答这个问题的？如果没有过度自信，大约会有三分之一的人回答高于平均水平，三分之一的人回答与平均水平持平，三分之一的人回答低于平均水平。然而，人们对自己的能力过于自信。在一项已发表的研究中，有 82% 的抽样大学生认为自己的驾驶能力高于平均水平。[1] 显然，他们中的许多人都是错误的。

这些学生中有许多人搞错了，因为他们对自己的驾驶能力过于自信。对驾驶能力过于自信可能不是一个影响你生活的问题，但人们在很多事情上都对自己的能力过于自信。这种过度自信甚至会影响你未来的财务状况。

考虑下面这个财务导向的例子。创业是一项冒险的事业。事实上，大多数新企业都失败了。当 2994 名新企业主被问及他们的成功机会时，他们认为自己有 70% 的成功机会，但被问到像他们这样的其他企业成功的概率时，数字变成了39%。[2]为什么新企业主认为他们的成功机会几乎是其他人的两倍？他们过于自信了。有趣的是，当人们觉得自己能够控制结果时，他们会过度自信——即使事实显然不是这样的。例如，有记录表明，如果人们被要求押注掷硬币的结果是正面还是反面，如果还没有掷硬币，大多数人会押注更大的金额。但是如果硬币抛出去之后被捂住，此时再要求投注时，人们会押注更小的金额。另一方面，如果在投掷前被要求下注，人们往往会下更多的赌注。人们表现得好像他们的参与会以某种方式来影响掷硬币的结果。[3]在这种情况下，对结果的控制显然是一种错觉。这种看法也发生在投资过程中。即使没有相关信息，人们也相信他们所持有的股票会比他们没有持有的股票表现得更好。然而，持有一只股票只是会给人一种控制股票表现的错觉而已。

盖洛普和佩恩·韦伯对个人投资者的一项调查显示了这种过度自信的存在。特别值得注意的是，在科技股泡沫破灭后，许多受访者都经历了一些亏损。当被问及他们认为未来12个月的股市收益率会是多少时，回答的平均值是10.3%。当被问及他们期望从投资组合中获得多高的收益率时，回答的平均值为11.7%。通常情况下，投资者预计获得的收益率都高于实际的平均水平。

过度自信会影响投资者的决策

投资是一项艰难的工作。它需要投资者收集信息、分析信息，并根据这些信息做出决策。然而，过度自信会导致我们误判信息，并高估我们分析信息的能力。这种情况往往发生在我们获得过一些成功之后。自我归因偏差使人们相信，成功是由我们所掌握的技能带来的，而失败则是由于坏运气造成的。在市场上取得一些成功后，投资者经常容易表现出过度自信的行为。

下面来考察金融分析师的行为。金融分析师通常会公布他们对其所关注的公司未来收益的预测。吉尔斯·希拉里和利奥尔·门兹利在分析师实现了一系列良好的收益预期后，研究了他们接下来的预测。[4] 如果分析师已经取得的成功导致他们过分重视自己的私人信息和技能，那么他们的下一个预测很可能还不如平均水平准确，并与其他分析师的预测相偏离。在调查了4万多份季度收益预测后，希拉里和门兹利发现，成功会导致过度自信。分析师在几个季度内表现良好，但随后的预测与其他分析师的预测不同，最终会出现更大的错误。

过度自信会导致投资者做出糟糕的交易决策，这往往表现为过度交易、冒险，并最终导致投资组合的损失。他们的过度自信会使得他们由于过分确定自己的观点，从而导致交易量增加。投资者认为他们所获得的信息是准确的，并且他们具备正确解读这些信息的能力。[5] 过于自信的投资者更相信自己对股票的估值，不相信他人的判断。

过度自信的交易。 心理学家发现，在被认为是雄性控制的领域中，比如投资管理领域，男性比女性过度自信的程度更高。[6] 相对于女性，男性通常对自己做出正确的投资决策的能力更过于自信。因此，男性投资者比女性投资者进行交易的频率更高。

两位金融经济学家布拉德·巴伯和特伦斯·奥迪恩，调查了一家大型折扣经纪公司的近3.8万个散户在6年间的交易行为。[7] 他们调查了单身男性、单身女性、已婚男性和已婚女性所拥有的股票账户的交易水平。衡量交易水平常用的一个指标是周转率。周转率是指在投资组合中当年发生变化的股票的百分比。例如，一年中有 50% 的周转率，是指一位投资者在那一年卖出一个投资组合中一半的股票并购买新的股票。同理，200% 的周转率是指投资者出售投资组合中的所有股票来购买其他股票，然后出售这些股票来购买第三个投资组合的股票，并且需在一年中全部出售。

研究表明，单身男性的交易最多。如图 2-1 所示，单身男性的账户年周转率为 85%。相比之下，已婚男性的账户年周转率为 73%。已婚女性和单身女性的账户年周转率分别仅为 53% 和 51%。请注意，这与过度自信是一致的；也就是说，男性投资者比女性投资者更容易过度自信，从而导致交易量增加。

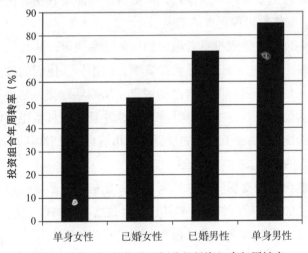

图 2-1　按性别和婚姻状况划分的投资组合年周转率

另一方面，男性可能不是过度自信，而是他们可能得到了更可靠的信息。如果你真的有更可靠的信息，基于这些信息的交易就应该会给你带来更高的收益率。

总的来说，过度自信的投资者交易量更多。然而，更高的周转率和更多的交易量会导致不好吗？巴伯和奥迪恩也探讨了这个问题。[8] 在一项有 7.8 万个散户的研究样本中，他们也调查了 6 年中的周转率和投资组合收益之间的关系。假定有一位投资者得到准确信息并拥有正确解读这些信息能力。由于个人的投资技能高超，并且信息解读正确，这位投资者的高交易频率应该会给他带来高收益率。事实上，他的收益率应该足够高，高到在扣除支付频繁交易的成本之后，还能够超出简单的买入持有策略的收益率。然而，如果这位投资者没有杰出的信息解读能力，并且过度自信，那么高频率的交易将不会使其投资组合的收益率能够超过简单的买入持有策略的收益率，再考虑到频繁交易所需要付出的成本，他的收益率将会更低。

对于他们的研究样本，巴伯和奥迪恩根据投资者交易量的大小，将他们分为五组。周转率最低的 20% 的投资者被归入第一组。平均而言，这一组每年以 2.4% 的速度转换他们的投资组合。周转率第二低的 20% 的投资者被归为第二组。依此类推，一直到周转率最高的投资者被列入第五组（也是最后一组）。这一最高周转率组的年平均周转率超过 250%。

图 2-2 显示了这五组的平均年收益率。请注意，所有五组投资者的年收益率都相同，为 18.7%。因此，频繁交易的投资者的额外努力并没有实现更高的收益率。再加上，买卖股票必须支付佣金。如图 2-2 所示，这对频繁交易的投资者影响更大。高周转率的投资者的净收益（扣除佣金成本后的收益）要低得多。周转率最低组的年净收益率平均为 18.5%，而周转率最高组的年净收益率为 11.4%。

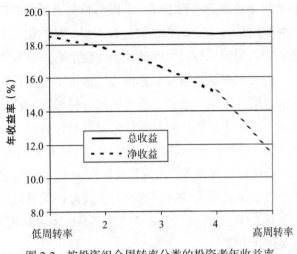

图 2-2　按投资组合周转率分类的投资者年收益率

　　对于最高周转率组和最低周转率组的投资者来说，每年 7% 的净利差是巨大的。例如，如果周转率最低组的投资者在 5 年内投资 1 万美元，年收益率为 18.5%，他们将获得 23 366 美元。而如果周转率最高组的投资者投入相等的资金量，年收益为 11.4%，则他们只能预期赚得 17 156 美元——差额超过 5000 美元。在积累财富方面，基于过度自信的交易是危险的。

　　高额的佣金成本并不是频繁交易造成的唯一后果。据观察，过度自信会导致交易非常频繁以及买入错误的股票。巴伯和奥迪恩将他们的研究样本限定在同一个经纪公司的账户中。这些账户均已经清仓了一只股票，在 3 周之内又买入了另一只股票。然后，研究者分别在接下来的 4 个月和 1 年里，跟踪了这些账户卖出和买入股票的表现。

　　研究者想验证如下判断：卖出 A 股票和买入 B 股票通常都是正确的决定。可事实显然不是。投资者卖出的那只股票在 4 个月

内获得了 2.6% 的收益率，而买入的那只股票同期的收益率仅为
0.11%。在交易后的 1 年里，被卖出的股票比买入的股票在收益率
上高 5.8%。[9] 过度自信不仅会导致你频繁交易，花费大量佣金，而
且会导致你卖出一只表现良好的股票，换来一只表现不佳的股票。

对巴伯和奥迪恩研究的一种批评是，这项研究本质上认为大
量的交易员都过于自信。换句话说，他们利用大量的交易来暗示
自己的过度自信。然而，过度自信真的会导致超量交易吗？马库
斯·格拉泽和马丁·韦伯通过研究德国一家线上经纪公司的投资
者来探讨这一问题。[10] 他们通过问卷调查来评估投资者是否对自己
的投资水平过于自信。例如，他们设计了这样的问题："在你任职
的经纪公司里，有多少客户识别表现优异的股票的水平比你高？"
因为研究者有被调查者过去的投资组合头寸记录和交易记录，他
们可以评估被调查者是否真的拥有更高的技能。有趣的是，研究
者发现被调查者的回答与其历史业绩之间没有相关性。然而，研
究者却发现，被调查者这种高于平均水平的自信心与其所进行的
股票交易量呈正相关关系。过度自信的投资者确实交易得更多了。

过度自信与市场。如果许多投资者同时遭受过度自信的困扰，
那么在股市中可能会反映出这种趋势的迹象。虽然过度自信的投
资者的过度交易已经通过交易账户被确认，但这种行为是否出现
在整体市场中？一些研究人员认为确实如此。具体来说，在整体
股市上涨后，许多投资者可能会将他们的成功归因于自己的技能，
并变得过于自信。这将导致大量投资者的交易量增加，并可能影
响证券交易所的整体交易量。

对 40 年来的月度股市收益率和交易量的研究显示，在获得高
收益率的随后几个月内，交易量确实会更大。[11] 例如，如果有 1
个月保持了相对较高的 7% 的收益率，那么接下来的 6 个月里就

会出现更大的交易量。额外发生的交易量表明，正常应该分布于 7 个月的交易量压缩到 6 个月内完成了。或者，在市场出现下跌以后，总体交易量也会下降。投资者似乎将有高收益率的那一个月的成功归因于他们拥有高超的技能，于是开始进行频繁交易。市场的糟糕表现使得投资者不再过度自信，随后的交易量也会下降。这可能就是华尔街的谚语警告投资者"莫把牛人和牛市混为一谈"的原因吧。

过度自信与风险

过度自信也会影响投资者的冒险行为。理性的投资者总是希望利益最大化，同时最小化所需承担的风险。然而，过度自信的投资者误解了他们所需承担的风险水平。因为，如果投资者相信自己所选的股票将会有很高的收益，那么风险又在哪里呢？

过度自信的投资者的投资组合所面临的风险将会更高，原因有二。一是他们倾向于购买高风险的股票。高风险股票通常来自规模较小的新公司。二是他们的投资组合往往分散化程度不足。常见的风险可以用以下几种方式来评估：投资组合波动率、贝塔系数和投资组合中所涉及公司的规模。投资组合波动率可以衡量金融资产价格的波动程度。投资组合波动率高，就意味着资产价格的波动剧烈，表明资产的分散化不足。贝塔系数是投资行业中用于评估证券系统性风险的一个常用变量。它衡量的是一个投资组合收益相对于整体股票市场收益的波动程度。若贝塔系数值为1，则表明该投资组合净值的波动与整体市场的波动幅度相当。若一只股票或一个投资组合的贝塔系数值比较高，则表明该股票或投资组合具有更高的风险，将面临比整体股市更为剧烈的波动性。

巴伯和奥迪恩的一系列研究表明，过度自信的投资者会承担更多的风险。他们发现，单身男性的投资风险最高，其次是已婚男性、已婚女性和单身女性。也就是说，单身男性的投资组合具有最剧烈的波动性和最大的贝塔系数值，而且，他们往往还会投资小型公司的股票。在按周转率分类的五组投资者中，与低周转率组相比，高周转率组投资小型公司股票的比重更高。总体而言，过度自信的投资者认为自己的行为所面临的风险，一般都比事实上存在的风险要低。

知识错觉

过度自信从何而来？部分来自于对知识的错误感觉。这指的是人们往往会相信，随着获取的信息增多，预测的准确性也会提高。也就是说，更多的信息会使一个人增加对某件事情的了解，从而提高自己决策的正确率。[12]

然而，事实并非总是如此。例如，如果我掷出一个普通的六面骰子，你认为会出现哪个数字？你有多大把握你的猜测是对的？显然，你可以在 1 到 6 之间选择任意一个数字，并且有六分之一的机会是正确的。现在我告诉你，我最近掷出的 3 次，出现的数字都是 4。接下来，我将再掷一次，你认为会出现哪个数字？你的猜测是正确的概率有多大？如果这个骰子真的只是普通骰子，那么你仍然可以在 1 到 6 之间选择任意一个数字，并且有六分之一的概率是正确的。信息的增多并不会提高你预测掷骰子结果的能力。然而，一些人认为数字 4 再次出现的概率会更大（超过六分之一）。而另一些人则认为，数字 4 再次出现的可能性更低。这两部分人都认为他们猜对的概率会比实际情况更高。也就是说，新增的信息使人们对自己的预测更有信心，即使他们预测准确的概率并没有改变。

虽然有价值的信息可以提高预测的精准度，但是它提高投资者自信心的速度可能要比提高精准度的速度更快。换句话说，获取更多可靠信息会让一个人做出准确预测的信心迅速跃升，而实际上，这些信息对预测精准度的提高只会略微起到一点作用，如果它确实能发挥作用的话。一系列试图预测大学橄榄球队比赛结果的实验说明了这一效应。[13] 参与预测比赛结果的实验者在获得了一些统计数据信息（但没有球队名称）后，被要求预测获胜的球队及其比分范围。实验参与者还评估了自己预测结果准确的可能性。当获取更多关于比赛的信息时，实验参与者会更新他们的预测和自我评估结果。每位实验参与者每场比赛会得到五个方面的信息，每位实验参与者需要预测 15 场比赛。结果表明，预测精准度并没有随着信息量的增加而提高。在只有一个方面的信息时，实验参与者的预测准确率为 64%。当可以获取五个方面的信息时，预测的准确率仅仅上升到了 66%。与此同时，实验参与者的信心却从开始只能获取一个方面信息时的 69%，在获得五个方面信息后，上升到了 79%。在另一个实验中，研究人员区分了这些有关比赛各方面信息的质量。一些实验参与者可以看到自己获取信息的质量会随着每一个新方面信息的披露而提高，而其他实验参与者则从最好的信息开始，之后看到的各方面信息的价值逐渐降低。

实验的结果是一样的：当人们获取到更多的信息时，他们变得更加自信，尽管他们预测的准确性并没有提高。

通过使用互联网，投资者可以获得大量的信息。这些信息包括股票价格、收益率和公司的运营业绩等历史数据，也包括实时新闻、价格和成交量等当前的信息。然而，大多数个人投资者由于没有接受正规的投资培训，也缺乏专业投资者的经验，因此不太确定如何解读这些信息。也就是说，这些信息并不会赋予个人投资者像他们想象的那样多的知识。这就是知识和智慧之间的区别。

有一个很好的例子，可用来说明投资者可能借鉴参考什么类型的信息以做出投资决定。我们需要考虑未经筛选信息和已经筛选信息之间的区别。未经筛选的信息直接来自原始资料，比如公司财务报表。对于普通的个人投资者来说，这些信息可能很难理解，因为它充满了专业术语，背后还隐藏着复杂的会计规则。已经筛选的信息是经专业人员解读和分类过的原始数据，比如来自专业分析师的信息，或像价值在线这样的机构提供的数据服务。这类数据是用来提供给普通的个人投资者参考的。对于新手投资者来说，收集未经筛选的信息既容易又便宜。然而，这些没有经验的投资者很可能会被知识的错觉所愚弄，因为他们会由于不能正确理解未经筛选的信息，从而做出糟糕的决定。在获得更多的投资经验之前，他们最好使用已经筛选的信息。一项金融研究调查了投资者的信息类型、经验和投资组合收益。[14] 该研究证实，当经验不足的投资者更多地依靠未经筛选的信息时，其收益就会降低；依靠已经筛选的信息，就会提高这些投资者的收益。而更有经验的投资者则可以利用未经筛选的信息获得更高的收益。由此可以推测，经验会帮助投资者将知识变成智慧。

许多个人投资者意识到，由于自己解读投资信息的能力有限，所以他们利用互联网来寻求帮助。投资者可以获得分析师的推荐，订阅专家服务信息，加入新闻组，或者通过聊天室和网络帖子，来了解他人的意见。然而，线上投资者需要对他们在聊天室里看到的那些信息保持头脑清醒——并非所有的建议都来自专家。

投资者使用线上经纪人的演变过程是很有趣的。线上经纪人最初的主张是，富有经验的个人投资者不需要提供全面服务的经纪人的建议，因此无须支付昂贵的交易佣金。这一观念如今已经推广到像罗宾汉公司这样的现代交易平台，这些平台向经验较少的年轻投资者推销。来自投资者聊天室，比如美国社交媒体红迪网的华尔街投注论坛⊖的股票推荐，不太可能来自投资专家——即使是专家，当时机来临的时候，那些荐股者会试图操纵投资者买入投资专家已经持有的股票，以制造涨价压力。一项研究调查了两个互联网新闻组在留言板发布的荐股信息。[15]大多数被推荐的股票最近都表现得非常好或者非常差。上个月表现非常好的股票被推荐为买入（势头策略），随后这些股票在下个月的表现比市场均值低了19%以上。上个月表现极差的股票也会被推荐买入（价值策略），在下个月里，这些股票的表现超过了市场均值的25%以上。总体而言，推荐买入的股票的表现，并没有明显比整体市场的收益率好很多或差很多。

另一项研究发现，在网站"愤怒的公牛"留言板上的大量荐股帖子，与第二天或下一周的股票收益率毫无关系。[16]然而，异常多的帖子数量与更大的交易量相关联。以上这些研究可以表明，留言板上的荐股信息对于投资者来说毫无价值。然而，如果投资者认为这些信息增加了自己的知识，那么他们就可能会对自己的投资决策存在过度自信的问题。更大的交易量表明，情况可能就是如此。

谁过于自信？ 我们经常会想到股票市场上的两种投资者：个人投资者和机构投资者。哪种类型的投资者更容易过度自信？庄

⊖ 美国最大的散户论坛。——译者注

和苏梅尔两位学者比较了这两种类型的投资者在中国台湾股市上的交易活动。[17] 他们特别研究了助长过度自信的交易条件，比如在牛市上涨之后或个股大幅上涨之后。

虽然个人投资者和机构投资者在这些可能的过度自信时期都进行了更多的交易活动，但个人投资者所受到的影响更大。同时，在这些容易过度自信交易的时期，个人投资者的交易量更大，而且会更容易买入高风险的股票。在市场上涨以后，个人投资者的交易量上涨和冒险程度更高，两者结合表明他们更容易过度自信。个人投资者不仅在市场上涨后的交易更加频繁，而且他们的收益也比机构投资者的收益更低。

控制错觉

影响投资决策的另一个重要的心理因素是控制错觉。对于超出控制的事件，人们通常认为自己对事件结果会产生影响。引发控制错觉的关键因素有：选择、结果序列、任务熟悉度、信息、积极参与和过去的成功。[18] 线上投资者通常会感受到这些因素。

选择。做出主动的选择，会令一个人产生控制感。例如，那些自主选择彩票号码的人会认为，与那些选择被随机分配数字的人们相比，他们拥有更多的中奖机会。因为网上经纪人并不向投资者提供建议，投资者必须自己决定买入或卖出什么（以及何时）。

结果序列。某一事件的结果的发生方式会影响控制错觉。在初期就得到积极结果的人，会比在初期得到消极结果的人更容易出现控制错觉。20 世纪 90 年代末，投资者开始上网，并通过网络进行投资。由于这段时间是两个牛市之间一段延长了的间隔期，这些投资者很可能获得了许多积极的结果。

任务熟悉度。对任务越熟悉，人们就越觉得能控制任务。正如本章后面所讨论的，投资者已经开始熟悉互联网投资环境，并且已经成为网络信息服务的活跃交易员和参与者。

信息。当人们获得的信息越多时，控制错觉效应也会越大。互联网上存在的大量信息已经说明了这一点。

积极参与。当一个人在一项任务中投入的精力越多时，相应地，他掌控这项任务的感觉也会更加强烈。线上投资者在投资过程中的参与率很高。使用折扣经纪人（如在线经纪人）的投资者必须自己设计投资决策过程。这些投资者在网上可以获取和评估信息，做出交易决策并进行交易。

通过提供聊天室、留言板和新闻组等，互联网为投资者提供交流媒介，进一步鼓励了他们的积极参与。互联网投资服务网站，如雅虎、莫特利·富尔、硅谷投资人和愤怒的公牛等，在其网站的留言板上，投资者可以相互交流。通常，在交易所上市的每只股票都有留言板。用户可以使用别名在上面发布关于公司的消息，或者仅是简单地阅读消息。

过去的成功。过度自信是通过以往获得的成功养成的。如果一个决定被证明是正确的，那么它就会被归因于技术和能力。如果一个决定被证明是错误的，那么它就会被归因于运气不好。人们获得的成功越多，他们就越会将其归因于自己所具备的能力，而不去考虑获得这些成功需要很多运气。

在牛市期间，个人投资者会把自己的成功过多地归因于自己的能力，这会使他们过于自信。因此，与在熊市中相比，过度自信的行为（例如，频繁交易和甘愿冒更大的风险）在牛市中更为明显。[19]

在 20 世纪 90 年代末的牛市和随后的熊市中，投资者的行为证实了这一观点。随着牛市狂飙，个人投资者的交易量比以往任何时候都多。不仅如此，投资者还将更高比例的资产分配给股票、投资于风险更高的公司，甚至通过使用更多的利润（借来的钱）来杠杆化他们的头寸。[20] 随着在牛市中投资的人的过度自信的消退和熊市蔓延，这些行为慢慢被扭转了。

在出现负面的交易结果之后，过度自信似乎还会持续一段时间。有一项实验设计了一个交易游戏，参与者可以赚得真正的金钱交易商品。[21] 在交易开始之前，参与者被问了一个常见的问题，用来评估他们的信心水平："根据你自己的判断，你的表现超过今天所有实验参与者的中位数（前 50%）的概率是多少？____%。"请注意，中立的参与者会表示有 50% 的可能进入前 50%。自信的人会估计，自己进入前 50% 的可能要高得多。第一轮游戏结束后，参与者被要求估计自己的表现实际达到前 50% 的概率。有趣的是，在游戏开始前回答问题时被标记为过度自信的参与者，在这次估计中也表现出了过度自信——无论他们的实际表现如何。随后，参与者参加第二轮游戏。同样，在第二轮游戏之后的评估中，参与者依然存在与第一轮游戏之后类似的过度自信。这种过度自信并不取决于参与者在游戏中的实际表现。因此，过度自信可能需要一些糟糕的体验之后才能减弱。

线上交易

布拉德·巴伯和特伦斯·奥迪恩调查了 1607 名投资者的交易行为。这些投资者在一家折扣经纪公司进行投资交易使用的系统，之前是基于电话的，现在转为基于互联网。[22] 在开始使用线上交易之前的两年里，投资者的投资组合转手率平均约为 70%。在转为线上交易之后，这些投资者的交易量立即跃升至120%。虽然这些激增的交易量中有一些是暂时性的，然而两年之后，这些投资者的线上交易量仍然保持在90%的水平。

另一项研究调查了线上交易对401（k）养老金计划的影响。[23]来自两家公司总共10万名养老金计划的参与者有机会使用互联网服务对他们的401（k）资产进行交易。研究这种类型交易的优势在于，由于它们发生在合格的养老金计划内，流动性需求和税损卖盘都不是影响因素。所有的交易都可以被认为是投机性的。他们的结论与过度自信的交易结果相一致。具体来说，这些投资者的交易频率翻了一番，投资组合转手率增加了50%。

线上交易和表现。巴伯和奥迪恩还调查了投资者在使用互联网进行交易之前和之后的投资收益率表现。在转向线上交易之前，这些投资者都是成功的。如图2-3所示，他们在转向线上交易之前，每年的投资收益率接近18%。这意味着，一般来说，这些投资者的收益率比股市要高出2.35%。然而，在转为线上交易之后，

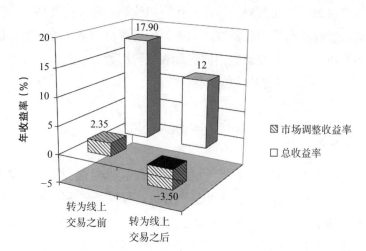

图2-3　使用线上交易系统前后投资者的市场调整收益率和总收益率

这些投资者的收益率出现了下降，平均年收益率只有 12%，比股市收益率低了 3.5%。

这些投资者在使用线上交易系统之前的成功表现，可能是由于控制错觉（通过结果序列）而培养出了过度的自信。这种过度自信又可能使他们选择了互联网交易服务。不幸的是，互联网交易环境加剧了过度自信，导致投资者的频繁交易。最终，投资者的收益率就降低了。

最近，布拉德·巴伯教授和他的同事们调查了罗宾汉公司投资者的交易活动和收益表现。[24] 在一个引人入胜的移动应用方案上免佣金交易，罗宾汉公司是第一家提供如此服务的经纪机构。"引人入胜"这个词甚至都低估了这个应用方案的吸引力。许多人将这项设计描述为可以像玩游戏一样完成交易过程。罗宾汉公司的客户往往是缺乏经验的投资者，约有一半的人在使用这个交易平台之前从未有过投资行为。有报纸报道说，罗宾汉公司的普通投资者交易量很大，他们往往被广受关注的股票所吸引。也就是说，这些投资者似乎误以为在这个方案平台上获取到了高质量的信息，甚至是智慧。然而实际上他们获得的主要是那些一遍又一遍传播的为数不多、内容相同的信息。结果就是，罗宾汉公司的投资者倾向于购买相同的股票——这些投资者净买入量的 35% 集中在 10只股票上。在接下来的一个月中，他们买入最多股票的表现往往逊于市场的平均水平。简而言之，罗宾汉公司的多数投资者缺乏长期经验，支付的总交易费用是其他折扣经纪商，如亿创理财和嘉信理财等客户的 9 倍，却并没有获得高出正常水平的收益。因此，他们的交易行为显示出了过度自信带来的不良后果。

总结

　　人们可能会对自己的能力、知识和未来的前景过于自信。过度自信会导致频繁交易，从而降低投资组合的收益率。较低的收益率，是因为高频率交易带来的高佣金成本，以及新购股票的收益不及卖出股票的收益。由于持仓分散化不足，加上更容易专注于贝塔系数较高的小公司，过度自信还会导致更大的风险。个人投资者最有可能在经历了高收益之后获得过度自信，比如在强劲的牛市之后。最后，使用线上交易账户的趋势让投资者比以往任何时候都更加过度自信。

思考题

1. 你认为投资者更容易在牛市还是熊市中表现出过度自信？为什么？
2. 如果一位投资者变得过度自信，他的投资组合从 1995 年到 2000 年会发生什么变化？给出投资组合中股票的数量和类型的例子。
3. 互联网如何误导投资者，让他们相信自己是睿智的？
4. 使用线上经纪人（与提供全面服务的经纪人相比）是如何产生控制错觉的？

第 3 章

自豪与懊悔

人们会避免从事令自己懊悔的行为，而去争取做令自己自豪的事情。懊悔是指一个人意识到自己之前的决策是错误的而带来的痛苦情感。自豪是指一个人意识到自己之前的决策是正确的而感到的快乐情感。

考虑下面购买彩票的例子。[1] 几个月来，你每周都选相同的号码买彩票。毫不奇怪，你一直都没有中奖。有个朋友提出了一套不同的数字。你愿意更改你的彩票号码吗？

显然，旧数字组中奖的可能性和新数字组中奖的可能性是一样的。这个例子有两个原因可能导致你懊悔。如果你坚持使用旧数字组，而新数字组中奖了，你就会懊悔。这被称为不作为懊悔（没有采取行动）。如果你更换到新数字组，而旧数字组中奖了，也会使你感到懊悔。你采取了行动依然导致懊悔，这被称为作为懊悔。在这种情况下，懊悔的痛苦程度会更强烈些吗？更强烈的懊悔感很可能是由于你更换了新数字组，因为你在旧数字组上已经投入了大量的情感资本——毕竟，你已经选择它好几个月了。一般来说，作为懊悔比不作为懊悔的感觉更为痛苦。投资者往往会后悔他们所采取过的行动，而很少会后悔他们没有采取过的行动。

处置效应

避免懊悔和追求自豪会影响人们的行为，但它是如何影响投资决策的呢？两位金融经济学家赫什·谢弗林和梅尔·斯塔特曼研究了投资者在做决定时受这两种心理影响而采取的行动。[2] 他们的研究表明，避免懊悔和追求自豪，会导致投资者倾向于过早抛售盈利的股票，并长期做空不盈利的股票。他们将这种行为称为处置效应。

假设你希望投资某只股票。然而，你没有现金，必须卖出另一只股票才能获得现金，从而买进新的股票。你可以卖出你持有的两只股票中的任何一只。自从你购买这两只股票以来，A 股票获得了 20% 的收益率，而 B 股票下跌了 20%。你将会卖出哪只股票？出售 A 股票验证了你购买它是正确的决策，锁定利润会让你感到自豪。亏本卖出 B 股票意味着你购买它的决定是糟糕的，你会感到懊悔。处置效应预测，你将卖出 A 股票。因为卖出 A 股票会引发一种自豪感，并能让你避免懊悔。

处置效应与财富

为什么投资者会更频繁地抛售盈利的股票而不是亏损的股票呢？其中一个原因与美国的税法有关。对资本收益征税导致出售亏损股票成为一种最大化财富的策略。出售盈利股票就实现了资本收益，从而需要支付税款。而交税会减少投资者的利润。相反，如果卖掉亏损股票则会给你一个减少交税的机会，从而会减少损失。重新考虑前面提到的例子，并假设资本收益按 15% 的税率征收（表 3-1）。如果你持有 A 股票和 B 股票中的头寸都价值 1000美元，那么 A 股票的原始购买价格是 833 美元，而 B 股票的购买价格是 1250 美元。

表 3-1 资本收益和税收情况

出售	A 股票	B 股票
销售收入	1000	1000
税基	833	1250
应纳税所得额（损失）	177	−250
15% 的税率征收（抵免）	26.55	−37.50
税后收入	973.45	1037.50

如果你卖出 A 股票，你会得到 1000 美元，但你要纳税 26.55 美元，所以你的净收益是 973.45 美元。如果你卖出 B 股票，你会获得 1000 美元，外加 37.50 美元的税收抵免，用于抵消其他资本收益，所以你的净收益是 1037.50 美元。如果税率高于 15%（比如在购买股票后一年内实现收益），那么卖出亏损股票的获益就会更多。有趣的是，即使卖出亏损股票是一种财富最大化的策略，但处置效应仍预测投资者会抛售盈利股票。

对避免懊悔和追求自豪的测试

投资者是在经过理性计算之后卖出了亏损股票，还是受到心理影响从而做出了卖出盈利股票的决策？几项研究提供了证据，证明投资者的行为方式是符合处置效应的（卖出盈利股票）。这些研究通常可分为两类：对股票市场的研究和对投资者交易的研究。

例如，斯蒂芬·费里斯等人[3]考察了价格变化后的股票交易量。如果投资者进行交易以实现财富最大化，那么他们就应该在股票价格下跌时卖出该股票，并获得税收优惠。此外，他们应该避免出售价格上涨的股票，以避免纳税。因此，价格下跌股票的交易量应该很高，而价格上涨股票的交易量应该很低。或者，投资者也可以选择避免懊悔、追求自豪的行为。在这种情况下，投资者将持有他们的亏损股票，并卖出他们的盈利股票。因此，价格上涨的股票成交量大、价格下跌的股票成交量小，这与处置效应是一致的。

费里斯等人使用了一种方法，可以确定每只股票的正常成交量。他们报告的结果可以被解释为异常交易量的形式，即负的异常交易量表示交易低于正常交易量，而正的异常交易量表示交易高于正常交易量。他们利用在 3 年的周期中规模最小的 30 只股票，根据每个时间点的损益百分比将每只股票分为不同类别。这些交易数据都来自纽约证券交易所和美国证券交易所。结果如图 3-1 所示。

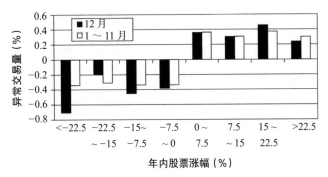

图 3-1　涨跌后的股票成交量

请注意，在图中，价格下跌超过 22.5% 的股票被分在左边，股票价格下跌的幅度随着向右逐渐减少。图中的股票无论价格是上涨还是下跌，幅度都很小。图最右边的股票盈利超过 22.5%。总体而言，价格上涨股票的异常成交量为正，而价格下跌股票的异常成交量为负。价格上涨，股票的成交量增加，价格下跌，股票的成交量减少，这与处置效应相一致。

由于人们明白在每年 12 月出售亏损股票和获得税收优惠的好处，因此，这项研究把每年 12 月的股票成交量和其他月份的股票成交量分开进行分析。为了获得更多收益，投资者似乎更应该在每年的 12 月实施财富最大化的策略。然而，图 3-1 却显示，受避免懊悔和追求自豪的心理影响，投资者在每年 12 月实施的投资策略与在同一年度其他月份采取的投资策略是一样的。

然而，有些人会为了获得税收减免而在年底出售亏损股票。这种税收意识是否有可能会抑制处置效应？威廉·巴兹利教授和他的同事们进行了研究，以找到答案。[4]他们设计了一个买卖股票的实验。所有参与者在交易股票时都面临着同样的税收影响，并在最初的指示中被告知存在资本收益税。然而，实验组（税收意识影响显著组）收到了一个通知，说明了每次交易的税收含义，而对照组没有收到通知。结果显示，对照组的行为显示出了处置效应，而实验组的处置效应比对照组低22%～47%。两组的交易行为都受到处置效应的影响。实验组持有盈利股票的时间更长，卖出亏损股票的时间也更快。因此，实验组具有更好的交易表现，税收意识有助于投资者降低处置效应。

其他研究也分析了个人投资者的实际交易和投资组合。在一项较早的研究中，加里·G.施拉鲍姆等人使用了1964～1970年期间来自一家国家经纪公司的交易数据。这项研究调查了7.5万笔往返交易。[5]往返交易是指购买股票后再售出股票。他们考察了股票被持有的时间和所得到的收益。当某只股票已经亏损或已经获利时，投资者是否会迅速平仓？考虑一下处置效应所暗示的行为。如果你买了一只价格快速上涨的股票，你就会更倾向于快速卖出它。如果你买了一只价格已经下跌或保持不变的股票，你就会更倾向于持有，同时等待它价格上涨。因此，持有时间较短的股票往往是有盈利的股票，持有时间较长的股票可能是不那么有盈利的股票。图3-2显示了持有短于30天、31～182天、183～365天和365天以上的股票的年收益率。该图显示投资者很快就把他们的收益变现了。购买后在30天内卖出的股票的年收益率为45%。投资者持有股票的时长为31～182天、183～365天和365天以上的，其年收益率分别为7.8%、5.1%和4.5%。投资者似乎很快就卖出了盈利的股票。

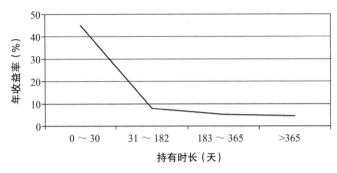

图 3-2　不同持有期限投资者的年收益率

　　特伦斯·奥迪恩还研究了一家全国折扣经纪公司的 1 万个交易账户。[6] 在每一笔卖出交易中，奥迪恩计算了投资者在其投资组合账面上的损益量。如果投资者出售了一只盈利股票，奥迪恩就计算出该股票的收益，并将其除以投资者获得的总账面收益，结果就是投资者通过卖出交易实现的收益比。如果卖出的股票是亏损的，那么计算出的就是亏损的收益比。

　　奥迪恩发现，投资者卖出的盈利股票持仓金额占投资组合总收益的 23%；而一只亏损股票被卖出时，它只占投资组合中未实现损失的 15.5%。平均而言，投资者卖出盈利股票的可能性比卖出亏损股票的可能性要高出 50%。然而，看起来盈利越高的股票似乎越容易被卖出。换句话说，当所实现的利润更大时，投资者可以获得更多的自豪感。但这似乎并不是卖出亏损股票的原因。[7] 投资者不愿意卖出亏损股票。这种不愿意的情绪表明，投资者对亏损更严重股票的感受并不比对亏损没那么严重股票的感受深。懊悔的程度看起来似乎可以用股票亏损的程度来衡量，然而，股票亏损的程度似乎在避免懊悔方面没有发挥太大作用。

处置效应的国际测试。研究人员发现，处置效应是普遍存在的。芬兰、以色列和中国的投资者都表现出了这种行为。马克·格林布拉特和马蒂·凯洛哈尔朱研究了 1995 ～ 1996 年投资者在芬兰进行的所有交易。[8] 他们发现，上一周的大幅正收益显著增加了投资者卖出该只股票的倾向；另外，股票价格的大幅下跌则显著增加了投资者持有该股票的可能性。他们还发现，股票上涨或下跌的发生时间越近（上周与上月相比较），卖出盈利股票和持有亏损股票的倾向就越强。有趣的是，他们还发现，金融机构尽管比其他投资者更有可能卖出亏损股票，但其行为体现出的处置效应程度几乎与个人投资者一样高。在以色列的投资者中，苏尔·夏皮拉和伊扎克·威尼斯发现，个人投资者持有盈利股票的平均期限为 20 天，而持有亏损股票的平均期限为 43 天。[9] 投资者持有亏损股票的时长是盈利股票的两倍！中国投资者的收益大于亏损，持有亏损股票的时长比盈利股票多 10 天。[10]

其他市场的处置效应。在世界各地的股票市场都发现了存在处置效应的证据。避免懊悔和追求自豪对其他市场有多大的影响？几项研究发现，期货交易员（交易农产品、债券、货币和股指期货合约）持有亏损证券的时间明显长于持有盈利证券的时间，而持有时间较长的交易员获得的利润更少。[11] 拥有员工股票期权的公司经理在他们行使这些期权的意愿方面也表现出了处置效应。[12] 在房地产市场上，房主们不愿低于原价出售他们的房屋。[13]

投资者似乎没有表现出处置效应的一个领域是共同基金的股份所有权。几项研究发现，投资者更愿意出售一只亏损的共同基金，而不愿卖出有盈利的共同基金。[14] 这种行为与损失厌恶和处置效应相反。事实上，它被称为"反向处置效应模式"。一个作者团队解释说，能否出现这种效应模式的关键在于归咎他人的能力。[15] 如果能把损失的责任归咎于他人，那么懊悔的痛苦程度就可以减轻。因此，可以考虑在不同的资产工具中分配不同程度的代理权。例如，投资者挑选股票，没有代理。然而，一只积极管理的共同基金却会配备一位投资组合经理。这是对投资收益的一种高度代理。那么指数基金呢？它也会有一位经理，但只需要跟踪指数进行投资。指数基金的代理水平很可能介于股票和积极管理的共同基金之间。学者们研究了股票交易、指数基金交易和积极管理的共同基金交易的处置效应模式。他们发现，处置效应的程度与委托代理的程度相关。股票交易表现出处置效应，指数基金交易没有表现出处置效应，而积极管理的共同基金交易表现出了反向处置效应。因此，如果投资者能把问题归咎于他人，他们就不愿意意识到损失。如果投资者可以责怪投资组合经理或财务顾问，那么投资者就不会那么后悔了。他们认为，这种行为的根源在于解决问题时的认知失调。下一章将讨论这个话题。

抛售盈利股票过早，持有亏损股票过久

处置效应不仅可以预测盈利股票会被卖出，而且表明了被卖出的时机过早、亏损股票被持有的时间过长。对于投资者来说，过早卖出或持有太久意味着什么？过早卖出盈利股票表明，这些股票在被卖出后将继续表现良好。持有价格下跌股票的时间过长表明，那些价格下跌的股票将继续表现不佳。

当投资者卖出一只盈利的股票时，奥迪恩发现，该股票在未来一年的平均收益水平一般会超过市场2.35%。[16] 在同一年，投资者持有的亏损股票的普遍表现则低于市场1.06%。投资者倾向于出售最终可获得高收益的股票，而保留了获得低收益的股票。

请注意，避免懊悔和追求自豪在两个方面损害了投资者的财富。一方面，投资者要支付更多的税，因为他们倾向于卖出盈利股票，而不是亏损股票。另一方面，投资者在其投资组合中获得的收益率较低，这是因为他们过早地卖出了盈利股票，持有表现不佳并将继续表现不佳的股票。

马丁·韦伯和科林·卡梅勒为他们的学生设计了一个股票交易实验。[17] 他们创造了 6 只可供交易的"股票"，并向学生们展示了每只股票最近三次交易的价格。他们设计股票价格沿着可能的趋势波动，也就是说，上涨的股票可能会继续上涨，而下跌的股票可能会继续下跌。学生们可以看到未来每只股票的潜在价格。基于这种实验设计，持有人应该卖出有损失的股票，持有有收益的股票（与处置效应相反）。然而，与财富最大化策略相反，参与实验的学生在出售股票时，与在股票价格高于购买价格时相比，在股票价格低于购买价格时出售的股份更少，这也表现出了处置效应。

处置效果和新闻

一项研究调查了 1990 年 11 月至 1991 年 1 月期间，纽约证券交易所 144 家公司的个人投资者的所有交易。[18] 具体来说，这项研究调查了投资者对公司新闻和经济新闻的反应。公司新闻主要影响该公司的股票价格，而经济新闻则影响所有的公司。一则关于公司的好消息会提高股票价格，促使投资者卖出该公司股票（卖出盈利股票）。关于公司的坏消息并不会促使投资者卖出该公司股票（持有亏损股票）。这与避免懊悔和追求自豪是一致的。

然而，有关经济形势的消息并没有引发投资者的交易。尽管有关经济形势的好消息会提高股票价格、坏消息会降低股票价格，但这并不会导致个人投资者卖出股票。事实上，在有关经济形势的好消息公布后，投资者不太可能卖出盈利股票。这些行为与处置效应并不一致。

这说明了关于懊悔的一个有趣特征。当股票下跌时，如果导致的损失与自己的决定有关，投资者会有更强烈的懊悔感。然而，如果投资者能将损失归因于他们无法控制的原因，那么懊悔感就会弱一些。[19] 例如，如果你持有的股票在股票市场本身上涨时价格下跌，那么你就做出了一个错误的选择，这时的懊悔感是强烈的。然而，如果你持有的股票在整体市场下跌期间价格下跌，这基本上是你无法控制的，所以这时的懊悔感是微弱的。

在获得有关公司的新闻后，投资者采取的行动与处置效应相符，这是因为投资者的懊悔感更强烈。而在获知经济新闻后，由于投资者的懊悔感较弱，那些结果被投资者认为超出了他们控制的范围。这导致了投资者采取的行动与处置效应的预测不一致。

参考价格

获得收益的快乐和遭受损失的痛苦是人类行为的强大动力。然而，它可能很难确定有一些投资交易到底该被认为是获益的还是损失的。例如，鲍勃以每股 50 美元的价格购买了一只股票。到当年年底，该股票的价格为 100 美元。同时，在当年年底，鲍勃重新审查了自己的投资头寸，以记录和确定净资产，并监测在实现财务目标方面取得的进展。6 个月以后，鲍勃以每股 75 美元的价格出售了这只股票，每股盈利 25 美元。然而，如果他在当年年底该股票价格为 100 美元时出售，每股就可多获得 25 美元的利润。鲍勃是觉得自己赚钱了，还是觉得自己亏损了？

这个问题涉及**参考价格**。参考价格是我们与当前的股票价格进行比较的股票价格。当前的股票价格是 75 美元。参考价格是 50 美元的购买价格，还是 100 美元的高点价格？大脑对参考价格的选择很重要，因为它决定我们是感到了盈利的快乐，还是感到了遭受亏损的痛苦。

关于参考价格是否重要，一个有趣的例子是首次公开募股（IPO）。玛库·考斯蒂亚研究了高于发行价的股票与低于发行价的股票之间的 IPO 交易量。[20] 一只股票要想获得交易，就必须有一个愿意出售该股票的人。处置效应表明，投资者在股票盈利时更愿意卖出，而在亏损状态时则不愿卖出。因此，高于发行价的 IPO 成交量应该更高，因为受到处置效应影响的投资者会更愿意卖出这些盈利股票。考斯蒂亚发现，由于投资者不愿亏本出售新购买的股票，因此，低于发行价的 IPO 成交量较低，高于发行价的 IPO 成交量较高。这些投资者似乎更愿意通过卖出股票来实现快速获利。事实的确如此，股票的收益越高，随后的交易量就越大。

早期对投资者心理的调查认为，买入价格是参考价格。这使得 IPO 成为一个很好的测试，因为大多数在第一天就出售股票的投资者都知道购买价格。然而，投资者会监控和记录他们在一年内的投资表现。如果买入是很久以前进行的，那么投资者倾向于使用最近确定的参考价格。

最近的哪一个股票价格可以被选定为参考价格呢？一般来说，对于股票市场的参考价格，投资者往往使用指数来评判。当然，使用最广泛的指数之一是道琼斯工业平均指数。投资者倾向于将道琼斯工业平均指数的历史高点和 52 周高点作为重要的参考价格。[21]

关于某只股票的参考价格，一项关于股票期权行使的有趣调查提到了这一点。[22] 除了股票期权的基本价值外，由于股票的行权价和当期价格之间的差异，股票期权还有这一差异所产生的溢价价值。换句话说，价外期权具有正的价值。在期权的到期日，这一溢价会降低至零。由于这种溢价的存在，在到期前行使期权几乎从来都不是最佳的日期。如果交易员想要锁定利润，那么出售期权会比行使期权获得股份的做法受益更大。然而，艾伦·波特什曼和维塔利·塞尔宾却发现，交易所交易的股票期权，存在大量在早期被行权的现象，这种现象通常发生在期权到期日的前几个月。是什么原因导致投资者选择了这种非理性的行为呢？

波特什曼和塞尔宾发现，当一只股票的价格达到或超过52周高点时，就会形成触发投资者在早期行权的因素之一。这表明，最近的最高价格是投资者采取行动的一个重要参考价格。事实上，对于期权交易员来说，这是一个如此强烈的焦点，当股票价格超过这个参考价格时，交易员就会急于锁定利润。他们中的一些人甚至不合理地过早行使期权。但这个问题似乎是可以避免的。折扣经纪人的客户比全面服务经纪人的客户更多地执行这些非理性交易。专业的交易员则没有犯这一错误。

参考价格的调整。回到本节开头的故事：鲍勃是会把50美元的购买价格、当年年底100美元的高点价格，还是其他价格当作参考价格呢？换句话说，投资者是否会随着时间的推移而调整他们的参考价格？

答案是肯定的，投资者会随着时间的推移而调整他们的参考价格。他们如何调整参考价格与处置效应类似。想一下本书第1章所展示的前景理论的效用函数形状。鲍勃在看到股票赚取了50美元的浮盈后，感觉很好。投资者倾向于卖出股票，并锁定这种幸福。他们似乎可以仅仅通过改变持有股票的参考价格就能感受到快乐。一篇研究这种可能性的学术论文对人们进行了调查，并询问他们股票价格第二次必须上涨多少，才能和第一次获利的感觉一样好。[23] 通过答案与前景理论效用函数比较，作者可以确定投资者在初始股票价格上涨后将参考价格移动了多少。这项研究对股票价格的下跌也进行了类似的分析。

研究结果与前景理论相一致。根据效用函数的形状，如果投资者分别经历了收获两次 50 美元的利润，而不是收获一次 100 美元的利润，他们就会感到更加快乐。这是解释处置效应的另一种方法：投资者通过迅速出售他们的盈利股票，以感受快乐，并在另一次交易中获得另外一次盈利的快乐。现在看来，投资者也可以通过改变获利后的参考价格，将已持有的股票作为一项新的交易来获得同样的效果。同时，也请考虑一下我们遭受亏损之后感受到的悲伤。投资者试图通过持有亏损股票而不陷入负面情绪来减少遗憾。这将如何影响参考价格的调整呢？投资者对待亏损股票，并不会像对待盈利股票那样，通过改变参考价格而使自己沉浸在遗憾之中。这正是研究结果所显示的。人们调高所持有股票的参考价格，更多是针对盈利股票而不是针对亏损股票的。回到鲍勃的例子，他可能觉得自己赔钱了——因为当他在年终评估中记录卖出价格时，他会把参考价格调整为 100 美元。

然而，也有证据表明，投资者未能适当地调整他们的参考价格。我们看一个把一只股票拆分为两只股票的例子。这种拆分导致投资者持有的股票数量是其之前持有的两倍，但价格下跌了一半。因此，投资者拥有总价相同的股票。当鲍勃将 75 美元的股票进行 2∶1 的拆分时，它将被重新定价为 37.50 美元。鲍勃应该在心理上将 50 美元的购买价格调整为 25 美元，而在年底把 100 美元的股票价格调整为 50 美元。然而，这种拆分显然混淆了参考价格，从而减少了懊悔的程度。事实上，对于最近拆分的股票，处置效应消失了。[24]

处置效应会影响市场吗

辛加尔和许招金两位教授研究了共同基金的投资组合和交易情况。[25] 他们发现，30% 的共同基金表现出了处置效应。这些共同基金每年的表现比其他基金要低 4% ～ 6%，而且更有可能被关闭。存在大量受到处置效应影响的投资者，会影响市场价格吗？安德里亚·弗拉兹尼提供了证据，证明这些投资者的存在会影响市场价格。[26] 假定有一只股票价格已经上涨，有许多投资者持有并有浮盈。如果发行这只股票的公司宣布了利好消息（例如出色的收益报告），投资者大量地出售这一盈利股票将会暂时压低股票价格，使其无法完全上涨到应有的价格水平。从这个较低的价格基础上看，该股票随后的收益将会更高。这种价格模式被称为对新闻的反应不足和公告后的价格漂移。弗拉兹尼指出，公告后的价格漂移主要发生在有浮盈和浮亏的股票上。

弗拉兹尼首先分析了共同基金的持有数据，发现它们也表现出了处置效应。事实上，表现最差的基金经理们最不愿意对他们的亏损股票进行清仓操作。为了估计共同基金中每只股票浮盈（或浮亏）的金额，作者计算了共同基金的平均成本。以此平均成本作为基础价格，用作与现价比较的参考价格。许多投资者认为现价高于参考价格的股票为未实现资本收益的盈利股票。在有重大利好消息的公告发布后，相关股票价格上涨，获得大量浮盈；在有重大利空消息的公告发布后，相关股票价格下跌，导致大量浮亏。这种模式阻止了股票价格调整到应有的新水平，与处置效应发挥作用的模式是一致的。处置效应影响下的投资者也不愿卖出亏损股票，因此对相关公司的负面消息反应不足。

处置效应和投资者的精明老练

损失厌恶和处置效应是否能够影响到所有投资者？我们能学着避免它吗？我们希望，一旦我们对行为偏差有所认识，我们就会变得更加精通投资，并尽量避免出现类似偏差。事实上，与经验不足的投资者相比，精明老练的投资者表现出了更低水平的损失厌恶和更弱的处置效应。例如，收入较高的投资者比收入较低的投资者受处置效应的影响更小。与业余的投资者相比，拥有专业知识的职业投资者受处置效应的影响更小。[27]

专业投资者是否会受处置效应的影响？一般来说，答案是肯定的。如前所述，专业期货交易员、共同基金经理和其他基金经理往往会以比卖出亏损股票更快的速度卖出盈利股票，并变现收益。这是因为亏损头寸在未来更有可能比盈利头寸的表现更好，还是因为经理们对这些头寸带有与之相关的沉没情绪成本呢？金力和安娜·谢尔宾娜似乎认为是后者。[28] 他们研究了新的投资组合经理接手共同基金投资组合之后的变化，发现这些经理对新接手的投资组合没有回避懊悔的心理，与这些投资组合中表现好的头寸以及其他共同基金相比，他们会更快地出售这些投资组合中表现不佳的头寸。

回购之前出售的股票

投资者往往会先卖出股票，然后再回购。从传统金融的角度来看，投资者的这种行为似乎很奇怪。事实上，投资者经常多次买卖同只股票。是否感到懊悔是影响投资者回购股票的原因。对交易完成的结果感到满意的投资者想要重温这种快乐，就会重新购买同一只股票。投资者会尽力避免重温一笔不愉快的交易，因此，那些让人感到懊悔的股票不会被回购。

特伦斯·奥迪恩、布拉德·巴伯和米查尔·安·斯特拉希利维茨合作，解释了这种回购行为的心理学原因。[29] 他们说明了一只股票被出售后，投资者的情绪是如何被诱导的。如图 3-3 所示，有两个因素会影响股票出售所产生的情绪——交易所得的收益和出售后股票价格的变动。当投资者亏本卖出一只股票时，他们感受到的懊悔已经足够让他们痛苦了，因此他们不愿意再回购这只股票。一朝被蛇咬，十年怕井绳。你可能会认为卖出盈利股票会创造一种积极的情绪。虽然这是事实，但这种情绪体验是短暂的，会受到股票出售后价格变化的影响。如果这只盈利股票的价格继续上涨，那么这种积极情绪就会转变为懊悔：投资者会希望自己没有出售过这只股票。在最初的幸福和后来的懊悔之间，持续存在的情绪是消极的，所以不会发生回购。然而，当一只盈利股票被卖出后价格随即下跌时，投资者会因为收益和出售时机而感到双重快乐。投资者更有可能回购这只后来股票价格下跌的盈利股票。

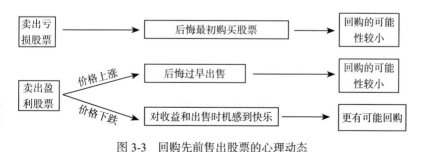

图 3-3 回购先前售出股票的心理动态

有一项考察了一段为期 8 年的投资者实际交易的研究，作者发现，回购之前出售股票的频率与前一次交易中所经历的情绪是一致的。他们发现，如果一只盈利股票在被出售后价格下跌了，投资者回购该股票的频率将会是回购亏损股票的 3 倍。一朝被蛇咬，十年怕井绳。诚哉斯言。阿比沙克·瓦尔马和我证明了回购是一种相当普遍的行为，大约 40% 的投资家庭至少进行过一次回购。[30] 我们还表明，对于最近出售的股票，回购更有可能发生。人们往往更容易回忆起最近发生的事情。因此，最近出售的股票是最容易被投资者回想起来的。最后，我们证明了这种行为是次优的，越是精明老练的投资者越有可能出现如此行为。

总结

人们采取行动（或不采取行动）是为了避免懊悔和追求自豪，这会导致投资者过早地卖出盈利股票，而持有亏损股票的时间过长。这是一种受处置效应影响的行为。这种行为在两个方面损害了投资者的财富。一方面，由于出售了盈利股票，因此投资者将要支付更多的资本收益税。另一方面，投资者获得的收益较低，因为他们卖出了盈利股票无法再继续获得收益，而他们仍然持有的亏损股票则继续表现不佳。在投资者交易、市场交易量以及房地产和衍生品等其他市场交易中，也可以看到处置效应在发挥作用。避免让处置效应影响你的一个常见经验法则是"斩断损失，让你的利润跑起来"。

感到懊悔也会导致投资者以后不太可能回购同样失败的股票。然而，投资者确实喜欢重温卖出盈利股票然后看着股票价格随即下跌的良好体验。

思考题

1. 思考下面这位投资者的声明："只要股票价格能回到我所支付的水平，我就会把它卖掉！"描述本章中分析的行为偏差是如何影响投资者的决定的。

2. 投资组合中持有的股票数量将如何影响处置效应？

3. 深受处置效应影响会如何损害投资者的财富？

4. 处置效应如何影响市场价格？

5. 投资者经常回购他们以前拥有和卖出的股票。请解释他们更有可能回购哪些股票。

第 4 章

风 险 感 知

　　一个人不能平静地面对损失，就很可能会介入他本
来并没有参与的赌博。

——卡尼曼和特沃斯基[1]

假设有如下掷硬币的赌局：正面你赢 20 美元，反面你输 20 美元。你愿意参加这次赌局吗？顺便说一下，你之前赢过 100 美元。现在你愿意再去赌一把吗？在注意到你之前是赢过的，之后你的答案会改变吗？如果你之前损失了 20 美元呢？这会让你觉得这次赌局有什么不同吗？

许多人会在一种情况下参与赌博，但在另一种情况下不会参与赌博。在不同的情况下，赢得 20 美元的概率不会改变，所以这场赌局的预期值保持不变。赌博的风险和收益在不同的情况下都不会改变，因此，改变的肯定是人们对风险的认知。

人们对风险的看法似乎确实各不相同。评估当前风险决策的一个重要因素是过去的结果。简而言之，人们愿意在获得收益后承担更大的风险，在遭受损失后承担更小的风险。为了说明这种行为，理查德·塞勒和埃里克·约翰逊要求 95 名经济学本科生用真钱进行一系列的两步赌博实验。[2] 在第一步中，要么给学生钱，要么从学生手里拿走钱。在第二步中，学生被问及是否愿意参加这项赌博。实验的结果表明存在三种效应：第一种是赌场赢利效应，第二种是风险规避效应（或蛇咬效应），第三种是力图保本效应。接下来我们将分别讨论这三种效应。

赌场赢利效应

人们在获得收益后，就愿意承担更多的风险。赌徒们把这种感觉称为"在玩房子里的钱"。在大赚一笔之后，一个业余的赌徒并不完全认为这些新到手的钱是他们自己的。你是愿意用对手的钱去承担更大的风险，还是用你自己的钱来承担更大的风险呢？因为赌徒们并没有把他们赢得的奖金完全当成他们自己的钱，所以他们表现得就像他们在用赌场的钱在参与赌博一样。

你刚刚赢了 15 美元。现在你有机会拿出 4.50 美元来掷硬币。你会去赌吗？ 77% 的经济学专业学生选择下注。在刚收到 15 美元的意外之财后，大多数人都愿意冒这个险。而在没有收到 15 美元的情况下，如果要求他们下注掷硬币时，只有 41% 的人选择了参与。人们更愿意在获得意外之财后承担经济风险，即使他们通常并不愿意承担这样的风险。

风险规避效应（或蛇咬效应）

在经历了财产损失之后，人们就会变得不太愿意冒险。当面对一场已经赔钱的赌博时，人们通常会选择拒绝赌博。最初损失了 7.50 美元的人们随后被要求在掷硬币的赌局中再下注 2.25 美元。这一次，大多数人（60%）都拒绝了这场赌博。在损失了最初的资金后，人们可能会感到"被蛇咬了"。蛇并不经常咬人，但被它们咬过之后，人们会变得更加谨慎。同样地，在不幸赔钱后，人们便常常觉得自己会继续不幸，因此，他们选择规避风险。

股票的价格会周期性下跌。有时这种下跌是相当剧烈的，被称为崩溃。此时投资者会怎么做？许多投资者只是简单地等着熬过苦难。他们静候着下跌过去，期待着之后的反弹。另外一些投资者则会搜索哪些股票可能已经变成了便宜货，然后购买它们。一小部分投资者感觉自己被蛇咬到了，也就是说，他们吓坏了，恐慌地抛售他们持有的股票。一项针对 298 556 个家庭的研究发现，其中 26 852 个家庭（占 9%）在 13 年的时间里至少进行过一次恐慌性抛售。[3] 这种恐慌的后果如下：

- 有 30.9% 的投资者恐慌性抛售了持有的证券资产，并且永远不会再次投资于风险资产。
- 超过 58.5% 的投资者在恐慌性抛售之后的半年内重新进入市场。
- 在恐慌性抛售之后，这类投资者获得的收益为零，甚至是负数。
- 45 岁以上的投资者最有可能出现恐慌性抛售。
- 已婚投资者最有可能感到抓狂。

力图保本效应

对损失的风险规避效应有一个重要而有力的例外。人们经常会抓住这个机会来挽回损失。在损失了一些资金之后，大多数人接受了"要么双倍下注，要么不下注"的掷硬币方式。事实上，即使被告知了掷硬币不公平，大多数人也都还愿意继续参与掷硬币。也就是说，即使人们知道自己获胜的概率不到 50%，他们也还愿意冒险。力图保本的愿望似乎比蛇咬效应的影响更为明显。

受力图保本效应影响的另一个例子，是在赛马场上。在结束了一天的赌马和赔钱之后，赌马人更有可能参与风险极高的下注。[4] 15∶1 的赔率意味着，如果赌赢了，2 美元的赌注将赢得 30 美元。当然，赔率为 15∶1 的马不太可能会跑赢。在比赛结束时，比开始时有更大比例的赌资被投到了高风险赌博中。看来赌马人不太可能在一大早就冒这么大的风险。然而，那些在白天赢了钱（赌场赢利效应）或赔了钱（保本效应）的赌马人更有可能冒这个风险。赢了钱的赌马人会冒这个风险，因为他们觉得自己好像"在玩房子里的钱"。赔了钱的赌马人喜欢这个无须冒过多风险就有可能保本的机会。没有重大损益的赌马人则不愿意冒这个风险再参与下注。

在《一掷千金》[⊖]这一风靡全球的电视节目中，经常可以看到人们的冒险意愿上升的情景。在这个节目中，游戏参与者要自己挑选手提箱，里面装有未知数额的钱。游戏参与者要从 26 个手提箱中挑选 6 个打开，然后这些箱子就会被撤出游戏。在这个节目的美国版中，手提箱里资金的金额从 0.01 美元到 100 万美元不等。被撤出 6 个手提箱以后，还剩下 20 个手提箱。此时，游戏参与者会收到一个提议：他可以得到一笔特定数额的钱来结束比赛。他是应该接受这个提议拿着确定的收益退出游戏，还是应该拒绝提议继续玩下去呢？假定拒绝提议继续参与游戏的预期收益可能是 5 万美元，而接受提议此时退出游戏则可以得到确定的 3 万美元。请注意，这一确定收益低于此次游戏的预期收益（约为预期收益的六成）。对风险厌恶程度高的游戏参与者可能会接受这一提议，而不那么厌恶风险的游戏参与者将会拒绝提议继续玩，来挑选更多的手提箱打开。打开装有资金多（或者资金少）的手提箱将会降低（或者提高）下一次提议的报价。

一项分析《一掷千金》游戏的研究发现，游戏参与者所表现出的风险规避程度取决于他之前的经历。[5] 具体来说，如果游戏参与者不幸打开了一个装有资金多的手提箱时，下一次退出游戏提议的报价就会低于前一次。因为游戏参与者的心理参考值固定在前一次的报价上，所以当他得知自己能够得到的钱低于此前报价

⊖ 由参与者随便挑选一个箱子自己拿着，但是暂时不能打开，如果玩到最后，这箱子里的钱就归参与者所有。游戏过程中依次撤出一些箱子，最后只剩一个。在每轮游戏中，参与者都要做一个决定，而且这个决定是在信息不完全的情况下做的。

时，他就会感觉自己应得的收益好像受到了"损失"。当这种情况发生时，游戏参与者很少会接受新的报价，而是为了保本选择继续玩下去。即使在面对一个非常好的报价时，这种选择也似乎是正确的。现在回到预期收益是 5 万美元的这场游戏。假如最后剩下的两个手提箱内，碰巧装了 10 万美元和 0.01 美元。如果此时提议退出游戏的报价是 6 万美元，会出现什么结果呢？在其他条件相同的情况下，几乎每个游戏参与者都会在这个预期收益较低的高风险游戏中选择退出报价的 6 万美元。但当上一次的报价是一个更大的数额，比如说 9 万美元，那么情况就变得不一样了。想要"保本"的愿望似乎会导致游戏参与者寻求冒险。他们似乎只有在看到预期收益（以及接下来的报价）暴跌之后，才会寻求冒险。

最后，考察一下芝加哥期货交易所美国国债期货合约中的全职专业自营交易员的行为。这些交易员持有风险头寸，在白天提供做市服务来获利。所有的头寸通常在一天即将结束时平仓。这些交易员每天都在关注收益情况，那么如果他们在上午经历了亏损，下午他们将会采取什么行动？ 1998 年，约舒亚·科瓦尔和泰勒·舒姆韦调查了 426 名此类交易员的交易。[6] 他们发现，在上午出现亏损后，交易员更有可能在下午提高冒险水平，以试图弥补损失。此外，这些交易员更有可能与其他自营交易员进行交易（而不是来自投资者进入市场的订单）。平均而言，这些交易最终都是亏损的。这说明了投资者在经历损失后可能表现出的行为变化。

对投资者的影响

赌场赢利效应预测投资者在成功平仓后更有可能购买高风险

的股票。换句话说，在通过出售获利股票来锁定收益后，投资者更有可能购买高风险的股票。马西莫·马萨和安德烈·西莫诺夫利用房地产和股票持有量的数据研究了瑞典的家庭。[7]他们发现，当年资本收益的增加将导致下一年承担更高风险的意愿增加，这与赌场赢利效应是一致的。遭受损失则会导致冒险意愿降低——这是蛇咬效应。他们的发现适用于不同财富阶层的人，也适用于房地产和股票等投资市场。

蛇咬效应也会以其他方式影响投资者。新进入的投资者或保守的投资者可能会决定"尝试一下股票交易"。在投资组合中加入一些股票可以让长期投资者获得更加分散的资产布局和更高的预期收益。然而，如果持仓股票的价格迅速下跌，那么首次投资股票的投资者可能会感到恐慌。设想一位年轻的投资者一开始以每股30美元的价格购买了一家生物技术公司的股票。3天后，股票价格跌至28美元，投资者惊慌失措，卖出了该股票。后来，该股票涨至75美元，但他依然会"害怕重返市场"。[8]

请注意，一个人规避风险的意愿并不是恒定不变的。它随时间而变化，并取决于最近的收益情况。即使是金融专业人士也对风险表现出不同程度的厌恶。一组经济学家在瑞士对162名金融专业人士进行了测试，观察他们在经历了市场繁荣或萧条之后的投资行为。[9]这一测试设计的实验，是让交易员可以赚到真金白银。一半受试者需要为即将面临的破产做准备，也就是说，给他们展示的是股市最近下跌趋势的图表。另一半受试者面临的是牛市。第一组受试者对股票的配置要比第二组少得多。恐惧增加了对风险的厌恶。此项研究的作者推测，金融专业人士的这种行为延长了股市周期。市场大幅下跌导致投资者风险规避情绪上升，使得他们对股票的配置减少了。这种调整会导致股市进一步下跌。市场大幅上涨导致投资者风险规避情绪下降，使得他们对股票的配置增加，从而导致股市进一步上涨。换句话说，投资者的行为延长了牛市和熊市运行的时间。

禀赋效应（或现状偏差效应）

人们对出售一件物品的要求往往比他们愿意支付的价格要多得多。这被称为禀赋效应。[10] 与这一效应密切相关的行为是人们倾向于保留自己已经得到的东西，而不是用其进行交换，这种行为被称为现状偏差。[11]

经济学家通过对他们的学生进行实验来检验禀赋效应。一个常见的实验是，给课堂上一半的学生一个物体，比如咖啡杯。接下来让那些不想要杯子的学生可以将到手的杯子卖给那些没被给到并且想要杯子的学生，这样就创造了一个市场。传统的经济理论预测，市场清算价格会上涨，因此一半的杯子会得到交换。也就是说，得到杯子的学生将把杯子卖给没有得到杯子的学生。然而，在反复的实验中，得到杯子的学生在出售杯子时，通常提出的价格是没有杯子的学生愿意支付价格的两倍。结果，很少有杯子能够实现交易。这一发现也出现在使用不同对象和可重复游戏的实验中，学生在这种类型的市场中获得了交易的经验。[12]

是什么导致了这种禀赋效应？人们是高估了自己拥有物品的价值，还是认为失去它们会给自己带来太多的痛苦？请考虑下面的实验。[13] 学生们被要求对六种奖品的吸引力进行排名。班上有一半的学生得到了一个不那么诱人的奖品，即一支笔；另一半学生可以在笔和两个巧克力棒之间进行选择。结果只有 24% 的学生选择了笔。最初被给予笔的学生，如果他们愿意，就有机会换到巧克力棒。尽管大多数学生认为巧克力棒的吸引力高于笔，但仍有56%拥有笔的学生并没有选择更换为巧克力棒。人们似乎并没有高估他们所拥有物品的吸引力，而是更容易受到失去这一物品所引起的痛苦的影响。

禀赋效应在那些经常参加真实交易市场的人身上也很普遍。例如，在一个体育用品展上，约翰·李斯特用自己收藏的卡尔·里普肯和诺兰·瑞恩棒球纪念品与顾客和经销商一起进行了交易实验。[14] 他还在艾波卡特中心一个收藏别针的市场进行了类似的实验。实验的参与者大都很熟悉交易。然而，在得到一个收藏品后，很少有人愿意用它交换另一个具有同等价值的收藏品。李斯特发现，经验越丰富的经销商似乎越少受到禀赋效应的影响。

禀赋效应与投资者。 禀赋效应或者说现状偏差效应，是怎样影响投资者的呢？人们倾向于持有他们已经拥有的投资。例如，威廉·萨缪尔森和理查德·泽克豪泽曾经让学生们做如下实验：假如他们刚刚继承了一大笔钱，他们可以把这笔钱投资到不同的投资组合中。他们可以选择中风险公司、高风险公司、国债或是市政债券。[15]

对这一实验参与者的问题表述方式，有好几个版本。在一些表述版本中，实验参与者被告知，这笔遗产已经投资给了一家高风险公司。在其他的表述版本中，这笔遗产以其他的投资形式出现。有趣的是，接受遗产时的投资形式严重地影响了实验参与者的投资组合选择。当遗产已经被投资于高风险公司时，实验参与者往往会更多选择继续投资高风险公司。如果遗产已经被投资于美国国债，那么实验参与者也会更多选择继续投资美国国债。显然，上述两种投资方式的预期风险和收益非常不同。投资者之所以做出如此不同的选择，主要是因为受遗产当时现状的影响，而并非出于对其自身的风险和收益目标的考虑。财务顾问告诉我，他们的客户通常愿意从年终奖金中拿出 10 万美元投入到股票市场中去，而更希望把继承得到的 10 万美元存入定期存单，尽管这两笔钱都是意外之财。客户说："我不能拿那笔遗产冒险，我的父母为此工作非常努力！"

随着投资选择数量的增加，人们受现状偏差的影响程度也会增加。也就是说，要做出的决定越复杂，人们就越有可能选择什么都不做。在现实世界中，投资者面临着投资数万只公司股票、债券和共同基金的选择。这些选择都可能会让一些投资者感到困惑。因此，他们往往会选择避免做出改变。当投资出现亏损时，这可能会变成一个特别的问题。出售亏损股票会引发懊悔情绪（见第 3 章），并遭受失去自己所拥有物品的痛苦。

投资风险感知

投资行业是如何衡量风险的？投资者使用什么风险指标来做决策？行业的衡量标准和人们的偏好是否相同，或者相关？这些问题的答案对投资行业、金融顾问和我们对投资者行为的了解都很重要。

虽然投资行业将标准差作为风险的主要衡量标准，但投资者可能会发现其他指标也很有用，比如损失的概率或潜在损失的大小。为了模拟一个类似于投资的决策，我们进行了一系列重复的赌博实验。假设有一场赌博，你有一半机会赢得 200 美元，一半机会失去 100 美元。如果这场赌博重复了 50 次，结果的分布是什么样子的？会有哪些风险？

在一系列类似的重复赌博中，受试者被要求估计结果的标准偏差、亏损的概率和平均亏损规模。此外，每位受试者都被要求使用以 1 ～ 100 之间的数字，对这些重复游戏的风险进行评级。[16] 受试者强烈高估了亏损的可能，并且很难估计亏损发生时的平均损失规模。尽管没有发生系统的高估或低估标准偏差的现象，但受试者估计标准偏差的表现也不佳。显然，人们很难量化风险。然而，人们对每一次重复赌博的风险评级（1 ～ 100 之间）与亏损的概率和规模呈正相关关系。这表明，投资者确实将这些风险指标纳入到了自己的风险评级过程中。不幸的是，对于投资行业来说，标准偏差与他们对风险的判断无关。

总的来说，人们通常不能评估结果分布的统计数据。因此，那些决定退休投资的人可能没有意识到自己行为的后果。

记忆与决策

与其说记忆是对事件的事实记录，不如说它是人们对身体和情感体验的感知。这种感知受到事件展开方式的影响。在大脑中记录事件的过程中，可以存储这些感知的不同特征。这些存储的特征是后续回忆的基础。

记忆具有自适应功能。它决定了过去经历的情况在未来应该是被期望的，还是被避免的。例如，如果你记得有一次经历比实际情况更糟糕，你就会过分希望避免类似的经历。或者，如果你还记得有一次经历比实际情况更美好，你就会投入很多的努力去寻找类似的经历。因此，对过去经历的不准确感知可能会导致糟糕的决定。

记忆与投资决策。 不准确的记忆也会影响投资者。股票的价格模式会影响投资者在未来的决策方式。假设一位投资者购买了两只股票。他分别购买了一家生物技术公司和一家制药公司的股票。每只股票的购买价格为每股 100 美元。在接下来的一年里，生物技术股的价格慢慢下跌至每股 75 美元，而制药股的价格一直保持在每股 100 美元，直到当年年底才突然跌至每股 80 美元。

一整年中，生物技术股的表现一直不如制药股。然而，这两只股票以不同的方式亏损。生物技术股是逐渐下跌的，制药股则在最后才出现了巨大的亏损。对年底大量亏损的记忆会带来沉重的痛苦情绪。缓慢亏损的记忆则会让人感受到更少的痛苦。即使生物技术股（亏损表现得缓慢者）的价格最终更低一些，投资者对其的痛苦感受也没有对制药股的痛苦感受强烈。因此，当投资者决定下一年的股票投资时，可能会对制药股的态度过于悲观。

对于快乐的体验也是同样的模式。人们对高度快乐的高峰和结果的体验感觉更好。设想一下这两只股票的价格上涨情况。生物技术股在这一年内缓慢上涨至每股 125 美元。而到当年年底时，制药股的价格突然大幅上涨至每股 120 美元。对这些事件的记忆让投资者对制药股的感觉更好，尽管它的总体表现并没有生物技术股好。

认知失调

心理学家已经研究了记忆的具体后果。他们认为，人们通常认为自己是"聪明和善良的"。与这一形象相矛盾的证据导致了两个看似相反的观点。例如，假设你认为自己很好，但你对自己过去一个行为的记忆表明你并不好。这时你的大脑会对这种矛盾感到不舒服。心理学家称这种感觉为认知失调。简单地说，认知失调意味着大脑正在与两个互相矛盾的想法做斗争——我很好，但我做了一些不好的事情。这种斗争是一种令人不愉快的感觉。为了避免这种心理上的痛苦，人们倾向于[17]：

- 忽略、拒绝或尽量减少其中一种记忆或信念。
- 改变其中的一两个想法，使它们更好地匹配。
- 增加第三个相关的想法，用以减弱前述想法中的不和谐。

例如，人们会忽略有关他们刚刚购买的一只股票的坏消息。他们还会记错之前的投资表现，因为这些表现与他们认为自己是一个优秀投资者的想法相抵触。

最后，当事情对自己不利时，人们经常会责怪其他人。在投资领域尤其如此。金融顾问、共同基金经理、股票经纪人和投资组合经理都有可能在收益率不佳时成为替罪羊。

人们的记忆可以发生改变，以与过去的决定相一致。我们希望自己曾经做出的决定是正确的。例如，有研究者调查了赛马场赌马者下注的马的获胜概率。下注之后随即离开投注窗口的赌马者，比那些一直站在窗口犹豫的赌马者，更坚信自己下注的马会有更大的获胜机会。[18] 在下注之前，赌马者并不能对自己的选择有确定的把握。而在下注之后，他们的观念会改变，认为最后的结果将与他们的决定一致。

规避认知失调的不愉快感会通过几种方式影响决策过程。首先，人们可能无法做出重要的决定，因为思考这种情况令人太不舒服了。例如，当思考为未来的退休生活准备储蓄的时候，一些年轻人可能会联想到一个收入能力低的贫弱形象。为了避免当前良好自我形象的认知和未来贫弱自我形象的认知之间的冲突，这些年轻人会完全避免储蓄。其次，对新信息的过滤限制了评估和监控我们的投资决策能力。投资者忽视负面信息，他们如何意识到他们的投资组合的调整是必要的？最后，他们可以责怪别人并通过将这些人从决策过程中移除而获益。也就是说，投资者非常愿意出售一只表现不佳的积极管理的共同基金。

认知失调和投资。 投资者寻求通过调整他们对过去投资成功的信念来减少心理痛苦。例如，在某个时间点，一位投资者会决定购买一只共同基金。随着时间的推移，有关该基金的业绩信息将使他验证选择该共同基金是否明智。为了减少认知失调，投资者的大脑会过滤或减少负面信息，从而专注于正面信息。因此，投资者对过去表现的记忆要好于过去的实际表现。换句话说，因为你认为自己是一个好的投资者，所以你对自己过去投资表现的记忆会与自我认知的形象相一致。你的记忆还告诉你，无论实际表现如何，你都做得很好。

威廉·戈茨曼和纳达夫·佩尔斯测量了投资者的回忆[19]。他们问了投资者关于前一年共同基金投资收益率的两个问题：第一，去年的收益率是多少？第二，你所持有的共同基金的表现比市场好多少？请注意，这些问题是调查关于投资者所持有的共同基金的实际表现和相对表现的。如果投资者没有受到认知偏差的影响，那么他对自己所持共同基金表现的印象，应该等于其实际表现。如果投资者确实受到了认知失调的影响，他们就会误以为自己的收益率比实际水平高。戈茨曼和佩尔斯向两组投资者提出了这些问题。第一组投资者由建筑师组成。建筑师都是受过高等教育的专业人士，但他们可能对投资并不了解。12 名建筑师对他们年金计划中的 29 项投资做出了回答。图 4-1 显示了建筑师在他们的估计中所犯的错误。他们对自己投资的表现的估计比实际收益率高出了 6.22%。他们认为自己做得比实际情况要好得多。

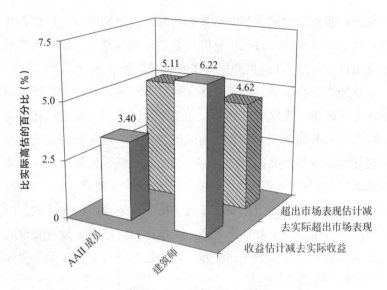

图 4-1　记忆偏差（认知失调）

　　个人投资成绩很难超越市场表现。大多数股票共同基金都很难持续超过标准普尔 500 指数。那么，建筑师认为他们的表现是怎样的呢？平均而言，他们对超出市场表现的估计比实际超出市场表现高了 4.62%。这组投资者高估了他们的实际收益，也高估了他们相对于基准的收益。

　　第二组投资者来自美国个人投资者协会（AAII）的某个州分会成员。美国个人投资者协会是一个为个人投资者提供教育、信息和服务的协会。据推测，美国个人投资者协会的成员都受过良好的投资教育。这些投资者是否高估了他们过去的收益？

　　29 名美国个人投资者协会成员就他们所持有的 57 家共同基金做出了回答。这些投资者对其过去的收益率平均高估了 3.40%。相对于市场的实际表现，他们对自己的表现高估了 5.11%。尽管这些人都是受过良好教育的投资者，但他们在估计过去的收益时也过

于乐观了。这是一个改变一种想法以更符合他们积极的自我形象
的例子。

在一项类似的调查中，马库斯·格拉泽和马丁·韦伯调查了
德国在线投资者 1997 ~ 2000 年的年收益率。[20] 他们将每一条回
复与投资者交易账户的实际年化收益率进行了比较。图 4-2 显示，
估计收益率和实际收益率之间的平均差超过 10%。投资者对自己
收益率的估计比其实际收益率高出了 11.6%。不幸的是，经验丰
富的投资者对自己的估计并不比其他人好到哪儿去。缺乏经验的
投资者对自己的表现高估了 13.2%，而经验丰富的投资者高估了
10.3%。格拉泽和韦伯得出的结论是，如果投资者不清楚或不记住
这些错误，他们将很难从错误中吸取教训。

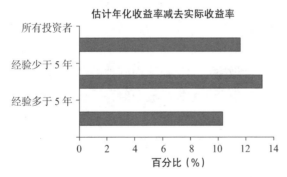

图 4-2　德国在线投资者对过往投资收益率的过高估计

再考察一下投资者在模拟市场实验中的情况。[21] 在模拟实验
中，研究者使用了 10 只真实的共同基金、1 只货币市场基金和标
准普尔 500 指数在 1985 ~ 1994 年 10 年期间的表现。80 名商科硕
士生被赋予了 10 万美元的投资额度，他们根据自己的意愿配置这
些资金。然后，研究者向这些模拟投资者透露了 6 个月的收益率，
投资者可以根据这些信息重新配置自己的投资组合。如此一直重

复，直到游戏完成 20 轮。请注意，在整个实验过程中，模拟投资者看到了市场收益率（以标准普尔 500 指数为代表）和他们自己持有的投资组合。实验结束后，模拟投资者被问及他们的表现如何：他们得到了什么水平的收益率？他们跑赢市场了吗？基本上，模拟投资者都报告说他们击败了市场。这是他们对自己表现的乐观看法，因为该组投资者的平均收益率比市场低 8%。当被问及收益率时，80 人中只有 15 人是正确的。大多数人（80 人中有 47 人）高估了他们的总收益率。

有三位学者使用实验的方法在有 520 名本科生参与的金融课程中，研究了"归咎他人"这一解决认知失调的心理机制。[22] 实验中，在本学期内，一半的学生要交易股票，另一半的学生要交易共同基金。这两组学生都必须写出每次交易的原因。这一实验有两个方面的不同。第一个方面的不同，是一些学生必须公布他们交易计划中购买股票的原因。这种对他们先前想法的公布使学生很难忽视自己所做决定的失误。而其他的学生则无须公布购买原因。在看到投资组合中亏损的股票时，受认知失调效应影响的学生的反应是，要么忽视它，要么卖出盈利股票并继续持有亏损股票，这就显示出了处置效应（见第 3 章）。由于被要求必须公布购买原因，因此交易股票的学生很难忽视亏损的股票。因此，这些学生就被推到了处置效应中。然而，交易共同基金的学生则可以有第三种选择：他们可以归咎于基金经理，出售亏损的基金。这将表现出反向处置效应。该实验第二个方面的不同，是交易共同基金的学生使用了不同的交易术语。一些基金交易员使用了"买入""卖出"和"投资组合表现"等术语。而另一些基金交易员则使用了"雇用""解雇"和"基金经理表现"等术语，以使基金的委托交易属性更加突出。委托交易属性显著组的基金交易学生，应该比委托交易属性微弱组的基金交易学生表现出更明显的反向处置效应。结果表明，通过公布购买理由来彰显交易者的认知失调，使得交易股票的学生表现出更明显的处置效应，而交易基金的学生则表现出了更明显的反向处置效应。并且，提高对基金委托交易属性的关注，会增强反向处置效应。因此，这一研究结果与投资者试图解决认知失调的预期结果一致。

最后，再讲一个关于投资者忽略或最小化与他们现有信念相冲突的信息的例子。在乐观时期，投资者似乎特别容易忽略有关其所持股票的负面信息。他们之所以无视那些负面信息，是因为这些负面信息与他们对自己所持股票的乐观信念不一致。在这种情况下，认知失调降低了投资者对负面信息反应的灵敏度。一项研究表明，在乐观时期，投资者对与自己所持资产负面信息的反应会延长。具体来说，上述情况显示，负收益公告后的价格漂移会更高。[23]

人们希望相信他们的投资决策是正确的。面对相反的证据，大脑的防御机制过滤了相互矛盾的信息，改变了对投资决策的回忆。当对过去业绩的回忆过于正面时，人们就很难客观地评估投资目标取得的进展，以及对投资顾问的需求。归咎于财务顾问或投资组合经理的第三种机制，往往导致投资者更迅速地决定出售委托基金经理交易的不良共同基金，其速度会比投资者个体清仓股票快得多。

总结

虽然我们经常认为一些人比其他人更容易承担风险，但我们规避风险和承受风险的能力更依赖于以前的成功和失败。在获得高额收益（赌场赢利效应）和有机会实现保本以后，人们更容易提高对风险的容忍度。而亏损将降低人们对风险的容忍度。然而，基因（或自然）在解释一个人的风险规避水平方面发挥着与个体特征和过去经验同等重要的作用。

当许多投资者都受到这些效应的影响时，整个市场就会受到影响。由于赌场赢利效应而寻求（或忽视）风险的心理偏差导致价格泡沫的产生。由于蛇咬效应影响而规避风险的心理偏差导致泡沫破裂后股票价格过低。

此外，人们的记忆更多的是对事件的情绪和感受的记录，而不是对事实的记录。这可能会导致投资者对实际情况产生不准确的记忆，甚至忽略那些导致不良情绪的信息，以解决认知失调的问题。归咎他人也有助于解决这种认知失调的问题。错误的解读和高估之前的表现会使我们很难从错误中得到成长。

思考题

1. 扑克游戏在电视上流行起来。这些节目遵循无限制锦标赛的规则。你可能会注意到，在大赢一局之后，许多玩家即使拿到一手烂牌，他们也会继续玩下去。而在大输一局之后，许多玩家即使拿到了一手好牌，他们也会选择不再继续玩下去。请解释这两种行为。

2. 描述"孤注一掷"游戏的吸引力。请注意涵盖参考要点（见第3章）。

3. 新闻和信息如何影响记忆过程，从而使投资者形成对过去投资组合业绩的"乐观"印象？

4. 认知失调如何解释投资者会继续持有他们的亏损股票，而同时迅速卖出亏损的积极管理的共同基金？

第 5 章

决策框架

提问的方式对给出的答案或所做的决定有很大的影响。假定有一个需要选择加入还是选择退出的情况。在美国，如果要成为器官捐赠者，你必须在获得驾照时签署一份许可证，并在这张证书上注明同意。在这种方式下，大约只有四分之一的司机选择同意器官捐赠。在德国和英国等国家，通过这种方式同意捐赠的水平甚至更低。[1] 如果换一种提问的方法，假定每一个人都自动默认为同意捐赠者。不希望捐赠器官的人必须签署一份文件才能选择退出。在必须选择才能退出的国家（如奥地利、法国和瑞典），同意成为器官捐赠者的比例通常高达 90% 左右。让人们选择退出而不是选择加入的简单决策框架大大提高了参与率。

思维框架与选择

一个非常受欢迎的例子来自诺贝尔奖得主丹尼尔·卡尼曼。他讲过一个关于选择抗击突然暴发疾病方案的例子。[2]

假定美国正在抗击一种非同寻常的传染性疾病。这种疾病的流行预计将造成 600 人死亡。相关人士提出了两种可行性方案以抗击这一疾病。假设对这两种可行性方案后果的科学精确估计如下：

- 如果采用方案 A，可以救活 200 人。
- 如果采用方案 B，有 1/3 的概率是 600 人全部被救活，有 2/3 的概率是一个人都救不过来。

你会选择哪种方案？

上述实验的参与者被要求选择一个方案。现在考虑一下修改后的方案。

同样的疾病又回来了。只是这一次被提出的两个方案结果将会如下：

- 如果采用方案 C，将有 400 人死亡。
- 如果采用方案 D，有 1/3 的概率没有一个人死亡，有 2/3 的概率是 600 人全部死亡。

你会选择哪个方案？

实验参与者需要回答应该在两个方案中选择哪一个。这是一个关于正面框架效应和负面框架效应的例子。你可能已经注意到方案 A 和方案 C 是相同的方案。在这两种情况下，结果是一样的：将有 200 人活着，400 人死亡。不同之处在于，方案 A 是以一种积极的方式构建的——人们是被救活的。方案 C 描述了死亡的情况，这是一个负面的思维框架。与此同理，方案 B 和方案 D 也是相同的，除了使用的思维框架分别是正面的和负面的之外。

如果人们没有受到提问方式的框架效应的影响，那么选择方案 A 和选择方案 C 的人数比例就应该是相同的。方案 A 属于正面框架效应，方案 C 属于负面框架效应。但事实并非如此。受到正面框架效应影响的人中有 72% 选择了具有确定性结果的方案 A，而只有 28% 的人选择了有风险的方案 B。当在考虑拯救生命的时候，大多数人都不想去冒险。但是如果受到了负面框架效应的影响，就只有 22% 的人选择了具有确定性结果的方案 C，78% 的人选择了有风险的方案 D。请注意，在负面框架效应影响下，实验参与者对有风险的方案更感兴趣。人们会根据所提问题的框架做出不同的选择。

上述实验包括了情感主题，即生命的存活与消逝。框架效应会发生在没有情感的场景中吗？

乘法运算可能是最不包含情感特征的心理过程了。假设在一个实验中，一组参与者有10秒的时间来估算以下算式：$2 \times 3 \times 4 \times 5 \times 6 \times 7 \times 8$；另一组参与者需要估算的是下面这个算式：$8 \times 7 \times 6 \times 5 \times 4 \times 3 \times 2$。上面两个算式显然是完全相同的，只是数字排列的顺序是相反的。[3]数字的顺序（或提问的框架）是否会影响估计值？实验参与者对第一个算式的估值平均为512，而对第二个算式的估值平均为2250。对于结果理应相同的两个算式，人们得出的估值相差3倍多，原因仅仅是算式开头的数字一个为8，而另一个为2。因此，框架效应甚至对平淡的数学活动也有影响。顺便说一下，人们对这两个算式结果的估值普遍不是很好，因为答案是40 320。

框架效应和投资

框架效应和风险 – 收益的关系。很明显，问题提出的框架会影响人们所做的选择。框架效应是如何影响投资选择的呢？最基本的金融理论认为，风险与预期收益之间的关系是正相关的。投资者期待高风险的投资得到较高的收益，而低风险的投资得到较低的收益。事实上，虽然资产定价模型能够从不同的角度衡量风险，但对风险都要求有风险溢价。每个金融专业的学生和从业者在投资高风险的股票时，都会要求高收益。

股票市场的投资者可能面临多种类型的潜在风险。普遍认为与风险相关的两个公司特征是公司的资本杠杆率和增长前景。一家在其资本结构中背负更多债务的公司被认为拥有更高的资本杠杆率，因此风险更高。增长前景较差的公司通常通过高账面市值比（B/M）表现出来，它与某些资产定价模型中的账面市值比风险因素有关。一项随机问卷调查了 742 名芬兰的金融顾问，在不同的提问框架下，他们需要回答具有上述风险特征的公司收益情况。[4]

其中一个提问框架是，具有这些资本杠杆率和增长前景特征的公司所需要的风险溢价。如果一位金融顾问认为这些都是风险因素，那么他就应该回答需要风险溢价。那些受到这一框架效应影响的顾问确实绝大多数都回答，需要风险溢价：对增长前景不佳的公司需要 77.7% 的溢价，对高资本杠杆率的公司需要 86.2% 的溢价。由于附加了额外的风险溢价，金融顾问对这些具有高风险特征的公司要求的预期收益率将会更高。这符合风险 – 收益关系的正相关性。其他金融顾问以另一种框架被问到这个问题。他们只是被问及，与没有高资本杠杆率和增长前景不佳的公司相比，具有这些风险特征的公司，其收益应该是更高、更低，还是相同。受到框架效应影响，只有 1.9% 的金融顾问认为增长前景不佳的公司应该给予更高的收益率，12.5% 的金融顾问认为资本杠杆率较高的公司应该给予更高的收益率。在这一框架下，金融顾问的预测显示了风险 – 收益关系的负相关性，这与金融理论和回答前一种提问方式的金融顾问是相反的。图 5-1 显示了在框架效应影响下两组答案之间的比较。

还有一个没有显现出风险 – 收益关系呈正相关的例子。这一事例发生在对美国一家公司的高净值客户的调查中。[5]美国《财富》杂志对这家公司的高管和分析师进行了年度调查，每位受访者得到了一份有 210 家公司的清单。一些受访者被要求在 1（低）到 10（高）的范围内标注每家公司的风险，其他人则对每家公司的未来收益进行排名。将两组受访者的回答放在一起，产生了图 5-2 中所示的风险 – 收益关系。通常人们认为风险更高的公司应该提供更高的收益，风险更低的公司可以提供较低的未来收益。然而，从

图 5-2 可以看出，图中的实线反映了受访者的回答：认为高风险公司也可以提供低收益。

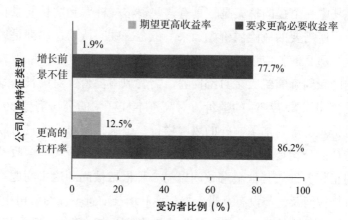

图 5-1 两种思维框架下金融顾问对风险 – 收益关系的观点

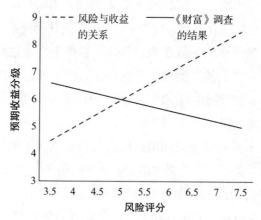

图 5-2 公司高管和分析师对风险 – 收益关系的观点

赫什·谢弗林在一项为期 15 年的调查中，考察了金融专业人士有关风险和收益关系的观点。[6] 谢弗林要求这些金融专业人士对少数几家知名科技公司的风险和下一年的预期收益进行评估。在调查中，谢弗林向被调查人员提供了这几家科技公司的全面信息，并允许被调查人员在评估公司时使用他们想了解的任何信息。当被问及这几家公司的风险时，被调查人员的回答与传统的风险理论衡量标准，如 β 值，密切一致。β 值在资产定价模型中被用来衡量市场风险。这种风险与模型中的预期收益有直接的正相关关系，较高的 β 值会带来较高的预期收益。由于这些金融专业人士对风险的估计与 β 值接近，那么是不是就意味着他们对下一年收益的估计也与风险相关？并非如此。事实上，除了有一年的数据例外，这些金融专业人士给出的风险评估和预期收益之间的相关性都是负的。这一事例再次说明，投资者（甚至是专业人士）似乎认为高风险是可以与预期的低收益相关的。这与传统的金融理论是矛盾的。

为什么那些理解（以及认同）风险 – 收益是正相关关系的人往往没有运用这一理论呢？这是因为框架效应的问题。当人们在风险 – 收益关系的背景下描述情况时，他们通常是正确的。但当他们使用不同的框架时，他们就不一定能够遵循这一理论。事实上，在没有明确把风险和收益放在一起分析的情况下，投资者往往会使用更好或者更坏的框架做出判断。投资者倾向于把股票区分为好的或是坏的。好的股票同时具有高收益和低风险，而差的股票则具有低收益和高风险。不幸的是，这种思维框架并不能准确地描述风险 – 收益关系，因此投资者往往承担的风险要大于他们所能够意识到的风险。

框架效应与预测。假设有如下问题：如果道琼斯工业平均指数上一年上涨了 20%，达到 8000 点，你预计它将在今年年底达到多少点？现在考虑一下这个问题的细微变化：如果道琼斯工业平均指数上一年升至 8000 点，你估计它当年的收益率将会是多少？

这两个问题要求的预测其实是相同的，第一个问题要求预测价格，而第二个问题要求预测收益。虽然看起来二者的区别可能微不足道，但事实并非如此：回答预测价格问题的人给出的答案，低于预测收益的人所给出的答案。一个由德国学者组成的研究团队表明，当人们确定股票价格趋势并被要求预测未来股票表现时，如果需要根据变化或者收益做出回答，人们会倾向于延续先前的趋势（代表性偏差）。[7]那些在价格模式下预测的人往往认为将来会出现放缓甚至逆转的趋势，这被认为是一种均值回归的方法。

预测在金融和经济学界非常流行。许多机构会对人们进行关于未来收益的民调，比如密歇根消费者调查、杜克大学首席财务官全球商业前景调查和瑞银／盖洛普调查。还有一些机构会调查人们对未来价格的看法，比如费城联邦储备银行的利文斯顿调查。分析师还会提供他们所跟踪的股票的目标价格。这种收益／价格框架偏差表明，对未来收益的预测更倾向于延续当前的趋势，而对未来价格的预测更倾向于相信均值回归。

当投资者选定某一只股票而不是其他股票时，本质上是他们在参照其他股票，对发行该股票的公司风险和收益进行预测。框架效应影响预测的另一个因素是决策者的智力。有三位学者研究了芬兰投资者的一个数据集，以考察智力因素在投资预测中的作用。在该数据集中，研究者可以查到这些投资者在服义务兵役时检测到的智商信息。[8]研究者发现，高智商投资者的投资组合每年比低智商投资者的投资组合收益高4.9%。这种更高的收益源于智商较高的投资者具有更好地把握市场时机和选股的能力。此外，智商较高的投资者也不太容易受到处置效应和其他投资者情绪的影响。

思维模式和决策过程

丹尼尔·卡尼曼获得过诺贝尔经济学奖。在斯德哥尔摩发表的获奖演讲中，他概述了两种不同的认知推理模式。[9] 卡尼曼将分析性思维模式（他称之为推理）描述为"当我们计算 17 和 258 的乘积时所做的事情"，而直觉性思维模式是当你不愿意吃一块蟑螂形状的巧克力时使用的思维模式。直觉性思维模式是自发随意并且轻松的，而分析性思维模式是经过深思熟虑并且费力的。

回想一下一边开车一边打电话的例子。当电话中聊的是鸡毛蒜皮、家长里短的话题时，大多数司机都可以边开车边聊天。这两项行为都是毫不费力的认知处理。因为大脑可以同时处理这些简单的认知过程，因此这些直觉活动可以并行不悖。然而，如果对话或者驾驶任务需要更多的分析处理（例如政治辩论或平行泊车）时，问题就出现了。那种以分析占主导地位的活动需要大脑以一种更连续的方式进行处理。结果，要么对话被打断，要么开车被打断。由于直觉性思维模式是轻松的，因此，大多数的判断和选择都是凭直觉做出的。

然而，许多投资决策需要评估风险和不确定性，这些抽象概念都是需要大量的认知努力才能处理的。投资决策也应该是在充斥着金融学理论的环境中进行的，如分散化、资产配置、市场效率和风险与预期收等。主要使用直觉性思维模式的人和主要使用分析性思维模式的人做出的财务选择也是不同的。

此外，思维模式会影响人们如何看待决策的框架效应。例如，赛马场上的赌马人准备一共投入 150 美元，在已经输掉了 140 美元的情况下，他正在考虑以 15∶1 的赔率，把最后的 10 美元押注在一匹几乎没有获胜可能的马上。[10] 这一决定的思维过程是什么样的？一方面，赌马人可以在正面框架效应下，要么选择确定剩余的 10 美元，要么选择以很小的可能性赢得 150 美元或者大概率一分不剩的风险。另一方面，在负面框架效应下，赌马人可以考虑要么确定当天损失 140 美元，要么当天冒着大概率损失 150 美元和微乎其微的能够保本的高风险继续下注。这两个框架都是思考决策的合理方式。然而，前景理论认为，人们倾向于在正面框架下采取确定性选择（保留 10 美元，不去下注 15∶1 的赔率），而在负面框架下做出有风险的选择（孤注一掷，几乎没有胜算的可能）。因此，赌马人在何种思维框架下考虑问题，将对其所做的决定有很大的影响。

测量思维模式

谢恩·弗雷德里克引入了三个简单快捷的问题，以辨别直觉性思维模式和分析性思维模式。[11] 这三个问题被称为认知反应测试（CRT）。这些问题都经过专业的设计，只有深思熟虑之后才能得到正确答案。但是乍一看问题，脑海中也能马上跳出一个冲动的答案。直觉性思维模式的回答者会选择这个鲁莽（但不正确的）答案，而分析性思维模式的回答者会经过反复思考来找到正确的答案。这些问题包括以下几个。

如果用 5 台机器花费 5 分钟制作 5 个机械小部件，那么用 100 台机器来制作 100 个机械小部件，需要多长时间呢？（冲动回答为 100 分钟，正确答案为 5 分钟。）

在一个湖泊里，有一大片睡莲。每天睡莲的叶子会增长一倍。如果睡莲叶子覆盖整个湖泊需要花费 48 天，那么要覆盖半个湖泊需要花费多长时间呢？（冲动回答为 24 天，正确答案为 47 天。）

　　一个球棒和球一共要 1.10 美元。球棒比球贵 1 美元。这个球要花多少钱？（冲动回答为 10 美分，正确答案为 5 美分。）

　　CRT 的测量方法是考察做出正确答案的数量。因此，CRT 得分为 0 分或 1 分表明被试者是直觉性思维模式，而得分为 2 分或 3 分表明被试者是分析性思维模式。弗雷德里克报告说，麻省理工学院学生的平均 CRT 得分为 2.18 分。世界上顶尖工程学院之一的学生倾向于对问题进行分析，这并不令人奇怪。哈佛大学一个合唱团成员的 CRT 平均得分为 1.43 分。一项在线调查得到被试者的 CRT 平均得分为 1.1 分。这可以解释为互联网活动更倾向于快速、直观的思维模式。

风险框架和思维方式

　　就像前面讨论的赛马场中的赌马人一样，人们在做决定时会受到正面或负面框架效应的影响。本章开头的疾病例子说明，当面对这两种框架效应时，人们往往会做出不同的选择。一般来说，前景理论描述的是，人们在受到正面框架效应影响时，容易做出确定的选择，在受到负面框架效应影响时，容易做出冒险的选择。弗雷德里克报告说，与 CRT 分数高的学生相比，CRT 分数低的学生表现得更符合前景理论。他曾经用不同的方式对他的学生提问有关收益的问题：

　　你会选择哪种投资收益？获益（A）确定可以获得 100 美元；（B）有 50% 的机会获得 300 美元，50% 的机会一分也得不到。

请注意，100 美元的确定收益是低于这次投资的预期价值（150 美元）的，这可能包含了风险溢价。此外，关于亏损的问题他是这样提问的：

你会选择哪种投资收益？亏损（A）确定要 100 美元；（B）有 50% 的可能会亏损 300 美元，50% 的机会一分不亏。

在这里，对确定性选择的预期要比赌博中的预期更高。

弗雷德里克发现，CRT 分数低的学生对第一个问题的答案会选 A，对第二个问题的答案会选择 B。CRT 分数高的学生则正好相反。那些训练有素、经验更丰富的投资者会做出什么样的选择呢？他们的行为方式会与做出选择的学生相同吗？我测试了 100 多名理财规划师。[12]

图 5-3 显示了按照不同的思维模式分组的理财规划师，在回答问题时选择不同答案的比例。请注意，在提及收益时，超过一半的直觉性思维模式者希望得到确定的 100 美元，而大多数分析性思维模式者想要赌一把。而当涉及亏损时，两个组的答案都变了。

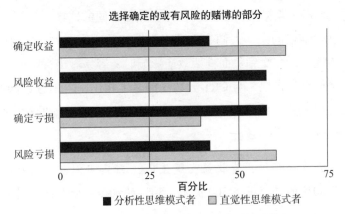

图 5-3 分析性和直觉性思维模式者的风险偏好

超过一半的分析性思维模式者愿意亏损确定的 100 美元，而超过一半的直觉性思维模式者希望有机会实现保本。

这张图显示了在行为研究领域的两个重要发现。一是并不存在一个恒定的风险规避标准。相反，人们可能在一个框架中寻求风险，而在另一个框架中厌恶风险。二是直觉性思维模式者的行为遵循前景理论，而分析性思维模式者则没有遵循这一理论。

财务决策的框架效应

我们必须不断地决定要买哪些产品。通常我们会有三种选择，这并非偶然。比如买咖啡，你想要中杯、大杯还是超大杯呢？我们喜欢使用这样的提问框架，因为它使我们很容易进行对比。理性的经济决策者最初被认为是做出了价值最大化的决策。但现在看来，我们实际上做出的许多决定都是基于规避极端心理的。

前景理论的共同提出者阿莫斯·特沃斯基和同事伊塔玛·西蒙森证明了规避极端心理的存在。[13] 假定有两款相机在售：一款是美能达 X-370，售价为 169.99 美元；另一款是美能达 Maximum 3000i，售价为 239.99 美元。在这两种选择之间挑选一款来购买，选择较低价格的和较高价格的将会各有一半。但当供应商提出了第三款更贵的相机（美能达 Maximum 7000i，售价为 469.99 美元）时，22% 的人会选择价格最便宜的相机，57% 的人会选择中等价格的相机，21% 的人会选择价格最昂贵的相机。值得注意的是，当只有两款相机可供选择的时候，在选择了价格较低那款相机的人中，当有机会可以选择第三款高价相机的时候，会有一半的人最终选择在第一次选择时那款价格更高一些的相机。这是因为规避极端心理使我们做出了避免出现极端情况的选择。如果只需要与另外一个选项相比，价格较低的相机看起来并不极端。但与其他两款更昂贵的相机相比，这款相机看起来确实是最便宜的了。

同样地，人们也高度重视一个商品价格中小数点左边的数字，这被称为左位偏差。例如，索科洛瓦教授和他的同事指出，消费者判断 4.00 美元和 2.99 美元之间 1.01 美元的差异，要大于 4.01 美元和 3.00 美元之间的差异，尽管这两个差异是相同的。[14] 这对消费者评估折扣促销活动有影响。

养老金决策。 影响人们未来财富最重要的一些决定是他们对养老金计划的决策。有养老金固定缴款计划的工作者必须决定是否缴纳、缴纳多少，以及如何将投资分配给不同的资产类别。假定养老金计划无论对个人还是对社会都很重要，我们做出决策的方式是否会帮助我们选择最佳的方案？不幸的是，答案是否定的。传统上，新入职的员工会收到关于养老金的丰富材料，并被告知在他们做出选择后将材料交回人力资源办公室。然而，大多数人就再也没有交回了。

在 401（k）养老金计划中，什么样的思维框架问题是最为典型的？一个问题是，员工真的不知道什么程度的风险防御才是适合他们的。由于他们不清楚，他们往往倾向于规避极端的情况。什洛莫·贝纳齐和理查德·塞勒通过一项实验来说明了这一点。[15] 这项实验调查了人们的风险偏好。他们用第一个框架模式向人们提问时，请人们从选项 A、选项 B 和选项 C（见表 5-1）中选择一项。在这三种投资选择中，只有 29.2% 的人喜欢选项 C 而不是选项 B。这只是因为大多数人觉得选项 B 更适合他们吗？他们用第二个框架模式向人们提问时，提供了选项 B、选项 C 和选项 D。如果人们知道他们的最佳风险防御水平，那么大多数人应该选择选项 B 而不是选项 C。然而，对用这个框架模式所提问题的回答，53.8% 的人选择了选项 C 而不是选项 B。为什么大多数人会把他们的选择从第一次提问时回答的选项 B，改为第二次提问时回答的选项 C 呢？这是因为这两个选项在它们各自的选项中看起来不那么极端。人们不知道他们应该防御什么程度的风险，所以他们做出了一个他们认为属于中等水平的选择。

表 5-1　风险选择中的极端规避　　（单位：美元）

第一个框架模式	选项 A	选项 B	选项 C	选项 D
好的市场 50% 的机会	900	1 100	1 260	
坏的市场 50% 的机会	900	800	700	
第二个框架模式	选项 A	选项 B	选项 C	选项 D
好的市场 50% 的机会		1 100	1 260	1 380
坏的市场 50% 的机会		800	700	600

资料来源：什洛莫·贝纳齐和理查德·塞勒，"投资者自主权值多少钱？"，载《金融杂志》2002 年第 57 期，第 1593-1616 页。

一个问题是这些养老金计划可自由加入的性质。回想一下在本章开始时讨论的器官捐赠计划的案例。要求司机必须选择退出器官捐赠计划的方案，比要求他们选择加入器官捐赠计划的方案，使司机成为器官捐赠者的比例要高得多。对于 401（k）养老金计划的加入方式，传统的做法是自由选择加入，新的做法改为自由选择退出。通过分析这一加入方式的转变，研究人员发现，新员工加入该计划的比率从 37% 飙升到了 86%。[16] 加入方式的新框架对新员工的决策产生了巨大的影响。

另一个问题是养老金计划提供的投资配置选项的数量。即使是食品杂货店的购物者也会被过于庞杂的选项搞得无法做出选择。例如，在商店里展示 6 种口味的果酱，会比展示 24 种口味的果酱带来更多的销量。当员工在养老金计划中可以有数百项投资选择时，他们也会不知所措。无所适从的员工会拖延做决定的时间，导致他有可能永远也不会参与这个计划了。一项研究表明，每增加 10 只共同基金，员工参与养老金计划的概率就会下降 1.5% ~ 2%。更少的投资选择将会带来更高的参与率。[17]

401（k）养老金计划的另一个决策框架是可供选择的投资配置选项的清单。人们倾向于把更多的钱分配给清单中前面列出的选项。由于清单通常会按字母顺序列出，这种现象通常被称为字母顺序偏差。人们有如此行为，是由于两种心理因素：安于现状和满意即可。人们依赖于所列选项的顺序，这是一种希望安于现状的心理。当面临不同的选项时，人们通常会在找到第一个"可接受的"选项后就停止搜索，这种心理被称为满意即可。因此，当员工检查养老金计划的投资选项清单时，更有可能选择出现在列表前面的基金。

杜尔曼教授和他的同事研究了 401（k）养老金计划中哪些投资项目是由员工选择的。[18] 他们报告说，如果罗伊斯宾夕法尼亚共同基金更名为美国罗伊斯宾夕法尼亚共同基金，并在清单的位置上前移 10 行，那么在所有其他条件都不变的情况下，对该基金的投资将增加大约 20%。当同一只基金出现在多个 401（k）养老金计划中时，如果它出现在这些计划中可投资基金清单的位置越靠近顶部，它就越有可能得到明显更高的配置。简而言之，杜尔曼教授及其同事的研究发现，字母顺序偏差确实影响了员工对 401（k）养老金计划的投资配置决策。可投资基金清单中的基金越多，这种偏差的影响就越强烈。即使对于可选择基金少于 10 只的清单，这种偏差的效应也是存在的。

发薪日贷款。框架效应操纵人们行为的一个很好例子，是关于发薪日贷款的申请。有一些迹象表明这种贷款申请人是在狭窄的框架内思考问题的。例如，有大量事实显示，借款人每借 100 美元，就会被收取 15 美元的手续费。偿还贷款的期限通常为两周。然而，借款人的平均贷款规模超过了 350 美元，在最终偿清债务之前背负的贷款数量平均超过 9 笔。重申这些事实能帮助借款人从更宽广的角度看待贷款，并影响他们更快偿还贷款吗？

芝加哥大学的玛丽安·伯特兰和阿黛尔·莫尔斯研究了这一问题。他们在借款人收到贷款后对其进行了调查，了解有关借款人和贷款目的等问题。[19] 其他的信息可从发放发薪日贷款的机构获得。这一研究采用随机调查的方法，将贷款现金放在分别标注不同信息的信封里交给借款人。对照组的信封上标注的是贷款机构的公司标志和内装物品的信息。实验组的信封上标注以下几项信息中的一项：①不同的偿还期限下，贷款 300 美元的成本；②与其他种类贷款相比，发薪日贷款的年利率；③借款人偿还发薪日贷款的时长分布。

他们发现，使框架效应发挥作用最明显的信息是标注贷款成本，但这三项信息都降低了借款人申请另一笔发薪日贷款的可能性。与对照组相比，改变实验组信封上标注的贷款信息，会令借款人看待问题的角度更加宽广，使申请新的发薪日贷款的借款人数量减少 11%。这一发现对所有类型次级贷款的披露法规具有政策影响。

申领社会保险福利金。几乎所有的美国公民都需要决定何时开始申领他们的社会保险福利。人们最早可以在 62 岁，或者最晚 70 岁时开始接受福利。越早开始享受福利，每月得到的金额就越低。我是从亏损的角度说出这一事实的。我应该说，开始享受福利的时间越晚，每月得到的金额就会越高。使用不同的框架模式表达得失的细微差别，对如此重要的事情所做的决定会有影响吗？确实会有影响。事实上，在 2008 年之前，美国社会保障总署曾经用盈亏平衡分析的方法来表述申请社会保险福利金的时间点。这种表述方法是最糟糕的方式之一。假定有两种选择：在 64 岁生日或者 65 岁生日时领取福利金。如果提前一年申领，你可以多领 12 次，然而你每月得到的金额要比你再等一年以后可以得到的金额低。通过盈亏平衡分析，你可以算出推迟一年，你每月可以多得多少福利金。这种表述的框架模式集中于你的损失和死亡。这是两种非常消极的表述！

　　一个经济学家团队研究了影响社会保险申领决定的不同表述。[20] 在上述盈亏平衡分析的例子中，只要更改三种重要行为的讨论方式，就可以改变表述的框架。第一种行为讨论方式是参考点，即到底是 64 岁还是 65 岁，为什么不用 67 岁或是 68 岁呢？第二种行为讨论方式是亏损与收益的视角，也就是说，表述的时候讨论的是得到更少的钱还是得到更多的福利金。最后一种行为讨论方式，人们将收入视为潜在的消费还是视为潜在的投资收益，也往往会导致人们做出不同的决定。在针对近 1500 人的调查中，通过改变表述问题的框架，研究团队发现，在其他条件都相同的情况下，旧的盈亏平衡分析会让人们选择提前 16 个月申领社会保险福利金。在如下情况发生时，人们会选择推迟申领社会保险福利金：

- 推算样例中的参考年龄更大一些。
- 不同年龄申领的福利金差异，从收益角度进行表述。
- 基于消费的角度进行表述。

　　因此，在我们决定何时开始支取社会保险福利金的问题上，框架效应发挥着重要的影响。

总结

人们似乎被决策框架所愚弄了。也就是说，他们所做的选择会受到框架效应的影响。其中一个框架是正面或负面的语境。无论框架或者背景是病人的获救与死亡，还是利润与损失，人们更喜欢在正面框架下选择保守，而在负面框架下选择冒险，这也是前景理论所预测的。

思维模式可能也是一个因素。直觉性思维模式者的行为方式与前景理论相一致。然而，那些分析性思维模式者则往往不易受框架效应的影响。因此，框架效应可能会对不同的人产生不同的影响。

框架效应也会影响投资者。目前，401（k）养老金计划的许多设计并不利于鼓励人们参与投保，比如让人们自由选择加入养老金的投保计划，以及很多投资清单的设计。更好的设计可以帮助人们做出更好的选择。然而，需要注意的是，当前在媒体中最常见的框架都是非常短期的。电视、报纸和互联网的注意力总是集中在当下市场的变幻。我们很少受限于资产种类在过去十年变迁的框架效应，无论是对投资焦点、养老金选择，还是发薪日贷款，这都有助于从更宽广的角度重构信息。

思考题

1. 当投资者认为一项投资到底是好还是坏时，从风险－收益关系的角度判断，会得出什么不同的结论？会对投资者的投资组合产生什么样的影响？

2. 与分析性思维模式者相比，直觉性思维模式者在投资决策和配置投资组合时会有什么不同?

3. 请用事例说明极端规避是如何影响你在购买商品时做选择的。

4. 如果参与养老金计划对员工是有利的，那么哪些框架特征可能会阻碍员工加入养老金计划? 怎么才能改变员工的决定呢?

5. 贷款的狭窄框架特征是如何影响借款人的决策的?

| 第6章 |

心 理 会 计

企业、政府甚至教会都使用会计系统来跟踪、划分和归类资金流，而人们则使用一套心理会计系统。想象一下，你的大脑使用了一个类似于文件柜的心理会计系统，每个决策、操作和结果都被放在这个文件柜里一个单独的文件夹中。该文件夹也包含与特定决策相关联的成本和收益。一旦一个结果被放到一个心理文件夹中，就很难再以其他方式来评价了。这套心理会计系统就会以意想不到的方式来影响你的决定。

请考虑以下例子：[1]

J先生和J太太为了购买他们梦寐以求的度假屋，已经攒了1.5万美元，希望能在5年后买下这栋房子。这1.5万美元在货币市场账户中已经赚了4%的收益。J夫妇刚花了1.1万美元买了一辆新车，使用的是为期3年、年利率为9%的汽车贷款。

这是一种常见的情况。人们将钱存入银行以获取低收益，却支付高利率向银行贷款，因此人们会亏损。在这个例子中，货币市场账户中的度假屋储蓄率为4%。想象一下，如果J夫妇能够找到一个年利率为9%的安全投资，他们该会有多么兴奋。但当年利率为9%的机会出现时，他们可能压根儿就没有考虑过要抓住这一机会。这个机会是从他们自己的储蓄（而不是银行）中借到1.1万美元，并支付给自己9%的年利率。如果他们这样做了，那么3年之后，他们用于积攒购买度假屋的储蓄账户上，就会比存在银行账户上的资金高出1000多美元。

钱本身并没有标签，然而人们会给它们贴上标签。我们将钱命名为肮脏的钱、易赚的钱、不劳而获的钱，等等。J夫妇在他们的心理账户上把他们的积蓄称为"度假屋"。尽管在心理账户上，将"新车"账户和"度假屋"账户混在一起，可以使他们的财富最大化，但是 J 夫妇却没有让自己这么做。

另一个例子是广受欢迎的礼品卡。一组实验比较了人们用礼品卡和现金或信用卡购买物品的种类。[2]通过这三种付款方式，你可以买一件令人愉快的物品或一件实用的物品，例如，一本书或一包打印纸。请注意，在这个实验中，这些礼物并没有情感价值，它们不是你叔叔送给你的礼物。相反，它们只是参与实验的报酬。实验结果显示，参与者用礼品卡购买令人愉快物品的频率比用现金支付的频率更高。人们倾向于把礼品卡中的钱分配到一个心理账户，从而用它购买一些令人愉快的东西。

心理预算

人们利用财政预算来跟踪和控制自己的支出。大脑使用心理预算来将每个心理账户的消费收益与成本联系起来。假定购买商品和服务产生的痛苦（或成本）与财务亏损产生的痛苦相似。同样，消费商品和服务带来的快乐（或收益）也与财务收益带来的快乐相似。心理预算也将情感上的痛苦与快乐相匹配。

匹配成本与收益。人们通常更喜欢"现收现付"的支付系统，因为它提供了购买活动的收益和成本之间的紧密匹配。然而，当现收现付的系统不可用时，情况就会变得复杂起来。

考虑一组调查付款时间的问题。德拉赞·普雷莱克教授和乔治·洛温斯坦教授向 91 名参观匹兹堡菲普斯音乐学院的游客询问了以下问题。[3]第 1 个问题如下：

假如你计划在 6 个月以后，为你的新家购买一台洗衣机和一台烘干机。这两台机器加起来将花费 1200 美元。你有两种选择来支付洗衣机和烘干机的费用：

- 在洗衣机和烘干机送到家里前的 6 个月里，每月支付 200 美元。
- 在洗衣机和烘干机送到家里后的 6 个月里，每月支付 200 美元。

你会选择哪个选项？请注意，两个选项的总成本相同，只是付款的时间不同。在接受询问的 91 名受访者中，84% 的人表示，他们更喜欢推迟付款时间。这与心理预算的成本收益匹配是一致的。洗衣机和烘干机的好处将在购买后的几年内一直存在。同期支付成本会使成本与收益相匹配。请注意，第 2 个选项也与传统的经济学理论相一致；也就是说，人们应该选择第 2 个选项，因为在考虑了金钱的时间价值后，它更划算。

接下来的例子与传统的经济理论不一致，受访者并没有选择财富最大化的选项。以下是两位教授提的第 2 个问题：

假如你打算在 6 个月后去加勒比海度假一周。这个假期将花费 1200 美元。你有两个选择来支付这个假期的费用：

- 在假期开始前的 6 个月里，每月支付 200 美元。
- 在假期结束后的 6 个月里，每月支付 200 美元。

请注意，这个例子中的付款选项与前面一个问题相同：购买前付款 6 次或购买后付款 6 次。有所区别的是购买的物品性质发生了变化。主要的区别是，度假这一消费的好处将在短时间内消耗完毕，而洗衣机和烘干机的好处将在未来几年一直存在。你会选择哪个选项？

60% 的受访者选择了第 1 个选项，即预付度假费用。在这种情况下，付款选项与商品的消耗时长不匹配。度假的好处是在假期享受的，但其费用却要在度假之前或之后支付。

传统的经济理论预测，人们应该更喜欢第 2 个选项，因为在考虑了金钱的时间价值后，它更划算。然而，大多数受访者却选择了第 1 个选项。原因是什么呢？人们认为，预付费用的假期比度假结束之后再支付费用的假期会更令人愉快，因为支付的痛苦早已经结束了。如果假期结束以后再支付，人们就会时刻惦记着付款的问题，而使假期的愉悦感减少很多。决定"预付还是赊账"的一个重要因素是购买商品之后预期可以产生的愉悦感。在使用过该商品之后再为该商品付费，会减少使用该商品的乐趣。让我们面对现实吧：使用洗衣机和烘干机并不是那么有趣，所以我们不妨在使用之后再为它们支付费用。本章开头的度假屋例子是另外一回事。享用度假屋的快乐不应该被债务和未来付款的忧虑所烦扰，因此，J 夫妇选择预付（攒钱购买）度假屋。

第 3 个向受访者提的问题关于加班收入：在接下来的 6 个月里，每个周末你都需要加班几个小时，你愿意以何种方式得到报酬？人们并不希望提前得到将来加班而得到的报酬。66 名受访者表示更喜欢在加班之后而不是之前得到报酬。同理，这与传统的经济学理论并不一致：财富最大化的选择是尽早获得加班费，而不是更晚。

匹配债务。当商品或服务被迅速消费掉的时候，人们会厌恶针对这个商品或这种服务的债务。人们更倾向于将支付的时间长度与所购商品或服务的使用时长相匹配。例如，利用债务来购买房屋、汽车、电视机等诸如此类的商品是受欢迎的，因为这些物品会被使用多年。利用债务并随着时间的推移还款，会让消费者明显感觉到债务与这些商品或服务的消费有高匹配度。

另一方面，人们不喜欢为已经被消费过的商品或服务支付债务。人们一般不会愿意为了度假而贷款，因为这是为了获取短期利益（取得收益）而需要承担长期债务（不得不在未来 6 个月中放弃周末而加班）。人们更喜欢先做工作，然后再得到收益。这与上述第 3 个问题的答案是一致的。

心理账户。人们更倾向于把收入分成不同的心理账户。例如，人们觉得自己更有资格从工作中获得收入，因为这份收入是他们通过自己的劳动挣来的。这与诸如投资收益、彩票收益和遗产等非劳动收入不同。由于人们觉得更有资格获得劳动收入，因此在心理账户上，人们对待劳动收入与非劳动收入的感觉不同。

除了心理账户中的劳动收入与非劳动收入，一些人通过不道德或非法的行为获得不正当收入。相比于花费自己的劳动收入，人们更倾向于以亲社会的方式花费不正当收入。也就是说，他们把不正当收入更多地用在别人身上和慈善捐款方面，而很少花在自己身上。似乎有些人在把不正当收入花在自己身上之前，需要因获得不正当收入而惩罚自己。貌似这种需求只是停留在不道德的心理账户中。例如，有不正当收入的人们增加了慈善捐赠，但并没有增加他们在非营利机构中做志愿服务的时间。

伊马斯教授和他的同事们通过一系列实验发现，人们可以通过在不同的心理账户中转移不正当收入，完成心理账户的建设。[4]例如，一个人可以把在赌场中获得的不正当收入，想象为一半红色、一半黑色。于是这一收入便可以被归入非劳动收入的心理账户，而不是原来的不正当收入账户。的确，这只是个噱头。然而，人们可以利用心理会计的灵活性，使自己能够在心理上将不正当收入从不良来源中分离出来，从而可以去支付他们的花销，而不是将这些钱用在他们认为应该做的事情上。另一种方法是把来自各种心理账户的钱混合放到一个实际的账户中。换句话说，就是人们可以通过将不正当收入混进一个包含有正当收入的账户，以此来消除自己的不道德感。

沉没成本效应

传统的经济学理论认为，人们在决定一个行动的时候，会考虑当前和未来的成本与收益。过去的成本不应该成为考虑的因素。然而与这一理论相反，人们在决定未来的行动时，通常会考虑过去的、不可收回的成本。这种行为被称为沉没成本效应。[5] 这种效应是一种承诺的升级，并被定义为"一旦对某项投资付出了金钱、时间或努力，人们就会更倾向于继续坚持"。[6]

沉没成本有两个重要的维度：大小和时间。[7] 请考虑以下场景：

一家人拿到一场篮球赛的门票，对这场篮球赛他们已经期待了一段时间。这些门票价值 40 美元。在比赛的当天，一场暴风雪袭击了他们所在的地区。虽然这家人可以去观看比赛，但暴风雪会引起麻烦，从而减少观看比赛的乐趣。这家人在哪种情况下更有可能去观看比赛，是他们花费 40 美元购买了门票，还是免费得到了赠票呢？

人们普遍认为，如果是自己购买的门票，就会更有可能去观看比赛。请注意，40 美元的开销并不会对暴风雪带来的麻烦或者从观赛中获得的乐趣产生影响。然而，人们在决定是否去观赛时会考虑到沉没成本。这家人购买了门票，就相当于开立了一个心理账户。如果他们不去观看比赛，就将在付出金钱却没有得到收益的情况下，被迫关闭了这一心理账户，从而感受到明显的损失。

这家人希望避免由这种损失带来的情感痛苦，因此，他们更有可能去观看比赛。如果门票是免费的，那么关闭该心理账户就不会感受到收益或者成本带来的愉快或者痛苦。

这个例子说明，沉没成本的大小是决策中的一个重要因素。这一家人已经拿到了篮球赛的门票，在突发暴风雪的情况下，去不去看比赛，门票的金钱价值（40美元还是0美元）就成为重要的考量因素。下一个例子说明了时间也是沉没成本的重要组成部分。

一家人早就期待观看即将于下周举行的篮球赛。但就在比赛的当天，一场暴风雪突如其来。这家人在哪种情况下更有可能去观看比赛，是在一年前购买了40美元的门票，还是在比赛前一天购买了40美元的门票？

在这两种情况下，40美元的购买价格都是沉没成本。沉没成本的时间是否重要？重要。与一年前就买到门票相比，这家人在比赛前一天买到门票更有可能去观看比赛。关闭一个没有收益的心理账户的痛苦，会随着时间的推移而减少。简而言之，沉没成本的负面影响会随着时间的推移而减弱。

经济影响

前面的例子表明，人们愿意承担金钱成本来推进他们的心理预算过程。是否还记得，人们倾向于为一些购买的商品预付费用，但更喜欢在工作后得到报酬。提前支付费用和推迟得到报酬，人们并没有遵循金钱的时间价值原则。传统的经济学理论认为，人们会更喜欢相反的情况：推迟向外支付和尽早得到收入，可以最大化人们的财富现值。

心理会计使人们希望把购买商品所花费的情感成本和所获得的收益匹配起来。如此决策常常会导致代价高昂的决定。请参考以下例子：[8]

56名工商管理专业的学生被要求为一个价值7000美元的家庭装修项目选择一笔贷款。这个装修项目包括重新铺设新地毯、贴新墙纸和喷涂新油漆等。装修后可持续使用4年，届时这个家庭将不得不再次装修。学生们有两种贷款方式可以选择。其中一种方式为期3年，年利率为12%。另一种方式为期15年，年利率为11%。这两种贷款方式都可以提前清偿而无须缴纳罚金。

请注意，长期贷款的年利率较低。此外，15年期贷款还可以通过加速还款，转换为3年期贷款（年利率较低）。也就是说，你可以计算出仅在3年内还清15年贷款所需的月供额。由于15年期贷款的年利率低于3年期贷款，因此每月的还款额将会更低。在这56名学生所做的选择中，74%的学生更喜欢3年期贷款。这些学生表示愿意承担金钱成本（以更高年利率的形式），以使其更容易处理相关的成本和收益。学生们愿意支付更高的利率，以保证贷款将在短短3年内清偿。这是将在本书第11章中讨论的自我控制问题的一个例子。

另一个有趣的例子涉及一个众所周知的问题，即人们在储蓄时会面临自我控制问题的挑战，这里的储蓄特指从工资中节省出一部分钱。与日常的固定收入相比，人们更容易对意外之财进行储蓄或投资。这种效应可以在人们得到年度奖金和退税等非常规收入的时候看出来。经济学家一般认为，人们为自己的工资缴纳过多的缴扣税，然后再获得一大笔退税的做法，就像是给政府提供了无息贷款。然而，许多人却喜欢如此，因为这样做每年都会给人们带来一大笔意外之财，他们可以用来储蓄（至少可以存一部分）。从每份等量的薪水中拿出一部分进行储蓄太难了，因为人们认为意外之财属于他们的"财富"心理账户，而工资收入属于"消费"心理账户。人们很难从一个消费心理账户中拿出钱分配到财富账户去做储蓄。

2009 年 2 月 17 日，美国总统奥巴马签署了《经济复苏刺激法案》，以试图激活陷入衰退的经济。该法案的一个效果是降低了雇主用来代扣代缴员工所得税的预扣税率。这一变化促使大多数人看到他们的日常工资由于扣税减少而有了小幅增加。因为人们的总体收入边际税率没有变化，所以一个人应该缴纳的所得税总额也没有变化。因此，预扣费用的减少只是让人们每个月可以用于消费的收入增加了一点（人们希望如此可以改善经济），然而这点增加将被第 2 年比预期更少的退税抵消。

这种变化会对人们的财富产生影响吗？会导致人们在第 2 年收到更少的退税时，降低他们的储蓄吗？娜奥米·费尔德曼研究过此前一项类似的政策，那是乔治·布什总统在 1992 年时力推的预扣税表修订案。[9] 通过研究储蓄对个人退休金账户（IRA）的贡献，她发现，从退税收入转换为工资收入，每转换 100 美元，就会使个人退休金账户的储蓄可能性降低 19.7%。1992 年的预扣税减少导致人均每月工资增加额为 24.42 美元，由此造成了 1993 年的退税人均减少了 293 美元。这一结果表明当时美国个人退休金账户的参与率平均下降了 57.6%。2009 年《经济复苏刺激法案》对预扣税的修改，对随后 2010 年个人退休金账户参与率的变化的影响，效果是类似的。由于心理会计的原因，《经济复苏刺激法案》可能会减少人们的储蓄，进而降低他们的财富水平。

花钱能让你快乐吗

花钱能让你快乐吗？当然可以！但事实果真如此吗？你可以借用行为金融学的概念，用能提高自己愉悦感的方式来花钱。花钱获得快乐的方法如下：[10]

- 购买体验，而不是物品。
- 买很多小东西，而不是大物件。
- 提前支付，延迟消费。
- 帮助他人。

体验性购买是为了获得生活体验，比如在非洲的狩猎旅行中看到豹子和狮子。物质性购买是为了获得好东西，比如巴西樱桃硬木地板。无论是体验性的还是物质性的，我们把每一次购买都放在一个心理账户中。然而，我们很快就适应了购买的物品。樱桃硬木地板很快就只成为我们脚下的地面了，然而，再次重温购买时的体验性心理账户，可以让我们重新回想起购买时的心理体验，享受当时的愉悦感受。

前景理论（第1章）告诉我们，当我们赚到1000美元时，我们会很快乐。当我们赚到2000美元时，我们会更快乐，但我们并不会得到两倍于获得1000美元的快乐！事实上，我们从两只股票各获得1000美元的利润，比从一只股票上获得2000美元的利润，能够获得更多的快乐。把钱花在愉快的经历上似乎也有类似的效应。例如，与其买昂贵的橄榄球赛50码线旁的座位票，不如买更便宜的座位票，然后用省下来的钱再买一条新领带、多点一杯咖啡，还可以去趟动物园。

我们生活在一个"先享用商品后付款"的社会。互联网和应用程序促进了即时购买和即时满足的行为。马上就付款买东西确实可以增加我们当时的快乐，但这样能使我们整体的幸福感最大化吗？站在心理预算的角度思考一下，与体验过后再付款的经历相比，我们对付款之后再去享用的感受会更愉悦。延后付款造成的心理痛苦会减少对这段经历的开心记忆。此外，"立刻就买"的购物方式会让你后悔没有花更多的时间去考虑到底是不是需要买。然而，为了购买一种体验而提前攒钱，也是包含了期待的。的确，期待带来的愉悦可以与实际体验的愉悦相媲美！专注于"先付款后享用商品"的购物方式，有助于人们对抗现代社会的即时享乐之风。

最后，把钱花在别人身上会让你快乐。人类具有深刻的社会性（见第9章）。社会关系的质量高低是人能否感到幸福的一个重要决定因素。花钱为别人购买礼物，或者捐钱给慈善机构，往往会提高我们的愉悦感。捐钱给慈善机构可以让你以积极的方式向社会呈现自己，甚至可以促进更多社会关系的发展。这就是为什么人们更喜欢给本地捐款，而不是向全国各地捐款。例如，与直接从工资里扣除一定额度划给美国癌症协会相比，通过本地的抗癌接力活动为该协会做贡献，会令人感觉到更多的快乐。

如果你花钱得当，钱就可以买到快乐！

心理会计与投资

对投资者交易的影响。决策者倾向于将每项投资都放入一个单独的心理账户中。每一项投资都被单独处理，相互作用也被忽视了。这种心理过程会在多个方面对投资者的财富产生不利的影响。首先，心理会计加剧了第3章中讨论的处置效应。回想一下，投资者避免抛售亏损的股票，因为他们不想经历后悔带来的情感痛苦。出售亏损的股票会导致投资者关闭相关的心理账户，引发懊悔情绪。

下面来看一下进行税收掉期这一财富最大化的策略。[11] 当投资者卖出一只亏损的股票并买入一只类似的股票时，就会发生税收掉期。例如，假设你持有达美航空公司的股票，由于整个航空业的不景气，达美股票的价格也随之下跌。你可以卖掉达美航空公司的股票，购买联合航空公司的股票。这种税收掉期可以让投资者由于对达美航空公司的投资亏损而减少缴税，与此同时，等待航空业的反弹。

为什么人们没能经常利用税收掉期策略呢？投资者容易把卖出亏损的股票视为关闭该心理账户，而买入类似的股票视为开立一个新的心理账户。这将导致两种影响投资者决策的结果。首先，这两个账户之间的相互作用增加了投资者的财富。其次，清仓亏损股票会令投资者感到遗憾。投资者容易忽略新旧两个账户之间的相互作用，因此，投资者的行动是为了避免懊悔的，而不是为了使自己的财富最大化。

编制心理预算加剧了人们对清仓亏损股票的厌恶情绪。我们来看一下人们是如何评估付款和收益时机性的。随着时间的推移，购买股票变成了沉没成本，浪费了这些沉没成本的情感痛苦也会随之减轻。[12] 与在早些时候卖出亏损股票相比，投资者在更晚一些时候抛售亏损股票所感受到的痛苦就不会那么强烈了。

当投资者下定决心要卖出一只亏损股票的时候，他们可能同时要卖出不止一只股票。投资者可以一起卖出多只亏损股票以便汇总记录损失，以此将懊悔的感觉限制在同一个时间段内。换句话说，也就是人们可能会把不同的亏损股票的心理账户合并在一起，同时关闭它们，以此来减少自己的懊悔之感。他们不再狭隘地将单个投资独立对待，而是能够更全面地综合考虑多种投资。或者，投资者会花费几天的时间，分别卖出不同的盈利股票，从而可以更多次数地享受这种愉悦的感觉。索尼娅·利姆研究了1991～1996年期间5万个交易账户（42.5万笔销售交易）的股票出售行为。[13] 她发现，投资者很可能在同一天卖出不止一只价格下跌的股票。另外，如果在某一天卖出了一只盈利股票，那么在同一天卖出另一只盈利股票的可能性就会很小。她总结道："投资者可以通过一只接一只地卖出，享受收益来最大化他们的快乐，同时通过汇总整体损失而不是单独的损失来最小化他们的痛苦。"是否可以整合有亏损的股票和有收益的股票来同时出售，以减轻懊悔的感觉？这取决于亏损和收益的相对大小。请记住，前景理论（第1章）指出，亏损所带来的痛苦要大于同等规模的收益所带来的幸福。因此，如果亏损的幅度大于收益的幅度，投资者将在不同的日子分别卖出亏损和盈利的股票，以隔离痛苦和幸福。如果损失的幅度小于收益，那么投资者可以对它们进行整合，在同一天卖出。

在一项后续研究中，索尼娅·利姆和阿洛克·库马尔调查了那些能够在更宽广的框架内考虑自己投资的投资者，希望了解他们是否会在其他领域更少遇到行为问题方面的困惑。[14] 具体来说，狭窄的视野可能会加剧处置效应，并导致投资分散化不足。归类交易就表明投资者使用了更宽广的框架。两位研究者发现，表现出更宽广视角的投资者受处置效应的影响更弱，并持有更分散化的投资组合。

对资产配置的影响。 心理会计的狭隘也可以解释为什么这么多人在股票的平均收益很高的情况下，仍然不去投资股市。[15] 股市风险与一个人的其他经济风险，如劳动收入风险和房价风险的相关性几乎为零。因此，即使是增加少量的股市风险，也能使一个人的整体经济风险分散化。然而，人们总是容易孤立地看问题，这样就显得股市风险似乎比劳动收入风险和房价风险要高得多。

以 401（k）养老金计划内的资产配置情况为例。一项对一家大公司近 7000 个养老金账户的研究发现，养老金账户中的资产配置存在两种极端情况，如图 6-1 所示。[16] 约有 47% 的养老金计划参与者无股本配置。另有约 22% 的养老金计划参与者将自己的钱全部配置为股本。总体来看，约 69% 的养老金计划参与者在资产配置时都没能做到分散投资。与从投资组合的角度做决策的方式相比，这种资产配置方式似乎更符合心理会计。

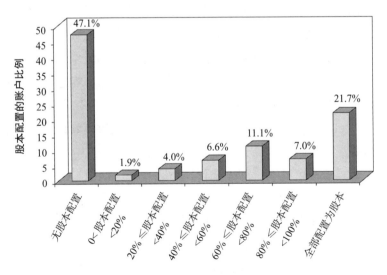

图 6-1 养老金账户中的资产配置比例

此外，心理会计往往导致投资者在考虑自己的投资账户时，不会顾及其他账户。也就是说，投资者是单独考虑每个账户的，而不是对投资组合进行全面的资产配置。通过狭隘地划分每个账户，投资者可能会发现总资产配置变得没有吸引力了。典型的401（k）养老金计划是让员工对自己的缴费部分做出配置决策，而公司配缴部分的资产配置通常是由公司而不是由员工来决定的。员工在决定自己缴费部分的资产配置时，是否会考虑公司配缴部分的预先配置比例？一项关于一家公司对其401（k）养老金计划修改情况的分析表明，员工通常没有考虑公司配缴部分的资产配置问题。[17] 在养老金政策修改之前，员工只决定自己缴费部分的资产配置，公司配缴部分全部投资了本公司的股票。2003年3月在政策发生改变之后，除了配置自己缴费的资产外，员工也对公司配缴的资产开始进行配置了。

图6-2显示了员工对雇主公司股票的投资情况。在政策修订前的6个月里，员工只决定自己缴费部分的资产配置情况。他们选择拿出平均25%的自缴资金用于投资雇主公司股票，而公司配缴部分则几乎全部用于投资雇主公司股票。因此，养老金计划的总体分配情况是，自缴部分加上公司配缴部分，员工养老金计划中有近60%的资产都投给了该公司的股票。在政策修订后的6个月里，员工将约自缴部分的25%和配缴部分的近三分之一投给了雇主公司股票。这一分配方式使得个人养老金计划账户中的27%投给了雇主公司股票。请注意，这还不到政策修订前配置比例的一半。如果养老金计划参与者只希望将其总资产的27%配置为雇主公司股票，那么当配缴部分被预先确定为投资雇主公司股票时，员工应该不会将任何自缴部分的资金投给雇主公司股票。然而，无论是在养老金政策修订前还是修订后，员工自缴资金的配置比例几乎是相同的。由此可见，员工对养老金配缴部分的投资配置，看来并没有影响到他们对自缴部分投资的配置！

　　心理会计也会影响投资者对投资组合风险的认知。忽视投资组合各项目之间的相互作用，会导致投资者误判在现有投资组合中增加一只证券的风险。第 7 章考察了心理会计如何影响投资组合的构建。投资组合中的各项资产都是为了满足各种心理账户的投资选择。投资组合的构建过程允许投资者分别满足每个心理账户的目标，却不会实现投资组合理论所指出的投资分散化的最佳收益。事实上，人们通常不会考虑投资组合风险的问题。假定有一位财务顾问向其客户提出建议，为了退休后能获得更多的养老金，客户应该承担更大的投资风险。如果客户被问及是愿意用一部分钱承担更大的风险，还是愿意用所有的钱承担更大的风险时，客户都倾向于考虑第一种选择。[18] 这与心理会计是一致的。第二种选择是从现代投资组合理论的角度来考虑的。

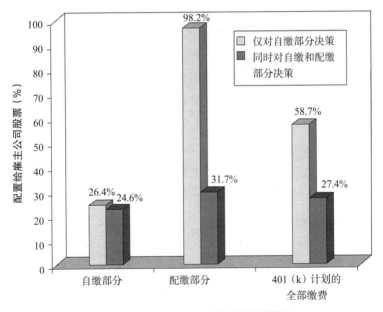

图 6-2　员工对雇主公司股票的投资情况

对市场的影响。心理会计为不同的投资配置到不同的心理账户奠定了基础，每个账户都是需要单独权衡的。心理会计对每个心理账户设置的参考值决定了现有投资是盈利的还是损失的。心理会计还受其他心理偏差的影响，比如处置效应（见第 3 章）。处置效应会导致投资者过早卖出盈利股票，而过久持有亏损股票。心理会计和处置行为的组合除了会影响个人投资者的行为，还会以某种方式影响股票市场的价格吗？

如果许多投资者在同一只股票中都存在未实现的投资盈利和投资亏损，那么这些投资者受到心理偏差影响的交易，就可能会扭曲相关公司的股票价格。马克·格林布拉特和宾·汉认为，受到处置效应的影响，一只过去有利好消息并且价格上涨的股票会存在过度的出售压力。[19]这种出售压力会使得这只盈利股票的价格低于其基本价值。或者，一只先前有利空消息的股票会出现价格下跌。然而，同样受到处置影响的投资者会继续持有亏损股票，而这种继续持有将导致这只亏损股票的价格高于其基本价值。两位研究人员由此得出结论："在均衡状态下，过去的盈利股票往往被低估，而过去的亏损股票往往被高估。"如果过去的盈利股票被低估了，那么它们很可能在未来继续表现良好，而被高估的亏损股票应该会继续表现不佳。这种现象被称为股票收益动量效应。格林布拉特和汉指出，这一动量效应是由投资者同时受到心理会计和处置效应的影响而形成的。为了说明这一点，他们估算了每只股票的浮盈（或者浮亏），采用的方法是汇总这些股票在此前的价格和交易量，计算出总的成本基准。这一成本基准是用来确定股票浮盈（或者浮亏）状况的参考值。与浮亏的股票相比，浮盈的股票每年的表现要高出 10%。在控制了浮盈（或者浮亏）之后，过去的收益率就不再能够预测未来的收益率。两位研究人员认为，所谓的收益动量实际上是心理会计和处置效应的衍生物。当前账面盈利的股票在未来的平均收益率高于当前有账面损失的股票。

总结

心理会计的过程使人们孤立地审视他们的每一项投资。因此，人们不会考量与投资组合各项目相互作用的任何利益或成本，比如投资分期化和税收掉期等。这种狭窄的思维框架导致了不良的资产配置，以及将养老金投资过多地配置给了雇主公司的股票。心理会计加剧了处置效应。当这种情况在市场中普遍存在时，过去的盈利股票价格有可能被低估，而过去的亏损股票价格则有可能被高估，从而导致市场上的收益动量效应。最后一个要点是，如果一个人花钱的方式得当，花钱就可以给他带来更多快乐。

思考题

1. 为什么人们会为了度假而提前攒钱，却倾向于赊购消费品？与此有关的因素都有哪些？
2. 为什么投资者倾向于在同时卖出所有的亏损股票，而在几天内分别卖出盈利股票？
3. 如何使用税收掉期来避免一些心理偏差？
4. 预扣税率的改变是如何影响人们的财富的？
5. 解释心理会计是如何与处置效应结合起来共同影响股票价格的。

第 7 章

构建投资组合

第 6 章详细介绍了如何使用心理会计来跟踪与每个心理账户相关的成本和收益。心理会计也影响着人们如何看待自己的投资组合。

现代投资组合理论

60 年前，诺贝尔经济学奖得主、经济学家哈里·马科维茨教导我们将所持有的全部证券视为一个整体的投资组合。马科维茨认为，投资者应该综合考虑所持有的全部证券，形成一个匹配预期风险水平的最高预期收益的投资组合。将所持有的全部证券视为一个投资组合，需要投资者考虑投资的分散化。投资者喜欢分散投资的想法。然而，他们实施分散投资的方式与马科维茨的投资组合理论所建议的并不相同。

如果在投资组合理论的指导下从事投资实践，你必须考虑潜在投资的三个重要参数。前两个参数是投资的预期收益和风险评估水平（以收益率标准差来衡量）。考察风险和收益对投资者来说是有意义的。第三个重要参数是每种投资收益之间的相关性。相关性是指每种投资与其他投资种类的相互作用。

投资组合理论利用这三个参数构建投资组合，为在相应风险水平下的投资实现最高收益。这个组合被称为均值 – 方差有效边界。然后，投资者应该根据他们想要承担的风险水平来选择有效的投资组合。

心理会计使人们难以在现代投资组合理论指导下从事投资，因为他们不考虑相关性。也就是说，人们对每项投资的风险与收益都是独立评估的，而没有考虑各项投资之间的相互作用。

心理会计和投资组合

投资者通常会将每项投资放入一个单独的心理账户。心理会计的一个结果是,你低估了各个心理账户之间的互动,这就会影响到你的投资组合的构建。假设最近股市的波动性很高,股票每天都会经历巨大的价格涨跌。现代投资组合理论认为,不同的投资项目可以组合起来以减少这种波动性。通过比较不同投资项目的价格随时间变化的情况,可以构建一个较低风险的投资组合。[1]

例如,图 7-1 中的股票 A 和股票 B 的收益与股票价格随时间的变化大致相同。这两只股票都经历了很大的价格波动。但是,请注意,当股票 A 上涨时,股票 B 经常会下跌。因为股票 A 和股票 B 的价格经常向相反的方向波动,同时购买这两只股票就会创建一个风险较低的投资组合。也就是说,当你拥有股票 A 和股票 B 时,随着时间的变化,投资组合的价值波动会比你只拥有其中一只股票时的波动小。

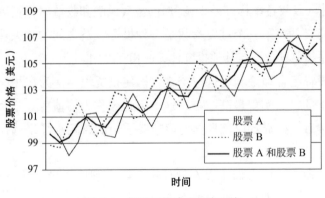

图 7-1 把股票构建成投资组合

然而,创建一个风险较低的投资组合(在现代投资组合理论的基础上）意味着考虑不同投资之间的相互作用。由于投资者经常把各项投资视为不同的心理账户，并容易忽视这些不同的心理账户之间的相互作用，导致构建投资组合和降低投资风险的最有效工具很难被利用，各项投资之间的相关性也很难被综合考虑。相反，投资组合是通过对每项投资分别做出购买决定来建立的。总的来说，投资者选择投资就像在吃自助餐时挑选食物一样："这看起来很有趣……我想我应该有一些……也许可以有一点这个……我听说过……"购买新的证券、开设新的心理账户的时候，人们往往并不会想到这项新的投资与其他现有投资的相关性，因为心理账户之间并不相互作用。

风险认知

将每项投资视为一个单独的心理账户，会导致投资者误解风险。投资者评估每项潜在的投资，就好像这是他们拥有的唯一投资。然而，大多数投资者已经有了一个投资组合，并正在考虑增加其他投资。因此，在为增加一项新的投资而评估风险的时候，需要考虑的最重要的因素是，投资组合的预期风险和收益将如何变化。换句话说，最需要评估的是新的投资将会如何与现有投资组合相互作用。不幸的是，人们很难评估心理账户之间的相互作用。请考虑以下问题：

假定你有一个分散化的投资组合：大型国内和国际公司股票，以及固定收益证券。你正在关注以下投资：大宗商品、公司债券（高评级）、新兴市场股票、欧洲和东亚地区公司股票、高收益公司债券、房地产、罗素 2000 成长型指数股票、小盘股和美国国库券。增持上述投资种类，将会如何改变现有投资组合的风险？

我请选修投资课程的 45 名本科生和 27 名研究生，以及 16 名投资俱乐部成员参与一项实验。请他们根据自己的风险承受水平，配置上述 9 项投资，构成自己的投资组合。请注意，实验参与者没有得到过任何关于收益率、风险水平及其相关性的信息。他们必须根据自己的知识和经验来做出决定。图 7-2 报告了这三组实验参与者的选择结果。

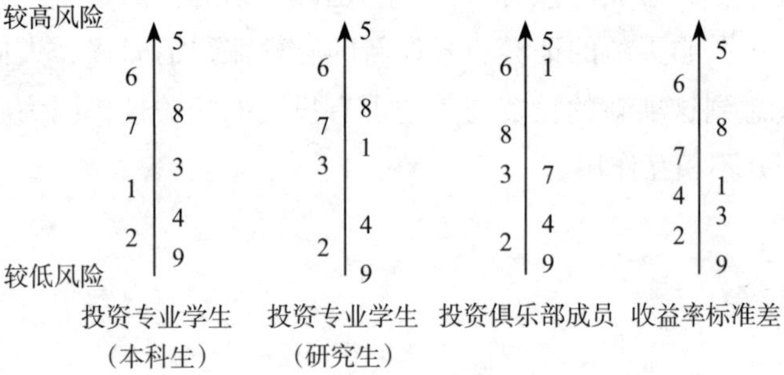

较高风险			
投资专业学生（本科生）	投资专业学生（研究生）	投资俱乐部成员	收益率标准差

1. 大宗商品（黄金、石油等）2. 公司债券 3. 高收益公司债券
4. 房地产 5. 新兴市场股票 6. 欧洲和东亚地区公司股票
7. 小盘股 8. 罗素 2000 成长型指数股票 9. 美国国库券

图 7-2　投资者对投资组合风险贡献的看法

美国国库券和公司债券被视为风险最低的投资，而房地产、大宗商品和高收益公司债券的风险较高。小盘股和外国公司股票对投资组合带来的新增风险最高。请注意，关于每项投资对现有投资组合风险水平的贡献度，三组实验参与者都提供了类似的排名。图中最后一个排名是根据 1980～1997 年投资的月收益率标准差计算出来的。[2] 收益率标准差是衡量投资风险的一个很好的指标。三个实验组对不同投资项目的风险水平和大小的排序，与以收益率标准差作为衡量标准的风险排序是相似的。

然而，收益率标准差衡量的是该项投资的风险水平，而不是在投资增加之后，投资组合的风险水平会如何变化。还记得之前的例子吗？股票 A 和股票 B 有相同的风险水平，但组合起来却可以降低投资组合中的风险水平。重要的衡量标准并不是每项投资的风险水平，而是每项投资与现有投资组合相互作用的结果。请看图 7-3A。

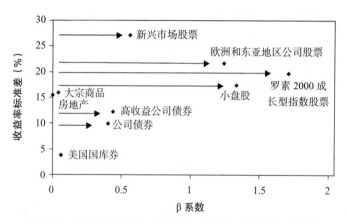

图 7-3A　投资风险以及各项投资对投资组合的风险贡献度

图 7-3 A 绘制了每项投资的月收益率标准差，以及现有投资组合中各项投资的风险贡献度。此处的风险贡献度是用 β 系数来衡量的。若 β 系数大于 1，则表明该项投资会提高现有投资组合的风险。若 β 系数小于 1，则表明该项投资将降低现有投资组合的风险。

请注意，图 7-2 中最后一个风险度排序，即收益率标准差排序，就是图 7-3A 的 y 轴。由于心理会计的存在，投资者将其投资组合中新增投资的风险视为每项投资自身的风险（标准差）。然而，新增投资对投资组合的实际风险贡献度是在 x 轴上表示出来的。图 7-3B 就显示了 x 轴——各项投资和现有投资组合之间的风险水平的相互作用。

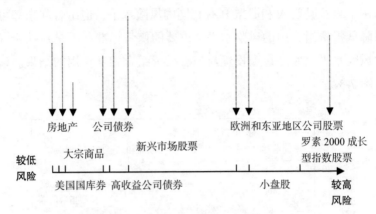

图 7-3B　增加投资种类后投资组合风险水平的变化

图 7-3B 显示，如果你想降低你持有的投资组合的风险，你应该增加持有房地产和大宗商品。这是不是令人惊讶？小盘股和罗素 2000 成长型指数股票加大了投资组合的风险。实验参与者认为，新兴市场股票是上述投资种类中风险最高的，但是它们将与现有的投资组合相互影响，因此，如果增加持有它们，综合观察现有投资组合，反而会降低整个投资组合的风险。

现实世界中的风险感知。公共养老金系统证明了来自心理会计的误解是如何影响投资组合的。公共养老金制度是教师、警察、州和市工人等公职人员的退休计划。州或地方政府每年拨出资金进行投资，并最终用作这些公职人员的退休收入。政府雇用了专业的基金经理来对这笔资金进行投资，但可能会要求基金经理投资特定的证券，以控制投资组合的风险。由于心理会计的存在，做出这项规定的政府官员容易依据每种证券的单独风险来做决策（见图 7-3A），而没有考虑到这些证券之间的相互影响（见图 7-3B）。

政府财政官员协会调查了 1999 年的公共退休金计划，询问了基金经理在他们运营退休金计划时所受到的投资限制。共有 211 名运营退休金计划的基金经理做出了回答。[3] 还记得在图 7-3B 中，房地产、公司债券甚至外国股票都可以减少一个典型的投资组合的风险。然而，在受访的基金经理中，有 14 名经理回答说，他们不能投资房地产，有 8 名经理被要求不能投资公司债券，还有 19 名经理被要求不能投资外国股票。许多退休金计划还有其他的限制，比如对房地产、公司债券和外国股票的设定限额，规定最大投资占比不能超过投资组合的 5%。有意思的是，有 3 名基金经理竟然被要求不得投资美国国内股票。那些政府的决策者真是需要读读这本书！

构建行为投资组合

投资者喜欢分散化投资，但他们并没有按照投资组合理论所建议的方式建立自己的投资组合。那么，投资者是如何建立一个分散化的投资组合的呢？梅尔·斯塔特曼说明了现代投资组合理论（MPT）和行为投资组合理论（BPT）之间的区别。[4] 当投资者在 MPT 中实现了均值 – 方差有效边界时，他们使用的是行为需求边界。当人们审视自己的投资时，他们看到的不仅是预期收益和风险，还能得到情绪和感情方面的满足，比如他们能看到自己攒钱买房子、孩子上大学、舒适的退休生活，等等。投资组合是实现他们需求的一种手段。MPT 组合和 BPT 组合之间的区别，举例来讲，MPT 组合就像是以最低的成本获得最高营养价值的饮食，而 BPT 组合则像是享用包括味道佳美、食材丰富和饱含文化传统等多方面满足的饮食。人们认为 MPT 组合令人不快。

赫什·谢弗林和梅尔·斯塔特曼展示了投资者的心理倾向是如何使他们把自己的投资组合看作一个资产金字塔的。[5] 金字塔中的每一层都代表满足特定目标的资产（见图7-4）。

达到致富——高风险证券，如低价股、首次公开发行股票等

获得一定收益——债券、高股利股票等

保有财富——进行安全投资，如可转让定期存单、货币市场共同基金、美国国库券

图7-4 描述行为投资组合的金字塔

对于每个投资目标，人们都分配有不同的心理账户。投资者愿意为每个目标承担不同程度的风险，他们通过寻找与预期风险和心理账户收益相匹配的资产，为每个心理账户选择投资项目。

首先，投资者有保有财富安全的目标。因此，他们根据心理账户的要求，在最安全的一层（金字塔的底部）分配足够的资产。然后，对于预期收益较高和有一风险承受能力的心理账户，投资者会将一部分的资产分配到金字塔的中间一层。例如，退休的投资者需要投资收益。获得一定收益的目标，是在金字塔中间一层实现的。在实现获得一定收益的目标之后，退休人员的下一个目标可能是使自己的资产增长能够跟上通货膨胀的步伐。因此，投资者就会在增长目标投资的层次中配置一部分资产。

每个心理账户都有一笔为实现该账户目标而配置的资金。匹配安全目标的心理账户的大小，决定了安全投资投入的资金数额。此外，一些心理账户还设定了"达到致富"目标的资产份额。总而言之，在一位投资者的投资组合中，其总资产配置是由心理账户为每个资产类别设定了多少资金决定的。对于安全目标需求不高的投资者会把更多的资金投入到高风险证券中。拥有更强安全性目标，或只想获得一定收益目标的投资者，将把更多的资金投入到金字塔相对应的层次中。

假定有一位普通投资者。对于这位普通投资者来说，他在 401（k）养老金计划中的资产似乎很分散（但请注意看下面两个部分）。因为 401（k）养老金计划符合个人的退休收入目标，金字塔更高一层的目标就可能是为了在退休后达到更舒适的生活水平，或者为孩子的大学教育准备资金。共同基金投资很好地匹配了这一目标。

在金字塔的最高层，一个人的投资目标可能是想要致富。投资者可以用折扣交易账户来尝试达到这一目标。交易账户持有股票数量的中位数仅为 3 只，[6] 一位投资者平均每年交易 3 次。如果这种低水平的分散化占据了一位投资者财富的很大一部分，那么它就可能出现问题。此外，投资者有时可能会利用股市进行赌博。阿洛克·库马尔识别出了具有彩票特征的股票，并发现有赌博倾向的人也更有可能购买这些股票。[7] 就像彩票一样，这些彩票类型的股票表现虽然不佳，但是提供了一个获得巨大利润的微小机会。此外，阿比谢克·瓦尔马和我还研究了场外股票的所有权和交易活动，这种股票有时也被称为低价股。[8] 我们发现，投资者通常会在持有安全资产的同时交易低价股。没有证据表明投资者可以得到关于这些低价股的内部信息。换句话说，投资者的交易活动与他们在行为投资组合的某一层中实现相应目标的诉求是一致的。

这些不同的目标和心理账户导致的结果是，普通投资者最终会拥有各种各样的迷你投资组合。投资者整个投资组合的形成和改变，是受到不同投资目标的设定及与其相关的心理账户的影响的。[9] 投资者往往忽视了心理账户之间和投资资产之间的相互作用。因此，投资者的多样化来自投资目标的多样化，而不是像马科维茨的投资组合理论所描述的那样，来自有目的的资产多样化。

这意味着，大多数投资者没能构建起有效的投资组合。因此，投资者为他们所努力获得的预期收益水平承担了太大的风险。换句话说，投资者应该可以从他们所愿意承担的风险水平上获得更高的收益。

行为投资组合的特征。行为投资组合不仅仅是优化风险和收益。一个人的投资组合反映了他的渴望、需求、欲望和恐惧。因此，一个行为投资组合包括以下特征：

- 建立在需求的基础上，比如拥有一定的社会地位、避免贫困，以及拥有舒适的退休生活。
- 满足情感的渴望，比如避免社交中不负责任的投资，建立符合自己期待的社交网络。
- 环境很重要，因此投资组合将随着投资者需求和情感期待的变化而发生变化。
- 包含导致投资者远离优化自己需求的错误行为和认知偏差。
- 存在风险性，即未能满足需求和情感渴望的可能性。
- 具有金字塔状的分层结构。

家庭投资组合。利用交易账户或退休计划账户的详细数据，前面已经对投资者的行为进行了研究。然而，如果想进行家庭金融资产分散化情况的研究，那么最好通过研究家庭金融资产的整个组合来进行。美国联邦储备委员会每三年对大约 4000 个家庭的金融资产，进行一次消费者财务调查。

瓦莱里·波尔科夫尼琴科利用 1983 年至 2001 年的消费者财务调查对家庭金融资产的分散化情况进行了研究。[10] 他发现，投资者的许多行为都是与他们的投资偏好一致的，人们的投资偏好往往是为了达成不同的目标而分别投资不同的项目。例如，每个家庭都同时表现出了风险规避和风险寻求的行为。这些家庭既投资于共同基金等分散化投资组合，也投资于仅有少数几只股票的集中化投资组合。看一下那些金融资产在 10 万到 100 万美元之间的家庭。多年来，这些家庭中有 10% ～ 15% 没有股票（无论是直接持有，还是间接通过基金持有）。在那些拥有股票的家庭中，中位数家庭将 15% 的金融财富集中在一个仅由 4 只股票组成的投资组合中！平均而言，在中位数家庭中，其 49% 的金融财富投资于共同基金和养老金计划，以获得分散化的股票投资组合。

请注意，这种行为隐含的心理与对投资行为金字塔中的两个不同层次进行投资的心理是一致的。分散化股票投资组合是一个人在退休后获得适度财富的理想选择。然而，这种投资方式无法获得巨大的财富。毕竟，我们知道，通过一个分散化投资组合，我们不可能在几年之内获得 1000% 的收益。要想实现这样的愿望，人们需要投资单一的投资组合或者彩票，尽管其成功的可能性极其渺茫。只投资 4 只股票就想获得高额收益，与人们在赌场上孤注一掷以求大胜的愿望是一致的。

风险偏好的三种选择。人们总是希望将他们的风险规避水平与其投资收益水平匹配起来。然而，人们显然没能使自己的风险偏好水平与持有的投资组合的总风险水平匹配起来。相反,他们总是倾向于利用自己想要的风险水平来帮助自己单独选择构成投资组合的每项投资。也就是说,投资者将复杂的投资组合创建决策分解为寻找构成投资组合中的每项投资。每项投资都符合投资者愿意承担的风险水平。这样的分解使决策变得更简单了。

请看下面这个例子。假设一位投资者认为他的风险规避程度与50%的投资波动率(标准偏差)相匹配。他的投资可选项中有风险水平不断上升的股票,其波动率分别为20%、30%、40%、50%、60%、70%和80%。他如何将自己的投资与风险水平相匹配?第一种选择是,如果他单独考虑每只股票,就可以将投资组合中的一半分配给风险水平最低的股票(波动率为20%),另一半分配给风险水平最高的股票(波动率为80%),由此这位投资者就拥有了一个平均波动率为50%的投资组合,这也符合他的风险水平预期。第二种选择是,他可以考虑把资金都分配到中等波动率的股票(40%、50%和60%),以形成符合预期的风险水平。第三种选择是采用现代投资组合方法,运用更广泛的框架来看待股票。整体考虑这些股票的收益就可能会产生分散化效应,从而降低投资组合风险。因此,这位投资者可以既选择风险水平较高的股票(60%、70%和80%的波动率),又可以创造一个预期总波动率为50%的投资组合。

在这三种选择中,哪一种选择描述了一般投资者的行为?丹·多恩和古尔·休伯曼认为,大多数投资者的行为往往符合第二种选择。[11]他们首先确定自己的风险水平偏好,然后选择自己即将购买的股票,所有股票都具有相同的风险水平。通过调查德国一家经纪公司的2万多名客户,两位研究人员发现,投资者倾向于首先选定风险水平,然后在该风险水平下的股票中挑选自己中意的股票。当投资者卖出自己投资组合中的一只股票时，他们会新购一只与所卖股票风险水平相当的股票。那些专注于同一个风险水平产品的投资者的表现要逊于其他投资者，因为他们承担了太多分散化风险。投资者需要进行更广泛的思考，设计一个总风险水平符合风险栖息地理论的分散化投资组合。

幼稚的分散化投资

尽管投资者在做出投资决定时应该考虑他们的整个投资组合，但他们通常只在狭窄的思考框架下做出决定。考虑一下你为自己的退休生活而设计的投资。你的一些资产将会出现在退休计划中，如个人退休账户和 401（k）养老金计划，而其他资产将不会出现。假设你最有效的投资组合是 50% 的股票和 50% 的债券。你可能会把退休计划中的资金一半放在股票上，另一半放在债券上。你也会对退休计划之外的资产做同样的分配。然而，这并不是最好的分配方式。因为你必须为退休计划以外的资产收入纳税，比如债券。

更好的选择是将退休计划中的资金投资于债券，然后用退休计划以外的资金购买股票。整体投资组合仍然是 50% 的股票和 50% 的债券，但你每年需要缴纳的税款会更少。然而，这种配置方式对于投资者来说是困难的，因为退休计划中债券的保守配置与退休心理账户所显示的投资目标并不匹配。

由于许多固定缴款退休计划的参与者并不确定如何设计合适的投资组合，一种"预先确定的基金"最近颇受欢迎。这种基金被称为目标日期基金或生命周期基金。投资者可以选择与计划退休年龄相匹配的基金。比如投资者设定的退休时间为 2035 年。那么目标日期为 2035 年的基金现在可能占有 50% 的股票配置，但随着退休日期的临近，这一比例将逐渐下降。随着投资者年龄的增长，该基金会自动匹配投资者的生命周期风险。对于那些不想为最初的分配选择和需要不断调整 401（k）养老金计划而烦恼的参与者来说，这是一个理想的投资项目。在大多数情况下，选择生命周期基金的参与者应该将其所有的退休资金都分配给它。然而，实际上投资者并没有采取这种分配方式。威廉·内斯密斯和斯蒂芬·乌特库斯发现，在使用先锋基金的养老金计划中，只有大约一半的人会向目标日期基金缴款。[12] 另外一半的人通常会投资于另外三只、四只乃至更多的其他基金。事实上，那些选择生命周期基金与其他基金一起构成退休计划投资组合的投资者，往往只分配了不到一半的退休金给生命周期基金。有趣的是，通常的情况是投资者的分散化程度不足，但是当有机会投资一个根据年龄创建的完全分散化的投资组合时，投资者却选择只投入一部分的资金。

退休计划。401（k）养老金计划是投资者心理会计和幼稚分散化投资的一个很好的例子。在 401（k）养老金计划下，雇主可以提供不同的投资选择。例如，一种方式可能有一只债券基金和三只股票基金可供选择，而另一种方式可能有一只债券基金和一只股票基金可供选择。员工会选择哪种方式？

员工倾向于通过 $1/n$ 规则分散自己的 401（k）投资。有句老话说，我们"永远不要把所有的鸡蛋放在同一个篮子里"。但这句话并没有给出任何我们应该如何分配鸡蛋的指导。我们应该把鸡蛋平均分配到不同的篮子里吗？如果有三个 401（k）选项可用，我们是否应该为这三个选项中的每个选项都分配三分之一的资金呢？

有趣的是，无论投资者面临什么选择，类似的情况都会发生。例如，关于 401（k）养老金计划，提供给环球航空公司试点项目的选择中有五只股票基金和一只债券基金。如果所有的飞行员都遵循 1/n 规则，那么在他们的投资组合中，预计平均会有 83%（5/6）的资金投资于股票。然而事实上，环球航空公司的试点项目在股票上的平均投资率为 75%，远远高于全美 57% 的平均水平。另外，加州大学员工可以选择的是一只股票基金和四只债券基金，而他们的平均持股比例仅为 34%。事实上，雇主提供的投资产品的数量和类型似乎在员工的资产配置中起着重要作用。至少有些员工遵循了 1/n 这样幼稚的分散化投资方式。[13] 当有很多投资方式可供选择时，员工往往只选择其中的 3 ～ 4 个，然后在它们之间平均分配资金。[14]

圭多·巴尔图森和格里特·波斯特两位学者通过对照试验的方式，研究了人们选择投资项目的过程。[15] 他们招募受过财务训练的试验对象，提供真实的资金，让试验参与者从 3 个（或 4 个）投资项目中做选择。这些投资项目都具有明确的风险和收益特征。两位学者发现，绝大多数人似乎都是首先在一个狭窄的范围内确定每项潜在投资，然后再判断其风险 - 收益水平是否可以接受。大多数参与者会将他们的资金平均配置给被认为是可以接受的选项集合中的每一项投资。即使集合中有一项投资单独看起来很差劲，投资者平均配置资金的行为依然持续存在。而这项投资如果与其他项目结合起来，就会产生巨大的分散化投资收益。可是不幸的是，参与者在分配资金之前就消除了这样的投资组合。研究人员把这种行为称为"限定条件下平均分配规则的启发式认知偏差行为"。也就是说，人们在先消除了一些替代方案后，会有条件地使用平均分配规则。另一项研究使用澳大利亚退休金计划的数据，扩展了对这一做法的认识。澳大利亚退休金计划被称为超级年金计划。[16] 研究者发现，员工的投资经验越丰富，使用的资金种类就越多。也就是说，投资经验较多的员工选择了较大的 n。此外，研究者发现，在选择投资基金时，如果市场在上涨，人们就会减少持有基金的数量（n）。因此，下一章将要讨论的代表性偏差有可能会影响到人们在选择投资时的思维框架。

另一个例子是在 401（k）养老金计划中对雇主公司股票的心理会计。员工似乎认为他们所效力公司的股票与其他股票会有不同。1995 年，约翰·汉考克金融服务公司做的一项调查发现，大多数员工认为，他们持有雇主公司的股票比构建一个分散化投资组合更安全。有意思的是，几年以后，安然公司向世人展示了投资雇主公司股票的风险，可是在许多大型公司的 401（k）养老金计划中，仍然有超过 50% 的资产被投资于雇主公司股票。[17] 事实上，有 500 万员工将超过 60% 的账户余额投资于雇主公司的股票。

雇主公司的股票通常是员工 401（k）养老金计划的投资项目之一。在一项对 170 个不同的公司 401（k）养老金计划的研究中，什洛莫·贝纳齐和理查德·塞勒发现，103 个计划的可选投资项目包括了雇主公司的股票。在没有把雇主公司股票纳入可选项的 67 个计划中，员工将 49.2% 的资产分配给了雇主公司的股票。这种近似对半分的投资分配方式是常见的。然而，持有雇主公司股票作为期权的员工平均有 42% 的资产是雇主公司股票。如果这些员工的投资计划是股票和债券各占一半，那么他们应该将除了投资于雇主公司股票之外的大部分资产都投资于债券。然而，他们没有这样做。相反，他们的做法是，将剩下的资产再平均投资于股票和债券。通过这种方式，参加可以选择持有雇主公司股票的 401（k）养老金计划的员工，最终平均将其投资组合的 71% 的资金都分配给了股票。这些投资者似乎把自己投资的雇主公司股票单独放入一个心理账户，且与其他公司的股票不发生相互关系。

总结

经典的金融工具，如现代投资组合理论，可以帮助投资者建立有效的投资组合，在可接受的风险水平下使自己的财富最大化。然而，心理会计使投资者难以利用这些工具。相反，投资者使用心理会计来配置不同资产的投资目标。这往往导致投资者根据目标或需求而不是从整体上来构建分散化的投资组合。当投资者为每个有特定目标的小投资组合选择投资项目时，他们会独立考察每个项目的风险和收益特征，却忽略了它们的分散化特征。投资者在去除了那些他们认为是劣质的选项之后，往往只是简单地将他们的资金平均分配给那些可以接受的选项。

随着时间的推移，即使是克服了心理会计倾向并在投资组合中运用现代投资组合理论的投资者，也经常会在事后产生自我怀疑。整合表现出低相关性的资产意味着，也许在任何给定的时间段内，投资者所持有的一种或多种资产类别都会表现不佳。即使是那些相信分散化观点的投资者，也会发现自己希望清除投资组合中表现不佳的资产类别。

思考题

1. 心理会计是如何使投资者难以运用相关性这一概念的？
2. 假定一个家庭的成员为 40 多岁的父母和一个十几岁的孩子。如果该家庭在受到行为偏差的影响下形成了它的投资组合，这一投资组合的特征是什么？请将其与在现代投资组合理论指导下形成的投资组合的特征进行比较。

3. 不同的投资者会有不同的投资偏好。请描述一位投资者投资组合中的股票特征，并给出具体的例子。投资偏好可能会如何影响投资组合的多样化？

4. 可供选择的投资项目数量往往会如何影响员工对 401（k）养老金计划中的资产分配？

5. 假定一位投资者有四种投资选择（小型公司基金、标准普尔 500 指数基金、科技股基金和债券基金）。该投资者可使用平均分配规则，或者受到启发式认知偏差影响的限定条件下的平均分配规则。在两种规则下该投资者最终的资产配置会有何不同？

第 8 章

代表性与熟悉度

心理学研究表明，大脑会使用捷径来降低处理信息的复杂性。心理学家将这种方式称为"启发式简化"。这些思维捷径可以让大脑在完全消化掉所有可用信息之前，就得出一个大致的答案。有两种捷径，一种被称为代表性偏差，另一种被称为熟悉度偏差。使用这两种捷径可以让大脑快速处理大量信息。然而，这些捷径同时也会使投资者难以正确分析新的信息，从而可能导致不准确的结论。

代表性偏差

大脑会假设，具有相似品质的东西是非常相似的。代表性是基于固定思维模式而做出的判断。考虑以下问题：

玛丽安静、好学，关心社会问题。在伯克利分校读本科时，她主修了英国文学和环境研究。根据这些信息，请指出在以下三种情况中哪一种最有可能发生：

A. 玛丽是一名图书管理员。

B. 玛丽既是一名图书管理员，也是塞拉俱乐部的成员。

C. 玛丽在银行业工作。

我曾经向投资专业的本科生、MBA 研究生和财务顾问提出过这一问题。在这三组答题者中，超过一半的人选择了选项 B——玛丽既是一名图书管理员，也是塞拉俱乐部的成员。人们之所以选择这个选项，是因为图书管理员和塞拉俱乐部的成员，这两种身份代表了一个关心社会问题的勤奋的人可能会选择的职业类型。然而，问题问的是哪种情况更有可能，而不是哪种情况会让玛丽感觉最幸福。

与选项 B 相比，选项 A（玛丽是一名图书管理员）的可能性更大。因为如果玛丽既是图书管理员又是塞拉俱乐部的成员，她就肯定是图书管理员。因为选项 A 包括了选项 B，所以选项 A 更有可能是真的。通常，四分之一到三分之一的答题者理解这一点，因此选择的答案是选项 A 而不是选项 B。

然而，最好的选择是选项 C，玛丽在银行业工作。银行雇用的员工比图书馆雇用的员工要多得多。事实上，银行的工作岗位如此之多，所以有人在银行工作的可能性要比在图书馆工作的可能性大得多。可是由于在银行工作，并不是我们大脑利用捷径推测出来玛丽从事工作的捷径的“代表”，所以很少有人选择选项 C。

代表性偏差和投资

人们在金融市场上也会出现代表性偏差的错误。例如，投资者会混淆一家好公司和一个好的投资项目。好公司意味着这家公司盈利表现强劲、销售额增长快速、质量管理优秀。或者，可能你认为一家公司很好，是因为你喜欢它的产品或它对待员工的方式。而好的投资项目是指价格涨幅大于其他股票的股票。好公司的股票也一定是好的投资项目吗？答案很可能是否定的。[1]

将好股票与有盈利持续增长历史的公司归为一类，是忽略了这样一个事实，即很少有公司能够长期维持过去所实现的高水平增长。这些公司的受欢迎程度推高了它的股票价格。然而，随着时间的推移，显然投资者之前对这些公司未来增长的判断过于乐观，股票价格就会下跌。这被称为过度反应。[2]

约瑟夫·拉科尼索克、安德烈·施莱弗和罗伯特·维什尼三位经济学家研究了这个问题。三位经济学家考察了被投资者通常认为是成长型股票的表现。他们将成长型股票称为"魅力股"。投资者通常认为增长前景不佳的公司的股票则被贴上了"价值股"的标签。投资者认为成长型公司是业务运营不断增长的公司。这三位经济学家计算了在过去五年里所有公司的平均销售增长率。平均销售增长率最高的 10% 的公司被称为魅力公司,而销售增长率最低的公司则被称为价值公司。比较魅力股和价值股,未来一年中,哪种股票会是更好的投资种类? 接下来的五年呢?

利用纽约证券交易所和美国证券交易所在 1963 ~ 1990 年所有股票的交易数据,这三位经济学家得出了如图 8-1 所示的结果。[3]如果你买了魅力股,那么你的一年期收益率为 11.4%。相比之下,价值股的同期收益率为 18.7%。魅力股的五年期收益率为 81.8%,而价值股的五年期收益率为 143.4%。

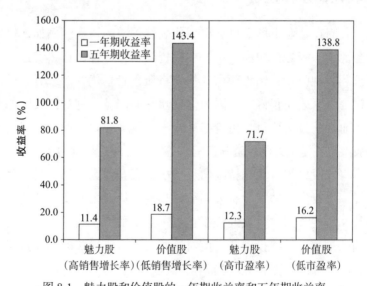

图 8-1 魅力股和价值股的一年期收益率和五年期收益率

资料来源:约瑟夫·拉科尼索克、安德烈·施莱弗和罗伯特·维什尼:"反向投资:外推和风险",载《金融杂志》1994 年第 48 期,第 1541-1578 页。

衡量魅力股和价值股另一种流行的方法是市盈率。高市盈率的公司比低市盈率的公司更为吸引人。数据表明，使用市盈率衡量标准，价值股的表现也优于魅力股。

好公司的股票并不一定总是好的投资项目。投资者往往错误地认为，一家好公司过去的经营业绩代表了它在未来的表现，而忽略了与这一观念并不符合的相关信息。好公司不会永远表现良好，就像业绩差的公司不会永远表现不佳一样。

外推法偏差。投资者也容易将股票过去的收益率外推至未来。由于投资者认为一只股票在过去的收益率，可以代表其在未来的预期收益，因此外推法偏差被认为是代表性偏差的一个子类型。假定一位投资者正在考虑是否应该投资股票市场。他在什么时候可以退出市场，在什么时候可以重返市场？图 8-2 显示了股票共同基金的每月流入量（或流出量），以及通过标准普尔 500 指数表示的股市水平。20 世纪 90 年代末和 21 世纪初是股市科技泡沫的高峰时期，请注意观察和思考，投资者在这一时期是如何每月向股市投资数百亿美元的。这些投资者都是高位进入市场的。然后，他们在 2002 年底和 2003 年初开始退出市场，这一时期恰是市场的底部。他们的股票出仓价格都很低。还要注意 2008～2009 年股市在低谷时股票的抛售情况。当投资者能够识别出过去的一个明显趋势，并将其外推至未来时，他们已经错过了大部分的时机。不幸的是，这种偏差导致投资者高买低卖，这不是一个能够获得盈利的投资策略！

玛丽·班吉通过由美国个人投资者协会（AAII）进行的每周和每月的调查，对这种投资策略进行了研究。[4] 美国个人投资者协会调查了其会员对股票市场和资产配置的看法。班吉发现，当协会会员表达他们对市场趋势的观点发生变化时，他们随后对股票的配置也会发生变化。换句话说，当投资者更加看涨市场时，他们就会跟进买入更多的股票。这种看涨情绪的增加是否来自会员卓越的市场时机选择能力？并非如此。班吉发现协会会员选择市场时机的能力很差。他们对市场趋势的观点发生变化似乎来自过去的市场收益情况。当股市在过去3年中的表现异常火爆时，投资者会变得更加乐观。而当市场表现不佳时，投资者就会变得更加悲观。这种外推偏差导致了糟糕的资产配置时机决策。

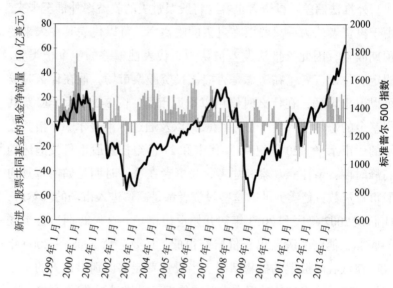

图 8-2　与标准普尔 500 指数相比，进入股票共同基金的月净流量

资料来源：投资公司研究所：《共同基金投资趋势》，各月。

投资者还根据过去的表现外推个股和共同基金的收益情况。好（或坏）的表现都被认为会继续下去。例如，一只在过去 3～5 年里表现不佳的股票就被认为是亏损股票。与此相对应，那些在过去 3～5 年中表现良好的股票也被认为是盈利股票。投资者认为，股票在过去的收益率可以代表他们对该股票的未来预期。投资者喜欢追逐盈利股票，购买那些价格有上涨趋势的公司的股票。[5]然而，在此后的 3 年里，当时的亏损股票往往会比盈利股票的表现强出 30%。[6]共同基金的投资者也使用了同样的外推法。杂志和报纸上会刊出最近收益率最高的共同基金，这些基金往往会收获大量的新增投资者。这些投资者都是在追逐盈利股票。事实上，一项对投资共同基金交易的研究发现，追随共同基金趋势的投资者，也会在其投资活动中表现出其他类型的行为偏差。[7]由于追涨杀跌并非最佳的投资策略，用作此类投资的资金通常被称为"傻钱"。

事实上，这种类型的投资非常流行，以至于人们专门给它起了名字：动量投资。动量投资者会寻找在过去一周、一个月或一个季度表现良好的股票和共同基金。动量交易员会在过去几个小时，甚至几分钟内寻找表现良好的股票和共同基金。媒体则加剧了这种偏差的影响。例如，每一天《华尔街日报》都会报道前一天涨幅最大的股票的百分比数据，而每时每刻，你都可以在任何金融网站上找到当天价格变化最大的那些股票的数据。

甚至连金融学教授也受到了代表性偏差的影响。伊沃·韦尔奇曾经对一些金融经济学教授进行了几次调查。[8]第一次系列调查于 1997～1998 年进行，1999 年又进行了另一次调查。这些调查得到了 226 个答复。请注意，这些调查都是在上涨势头强劲的牛市期间完成的。调查中的一个问题是关于未来 30 年的预期股票风险溢价，教授们给出的平均值为 8.2%。调查中的另一个问题是，股市收益率到底是倾向于均值回归，还是随机游走，教授们倾向于均值回归。2001 年，韦尔奇再一次对这些金融学教授进行了调查，此时的市场环境与之前已经非常不同了，标准普尔 500 指数已经较其峰值下跌了约 25%。鉴于受访者之前认为的股市收益可能表现为均值回归，我们猜想受访者可能会在市场下跌后给出更高的股票风险溢价预测。然而，受访者普遍认为，未来30年的预期股票风险溢价只有5.5%。请注意，这比3年前他们提供的预测值要低得多。虽然受访者的最新预测值下跌了2.7%，但是他们依然认为股市收益是均值回归的。尽管，他们在不同时期对股票溢价的预测与这一信念并不相符。受访者的反应，与最近的过去代表了未来即将发生的情况的观点是一致的。

简而言之，投资者往往将一家公司过去的业务运作和一只股票过去的表现理解为未来走势的代表。遗憾的是，从长期来看，公司的业绩的确是倾向于均值回归的。也就是说，快速增长的公司发现了竞争加剧，会放缓其增长速度。与之相反，失望的投资者会发现股票的表现并没有预期中的那么好。

熟悉度

人们更喜欢选择他们所熟悉的东西。球迷会支持本地的运动队，员工也喜欢选择持有自己公司的股票。这是因为他们对本地的运动队和自己的公司都很熟悉。当人们面对两个有风险的选择时，他们对其中的哪一个更熟悉，就会选择哪一个。面对两种不同的赌博游戏，即使赢钱的概率相同，如果玩家对其中的一种更熟悉，他就会选择那一种。事实上，即使有时获胜的概率更低，玩家也会选择自己更熟悉的那一种。[9]

熟悉才会投资

美国国内有成千上万可以投资的股票和债券，在海外也有很多选择。那么，投资者该如何选择呢？他们是否对每项投资的预期收益和风险都进行了分析？并没有，投资者交易他们熟悉的证券。[10] 把钱投在一个可以看得到的行业中，对于投资者来说可以感到心安一些。

以美国电话电报公司（AT&T）的分拆为例。1984 年，政府为了打破 AT&T 的本地电话服务垄断，将其拆分为七家地区电话公司，称为"贝尔七兄弟"。在 AT&T 被拆分 12 年后，古尔·休伯曼调查了七兄弟的所有权。他发现，与其他的地区电话公司相比，投资者更有可能投资本地电话公司的股票。也就是说，投资者更愿意投资自己熟悉的公司。在一项关于持有公用事业公司股票的类似研究中发现，投资者持有本地公用事业公司股票的可能性是持有其他公用事业公司股票的 4 倍。在对流动性更充裕和经验更丰富的个人投资者的调查样本中，这种对熟悉度的偏好也并没有减少。[11] 对于投资经理这样的专业人士来说，这种对本地投资的偏好也适用。[12]

本土偏差。与传统的分散化投资思想所建议的比重相比，熟悉度偏好导致人们对本国的投资要多得多。投资者存在这种"本土偏差"现象，是因为他们对本国公司比对外国公司更熟悉。

图 8-3 显示了本土偏差的情况。美国股市占全球股票市场的 43% 以上。日本和英国的股市分别占全球股票市场的 10% 和 7%。因此，为了使股票投资组合完全分散化，投资者应该将其投资组合的 43% 分配给美国股票，10% 分配给日本股票，7% 分配给英国股票。事实上，传统的投资组合理论认为，所有的投资都应该符合这种配置规则。

真正的投资者会使用这种配置吗？不会。国际货币基金组织每年调查各个国家的股票投资组合所有权，发现绝大多数投资者都把钱留在本国。美国投资者的股票投资组合中约有87%的份额投资于美国股市，而不是像投资组合理论预测的43%。在日本投资者的投资组合中，约有91%的份额投资于日本股票。英国股票在英国投资者的投资组合中占据72%的比例。正如这些数字所显示的那样，投资者会购买他们所熟悉的公司的股票，而人们通常不太熟悉外国公司。

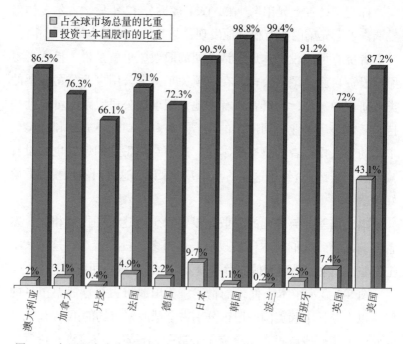

图8-3　各国股市占全球股票市场总量的比重和各国投资于本国股市的比重

资料来源：国际货币基金组织：协调证券投资调查（2005）。

当人们把一部分钱投资于外国公司时，他们会买什么类型的外国公司的股票呢？他们会购买自己熟悉的外国公司的股票，也就是拥有知名产品的大公司。例如，非日本投资者倾向持有大型日本公司的股票。[13] 吸引非日本投资者的小型日本公司则是那些出口水平较高的公司。图 8-3 显示，德国共同基金在其国内股票上的投资相对较少。当它们投资于外国股票时，它们都投到了哪里？图 8-4 显示了德国共同基金配置最多的 6 个国家。[14] 请注意，它们对外国公司的投资并没有与全球股票市场的份额相一致。它们对美国的投资占其全部投资的近 13%，而美国拥有全球约 43% 的股票市场。不过，德国共同基金对法国的投资分配几乎与美国的投资分配相同，尽管法国约占世界股票市场的 5%。这种在一些国家的投资过度和在另外一些国家的投资不足被称为外国偏差。德国人通常对与自己地理位置相近或文化相似的国家进行过度投资。德国投资者对那些看起来很遥远（地理上和文化上）的国家，比如日本，往往会投资不足。

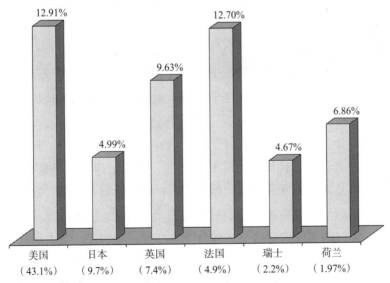

图 8-4　德国共同基金投资其他国家股票的分配（括号内为该国占
　　　　全球股票市场的份额）

本书第 7 章已经说明，人们没有从现代投资组合理论的角度来考虑构建自己的投资组合。如果投资者在形成投资组合时确实使用了现代投资组合理论，他们很可能就会持有更多的外国股票。事实上，投资者对外国股票的配置不足意味着，他们认为外国资产的风险比过去要高 2～5 倍。[15] 投资者还认为，他们熟悉的资产的收益率要高于不熟悉的资产的收益率。

美林证券公司每个月都会对来自世界各地的基金经理进行调研。来自欧洲大陆各国的基金经理一般都会预测，他们的国内股票收益率将高于英国、美国和日本。[16] 与此同时，英国的基金经理则会预测他们的国内股票收益率将是最高的。简而言之，与国外市场相比较，投资者更看好其国内市场。熟悉度偏好导致投资者对熟悉的股票过于自信，对预期收益和风险的判断过于乐观。同样地，投资者对那些不熟悉的股票的风险和收益的评价也过于悲观。

当一个投资者移居到另外一个国家后会发生什么？他们是否还会保持着对以前国家的本土偏差认识？他们将从新国家获得一个新的本土偏差，还是会完全克服本土偏差？丹麦的教授们调查了那些移居到丹麦的外国人。[17] 具体来说，他们研究了超过 17 000 名搬到丹麦并拥有或购买股票的外国人的股票持有情况。这些外国人来自波兰、德国、土耳其、挪威、印度尼西亚、格鲁吉亚、泰国以及其他国家或地区。他们发现，随着时间的推移，这些移居而来的外国人增加了他们对丹麦股票的配置；大约在 7～8 年后，他们的家庭偏好就与其他丹麦家庭变得相似了。随着时间的推移，这些外国人似乎积累了新居住国的生活、经济和公司的知识。由于增加了对新居住国的了解，这些外国人开始熟悉新居住国的股票，并表现出与其他投资者相同的本土偏好。

本地偏差。生活在美国的人会选择投资自己熟悉的外国公司，构建投资组合的时候也会更多地选择美国公司。投资者更容易为自己的投资组合配置本地公司。例如，可口可乐公司的总部位于佐治亚州亚特兰大市。居住在佐治亚州的投资者拥有可口可乐16%的股份，[18]而这些投资者中的大部分都住在亚特兰大。可口可乐在全球销售其产品，然而该公司股票中的一大部分都是由最熟悉该公司的人持有。

除了持有可口可乐公司股票的股东以外，这种本地偏差在其他投资者中表现得更为普遍。伊夫科维奇教授和韦斯本纳教授发现，平均而言，美国家庭投资组合的30%投资于总部在距自己家方圆250英里⊖以内的公司。对国际投资组合持有情况的研究表明，瑞典和芬兰的投资者在构建自己的投资组合时，更偏好本地公司。[19]此外，在瑞典境内从一个城市移居到另一个城市的人，也会重新调整自己的投资组合。他们的新居住地离一家公司越远，就越有可能出售该公司的股票。他们新购买股票的公司总部通常位于已经移居的地区。在芬兰，芬兰语和瑞典语两种语言很常见。芬兰的公司可以以任何一种语言（或者使用两种语言）发布年度报告和其他文件。有趣的是，芬兰投资者的投资组合不仅更加偏好本地公司，同时也更加偏好使用同一种语言的公司。简而言之，投资者似乎希望投资那些自己熟悉的公司。地理位置上的接近，使这些公司更容易被投资者看到，从而增加了熟悉度。

专业的基金经理也会投资自己所熟悉的公司和领域。尽管美国的专业投资者能够获得大量的信息来源，并使用各种分析工具，他们的投资组合仍然会偏好本地公司。尤其是对于当地的小型公

⊖　1英里 = 1609.344米。

司和风险较高的公司来说，更是如此。平均来看，美国专业基金经理所投资股票的公司总部与自己办公室的距离，比典型的美国公司与经理办公室的距离，还要近100英里。[20]

市场影响。如果一种心理偏差影响了许多人，那么这些人的总体行为可能会对资本市场产生影响。一些有趣的研究表明，市场会受到熟悉度偏差的影响。一些学者认为，投资者的本地偏差扭曲了美国各地区的股票价格。[21] 在一些地方，可供投资者投资的公司几乎是"当地唯一的选择"，对于本地投资者的资金，它们几乎没有其他的竞争者。投资者只能投资极少数的几家公司，可能会推高这些公司的股票价格，以致比其他地区类似公司的股票价格都高。研究者估计，与位于大西洋中部地区的一家公司（当地注册公司数量相对较多）的股票价格相比，位于美国南方腹地的一家同类公司（当地注册公司数量相对较少）的股票价格要高出7.9%。对于在本地区以外拥有更广泛知名度的大公司来说，这种效应的影响较小（4.1%）。而对于75%的小规模公司来说，这种效应的影响要大得多（9.9%）。简而言之，投资者的本地偏差可能会扭曲规模较小、知名度较低的区域性公司的股票价格。

在国际背景下，国内外投资者之间的风险分担降低了特定股市的风险。由于存在较低的风险溢价，因此，较低的风险会导致较低的预期收益，从长远来看，本土偏差度较低的股市的收益应该较低。在第二项研究中，学者们计算了38个国家中每一个国家的本土偏差度，并将其与该国的MSCI指数收益率进行了比较。[22] 图8-5是这38个国家的本土偏差度与年市场收益率（1998 ~ 2007年）的散点图。明显可以看到，较高的本土偏差度与较高的国内市场收益率呈正相关关系。这就对位于有较高本地偏差度的国家的公司带来了很高的资本成本。

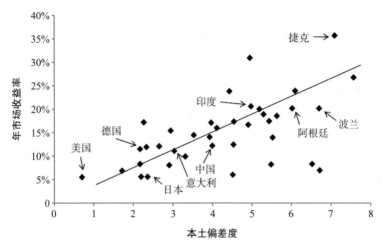

图 8-5　本土偏差度的世界价格

资料来源：刘思婷、吴丽莲、张博辉，"本土偏差的世界价格"，《经济金融学杂志》第 97 卷，2010 年，第 191-217 页，表 1。

　　当投资者进行国外投资时，很显然熟悉度是其中必须要考虑的因素之一，但可能还不止于此。人们似乎还会投资那些流行的东西。利用盖洛普的民意调查结果，一项通过对美国和其他国家的投资数据研究，对比了国家封闭式基金在美国和其他国家的受欢迎程度。[23] 封闭式基金的有趣之处，在于它们持有具有已知价值的股票投资组合。但是封闭式基金本身也在交易所交易，其价格随行就市。因此，封闭式基金的价格可能与其投资组合的潜在价值不同。事实上，封闭式基金通常会以打折的价格进行交易。

　　盖洛普民意调查显示，美国人对英国的喜爱程度超过了法国。该研究发现，与主要投资于法国公司的封闭式基金的价格折扣相比，主要投资于英国公司的封闭式基金的价格折扣要更低。这一发现对长达 15 年专注投资于 15 个不同国家的封闭式基金也是适用的。这种影响也发生在那些通过美国存托凭证方式在美国上市的外国公司上。因此，熟悉度（或者说受欢迎度）偏差不仅会影响投资者，还会影响市场的定价。

姓名有何意义？ 一家公司的名字会对投资者产生影响吗？在威廉·莎士比亚的戏剧《罗密欧与朱丽叶》中，朱丽叶打趣道："姓名有何意义？我们叫作玫瑰的这一种花，要是换了个名字，它还是同样的芬芳。"她是在暗示某物的名字不会影响它的真实面目。然而事实证明，在投资股票这件事上并非如此。公司的名字确实很重要。更为熟悉的公司名字会受到投资者热烈的欢迎。克利夫顿·格林和罗素·贾姆研究了美国公司名字的顺口程度。[24] 他们把公司名字的发音难易度，以及这些单词是否能在拼写过滤器中找到作为衡量标准。公司名字越易拼读，潜在投资者对它就越感到熟悉。研究者发现，名字更加容易拼读的公司的股票持有者范围更大、交易量更多，以及估值比率更高。这表明，投资者青睐那些看起来熟悉的公司，因为这些公司的名字更容易拼读、更朗朗上口。研究者还报告说，将名字修改得更易拼读的公司，会提高其股票的持有者范围、交易量和估值。最后，研究者指出，这种效应也发生在共同基金（吸引更多的资金流入）和封闭式基金（价格折扣更低）中。另一项研究显示，投资者更喜欢那些基金经理的姓名听起来不像是外国人的共同基金。[25] 请注意，一家公司或共同基金的名字，与其在商业或投资方面的成功与否无关，名字只会影响投资者的购买意愿。事实上，熟悉度偏差似乎会影响股市的收益、风险、所有权以及估值水平。

熟悉度引发的投资问题

你最熟悉哪家公司？人们通常最熟悉他们所工作的公司。这种熟悉感会导致员工将养老金投资于自己工作的公司的股票。例如，一个公司的 401（k）养老金计划允许员工将资金投资在诸如分散化股票、债券和货币市场基金等期权上。一个常见的选择是投资该公司的股票。

传统的投资组合理论认为，员工应根据自己的风险承受能力，根据需要选择分散化股票、债券和货币市场基金，从而分散配置自己的退休资产。选择一家公司的股票是一种非常糟糕的分散化方式。事实上，由于员工的劳动资本已经被捆绑在雇主公司里，为了更加分散化，他们应该避免将自己的金融资本再投资于该公司。

如果你的工作和退休资金都依赖于同一家公司，你可能会突然陷入困境。想想安然和环球电讯等公司员工的困境吧。按股票最高时的价格计算，安然公司员工的 401（k）养老金计划中有 60% 的资产投资的是自己公司的股票；在环球电讯公司员工的 401（k）养老金计划中，投资自己公司股票的比例达到了 53%。安然公司宣布破产后，其数千名员工的 401（k）养老金总计损失了 13 亿美元。在安然公司和环球电讯公司破产后，公司股票暴跌，媒体报道说那些将全部养老金都投资于自己公司股票的员工，一下子变得一无所有，而且其中许多人连工作也失去了。

员工把养老金投资于自己公司股票的情况是不是很常见呢？对 246 家美国大型公司的调查发现，员工将 401（k）养老金计划中 42% 的资金都投资给了自己公司的股票。[26] 这种投资决策都是员工自己做出的。他们之所以喜欢投资自己公司的股票，就是因为他们对自己所服务的公司更熟悉。这种做法是十分危险的!

当你熟悉某件事时,你会对它产生一种扭曲的感知。运动队的球迷会认为他们的运动队比其他的运动队拥有更多的获胜机会。同样地,投资者会看好他们熟悉的公司和领域,相信投资它们比投资自己不熟悉的公司和领域会带来更高的收益,风险也更小。例如,美国人会相信美国股市的表现将优于德国股市;与此同时,德国人会相信他们股市的表现将更好。[27] 同样的道理,员工也会认为,与分散化股票投资组合相比,自己公司的股票是一种更加安全的投资。[28]

将投资组合过度集中于一只股票是有风险的。然而,员工并不愿意相信他们公司会爆发风险。晨星网站向投资者提出了这样一个问题:"你的公司和整个股市,哪个更有可能损失其一半的价值?"与分散化投资组合相比,尤其是与整个市场相比,任何一只单独的公司股票都更有可能经历如此剧烈的价格波动。然而,在超过 1000 名回答了这个问题的投资者中,[29] 只有 16.4% 的受访者认为他们所在公司的风险高于整个股市。在那些没有受过大学教育的投资者中,只有 6.5% 的人认为他们所在公司的风险高于整个股市。没有一家公司能比完全分散化投资组合更安全,就像整个股票市场那样,可见,熟悉度偏差显然会扭曲一个人对风险的感知。

大脑经常走熟悉度的捷径来评估投资。这可能会导致人们在他们最熟悉的股票上投资了过多的资金,比如他们所在公司的股票。最终,这种做法导致了分散化配置的缺乏。总而言之,投资者配置在雇主公司股票、本地公司股票和本国国内股票上的资金过多了。

熟悉度偏差和代表性偏差的共同影响

员工经常将熟悉度偏差与代表性偏差叠加，两种偏差的共同作用对自己行为的影响更大。我们来看一下员工 401（k）养老金计划中对自己所在公司股票的持有情况。自己所在公司的股票价格上涨后，员工往往会购买更多自己所在公司的股票。[30] 有一家在过去 5 年中股票价格上涨占所有公司排名前 20% 的公司。在这家公司工作的员工将其为养老金计划缴费的 31% 都购买了公司股票。相比之下，在业绩最差的 20% 的公司中，这个比例只有 13%。在401（k）养老金计划中，员工对自己公司股票的配置行为表明，他们使用过去的价格趋势（受到代表性偏差的影响），作为是否投资自己公司股票的决定因素（受到熟悉度偏差的影响）。但是，这些投资者并不会由于自己是公司的内部人员，就能比其他人获得更多关于公司的内部消息。平均而言，员工养老金计划中投资公司股票比例较高的公司的业绩，并不比员工养老金计划中投资公司股票比例低的公司好到哪里去。

总结

心理捷径也称为启发式简化，可以帮助我们在日常生活中快速分析情况并做出决定。然而，在分析具有风险和不确定性的决策时，这个过程往往使我们误入歧途。由于投资决策涉及重大风险和不确定性，我们的决策会以各种可预测的方式产生偏差。代表性偏差导致我们将以往的情况外推，并假设好公司的股票也是好的投资项目。熟悉度偏差使我们相信，相比不熟悉的公司，我们熟悉的公司才是更好的投资选择。因此，我们持有了很多本地公司和自己所在公司的股票，而持有了很少的国际股票。最终，这些偏差导致投资者持有资产的低分散化和高风险的特征。

思考题

1. 每一份共同基金招股说明书中都有一份声明："过去的表现并不预示未来的表现。"然而，投资者还是容易把过去的表现作为自己投资决策时需要考虑的一个重要因素。为什么？
2. 为什么投资者会认为，在本国股市中的投资收益率会比在其他国家股市上的投资收益率更高，风险也会更低？
3. 本土偏差和外国偏差是什么，它们与熟悉度偏差有什么关系？
4. 熟悉度偏差和代表性偏差是如何共同影响员工对401（k）养老金计划的选择的？

| 第 9 章 |

社会互动与投资

人们通过与他人的互动来学习。我们观察别人的行为来了解他们的观点，但多数情况下，我们喜欢在对话中的社会互动，也就是说，我们喜欢说话聊天。我们谈论那些让我们兴奋的、感兴趣的，甚至是令人担忧的话题。说话是获取信息和察觉情绪反应的重要方式，这有助于形成我们自己的观点。

经济学家多年来一直在研究社会互动是如何影响决策的。戴维·赫什莱弗教授在 2020 年美国金融协会的会长演讲中，把这一切整合成了社会经济和金融模式。[1] 该模式认为，人们通过交谈、书面文本和社交媒体相互观察和交流。这种交流传达了信息、观点和情感。无论信息是否正确，这些动态都允许快速传播。结果是，由此可能产生价格泡沫、羊群效应和投资者情绪等各种现象。

社会互动有时被称为同伴效应，会影响许多重要的经济决策和金融决策，如为退休而准备的储蓄、家庭借贷和违约、住房和抵押贷款、投资和投资组合等。[2]

不停地谈话，不断地发推

对话允许人们快速地交换各种信息、观点和情感。这对股市和投资者都很重要。股票经纪人与客户和其他经纪人交谈，分析师与高管和经理沟通，他们组成当地的团体和协会，进行互动交流。人们会从推特（Twitter）和脸书（Facebook）等社交媒体上寻求信息和专家意见。机构投资者组成小组，共享信息。个人投资者与家人、邻居、同事和朋友谈论如何进行投资。

例如，一项对 156 名高收入投资者的调查显示，投资者对一只股票产生兴趣的原因，有一半以上是因为有其他人提到了它。[3] 此外，调查发现，自从购买了该股票以后，这位新投资者平均会与其他 20 人谈论该股票所属的公司。

投资者期待从股市上获得关于股票收益和风险水平的信息，我们也在寻求了解其他人的想法。其他人对市场的预期也可能会影响我们的行为。当其他人看起来比我们的预期更乐观时，我们购买的股票就会比我们自己原本计划的要多。[4]当其他人更悲观时，我们也会在调整投资组合时减少对股票的配置。这一过程我们会受到认知偏差的影响。人们倾向于认为自己的想法很普遍，而实际情况并非如此，这是一种错误的共识偏差。此外，人们认为不同意他们观点的人都是有偏差的。然而，我们会受到其他人对市场看法的影响。

模仿邻居的投资组合。因为信息是通过与他人交谈来获得和形成决定的，社交达人比不那么善于交际的人更有可能学习投资。因此，社交达人更有可能投资股票市场或参加公司的 401（k）养老金计划。研究人员研究了社交活跃型家庭与参与股票市场之间的关系。[5]一个社交活跃型家庭的特点是，其成员与邻居互动或参加教会活动。通过一项对 7500 个家庭进行的健康和退休情况的调查，研究人员发现，与非社交活跃型家庭相比，社交活跃型家庭更有可能投资股票市场；而居住在股票市场参与度高的地区的社交活跃型家庭，也更有可能投资股票市场。因此，当一个人处于合适的环境中时，如果其中也有投资者，社会互动的影响就会被放大。

罗利·海默教授利用消费者支出季度访谈调查的数据，发现社会互动与积极的投资组合管理密切相关。[6]也就是说，社交达人同时也是活跃的投资者。这项调查由大约 15 000 人参与，共有五个子项目。调查显示了社交活动和活跃交易之间的关系：在参与资产市场的条件下，与社交活动相关项目（教会和体育）的支出和对活跃交易（买卖证券）的代理呈正相关关系。因此，活跃的社交达人更有可能参与股市交易，也更有可能成为积极的投资者。

已有学者将这一观点扩展到了投资者持有的投资组合中。他们认为，有关投资的信息将通过口口相传的方式传播到整个社区。[7]尽管投资者往往在其交易账户中持有少量股票（中位数为4只），但他们仍然具有强烈的邻里效应。当一个家庭的邻居将对一个行业的投资增加10%时，该家庭也会将对同一行业的投资增加2%。这种效应对投资本地公司的影响要大得多。当你的邻居增加了他收入的10%用于投资时，你往往也会相应地增加你的投资份额。通过观察股票经纪数据和美国国税局的纳税申报单数据，研究者已经发现了这种邻里效应。在美国被视为社交更活跃的州，信息的传播似乎更强劲，这表明居民更愿意向他人寻求建议。这似乎不仅仅是一种社区效应。一项研究表明对于居住在同一社区的专业基金经理来说，当这些基金经理具有相同的种族背景时，他们会拥有更多相似的资产分布和交易行为。[8]分享文化使他们产生更多的社会联系，也更有可能进行互动。

使用网络社交媒体是一种新的互动渠道。投资者通过推特等信息论坛相互交流。一组德国学者调查了与股票相关的25万条推文和股市活动之间的关系。[9]这些推文对股市的判断可能是片面的乐观，也可能是片面的悲观，又或者可能会显示出很多分歧。研究人员发现，在这些推文中的情绪与股票的收益率呈正相关关系。在推文中表现出的积极情绪与股票的正收益相关。相关推文数量多的股票也有更大的股票交易量。最后，推文观点的分歧越大，则股票市场的波动也就越大。投资者的谈话似乎正在传递到网络社交媒体环境中。其中一个原因可能是，在网络社交媒体中更容易获得专家的观点。研究表明，那些可以提供比一般人更好建议的人的观点被转发的次数更多，而且拥有更多的粉丝。

个人交流的庞氏骗局例子。上述研究提到的是通过因果测试推断信息的口口相传，但人与人之间的交流通常是无法观察到的。然而，在芬兰出现的一种名叫温卡皮塔的庞氏骗局，就是利用了信息口口相传的方式，并证明了在投资世界中人与人之间的交流是多么强大。电子社交网络的出现让这种方式发挥的威力更加强大。

温卡皮塔庞氏骗局是芬兰的一种投资业务，在 2003 年至 2008 年期间很活跃。它为投资者提供了巨大的收益，最初声称这些利润是由体育博彩产生的，后来又说是通过外汇交易产生的。然而，体育博彩和外汇交易从来没有任何现金流。"利润"只是来自新投资者和现有投资者的现金流。

温卡皮塔庞氏骗局没有以任何公开方式进行广告宣传。新的投资者只能通过现有投资者的帮助和介绍才能加入。为了激励现有投资者寻找新的投资者，凡是找到一个新的投资者，那个现有投资者的投资账户就可以获得 200 欧元和新投资额度的 20% 作为奖励。这种动态使得维尔·兰塔拉能够发展出一种真正的口口相传效应。[10] 该计划最初并没有引起政府的注意，规模逐渐发展壮大，最终发展到有 1 万多名成员，约占芬兰总人口的 0.2%。在这一骗局持续期间，投资者转移到温卡皮塔的资金总额超过 1 亿欧元。人均投资金额为 15 100 欧元，中位数为 8000 欧元。

关于这项骗局的法律调查询问了 3000 多名投资者（或者被称为受害者），他们还提到了另外 2000 多人。通过分析其中的投资者关系，可以确定投资者的社交网络。结论之一是，关于投资的一个观点，即使大多数人只是被动的信息接收者，或者只与另外一两个人分享过，这一观点也可以通过人们在网络社交媒体上的互动而得到迅速传播。

数据还显示，当现有投资者相对于新加入者的年龄、收入和受教育程度较高时，这些新加入者会投入更多的资金。这表明，口口相传的信息的来源很重要。人们把更多的注意力放在了信息来源是否可靠上。然而，这种可靠的个人关系，在该计划失败后，使投资者在情感上也受到了伤害。除了蒙受巨大的经济损失，被骗的人们还报告说，他们的人际关系被破坏了，多次提到自杀、离婚和心理健康等问题。

社会环境

有一句老话说，物以类聚，人以群分。你的社交圈会影响你的财富吗？答案似乎是肯定的。聚集在一起的同一类人往往会有相同的品位和兴趣，并拥有相似的生活方式。同一类群体的人们会把群体共同的信念发展成为社会规范，对投资的信念也是这些社会规范的一部分。如果投资不受这类小圈子里同伴的重视，那么这个小圈子里关于投资类话题的讨论将会很少（如果有的话）。另外的小圈子则可能会经常讨论股票。社交环境会影响一个人的投资决策。

一个常见的例子是参与401（k）养老金计划（或其他缴款计划）的情况。由于可以享受税收优惠，参加这一养老金计划是一个明智的决定。如果雇主也能提供相应比例的配缴，那就更好了。然而，许多（甚至大多数）人并没有参与其中。受教育程度和工资水平成为是否参与401（k）养老金计划的决定性因素；然而，员工所处的社交圈子也会影响参与的决定。

为了考察同伴效应到底有多显著，埃斯特·杜弗洛和伊曼纽尔·塞斯研究了436名大学图书管理员的养老金计划参与率。[11]
这些图书管理员在整个校园不同的11栋建筑中工作，都受过高等
教育。此外，他们还接受过如何搜索信息方面的专门培训。显然，
他们应该能够做出明智的选择，并为参加养老金计划做出良好规
划。工作地点，分散在11栋建筑中的图书管理员的养老金计划参
与率如图9-1所示。可以看出，这些管理员的养老金计划参与率存
在巨大差异。在一栋楼里，73%的图书管理员参加了计划，但在
另一栋楼里，只有14%的人参加。

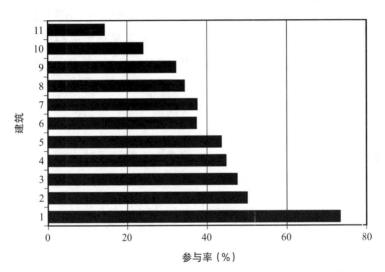

图 9-1　工作地点分散在 11 栋建筑中的 436 名图书管理员的养老
　　　　金计划参与率

　规模上的差异通常可以用拥有不同的受教育程度和工资水平，
或两者都不相同来解释。一般来说，受教育程度较高、工资水平
较高的人更有可能参加 401（k）养老金计划。然而，这项研究的
对象只涉及图书管理员，因此他们的教育水平和工资水平是相对

一致的。

因为图书管理员是一个如此同质的群体，而他们的养老金计划参与率竟然会有如此大的差异，这是令人吃惊的。对产生这种巨大差异的一种解释是，工作在不同建筑中的图书管理员的社会规范不同。每个同伴群体的社会规范都会随着时间的推移而发展。该项研究中，一些建筑中的社会规范逐渐发展为重视养老金计划，而在另外一些建筑中，其社会规范则认为参与养老金计划无甚意义。

然而，在这项研究中，杜弗洛和塞斯没有直接证据表明图书管理员在工作场所受到相互影响。所以，他们在一所综合性大学进行了另一项养老金计划的试验，对受邀参加员工福利信息展的该校所有院系教职员工做了随机抽样调查。[12] 在展览会上，与会者被动员去参与养老金固定缴款计划。这个试验的过程如下：在所有被邀请的人中，有一小部分人提前被告知，他们被选中可以获得 20 美元参与计划的奖励。这样与会者就分成了三组：①得到奖金的人；②没有得到奖金，但同院系有人得到了奖金的人；③没有得到奖金，同院系也没有人得到奖金的人。当然，毫不令人奇怪的是，得到奖金的人去参与养老金计划的比率最高。这一组的参与率是第三组（没有得到奖金，同院系也没有人得到奖金）的 5 倍。令人惊讶的是，第二组（没有得到奖金，但同院系有人得到了奖金）参与养老金计划的比率是第三组的 3 倍。既然两组都没有得到奖金，为什么与第三组相比，第二组会有更多的人想去参加养老金计划呢？因为虽然自己没有得到奖金，但他们与同一部门的其他获得奖金的人进行了社会互动，得知其他的人要参加养老金计划，甚至可能将发放奖金解释为展览会上的重要信号。这种影响在展览会之后继续发挥作用，最终结果就是第二组的人参与养老金计划的比率显著高于第三组。

投资俱乐部

投资社会化的一个例子是投资俱乐部的快速增长。投资俱乐部是指一群由家庭成员、朋友或同事组成的人，他们将资金集中起来投资于股票市场。通常，这些俱乐部的成员是清一色的男性或女性，每月开一次会，讨论可能的投资。每个成员每个月都拿出一定的资金（20～100 美元），集中起来进行投资。

投资俱乐部是通过国家投资者协会（NAIC）建立的。虽然并不是所有的俱乐部都是国家投资者协会的成员，但到 2000 年底，该组织总共拥有 35 810 个俱乐部和 537 150 名会员。这比 1990 年注册的 7087 家俱乐部有了大幅增加。然而，在金融危机之后，俱乐部的数量在 2009 年下降到了 8600 家，在 2015 年更是降到了只有 4000 家。

投资俱乐部的业绩。大多数投资俱乐部的投资表现如何？经常有金融媒体声称，有 60% 到 2/3 的投资俱乐部的业绩击败了市场。如果这是真的，鉴于大多数共同基金通常都跑不赢市场，这个数字令人印象深刻。

然而，这些数字不太可能准确地反映出大多数投资俱乐部的表现。这些声明来自于国家投资者协会对各俱乐部进行的年度调查。我们来看一下这类调查存在的问题。首先，这些俱乐部必须正确地计算出它们的年化收益率。

其次，哪些俱乐部回应了这项调查？如果你是一家俱乐部的财务主管，你什么时候会回应国家投资者协会的调查？如果你的俱乐部收益很高，你更有可能填写调查表。如果你的俱乐部收益很低，你就会不愿意填写调查表。寻求自豪和避免后悔的心理偏差暗示了你会采取这样的做法（见第 3 章）。事实上，只有

5%～10% 的俱乐部返回了国家投资者协会发表的调查表。很可能是这些俱乐部计算出了很高的收益。因此，国家投资者协会的调查结果只代表了更成功的俱乐部（在最好的情况下），并且可能完全不能代表所有的俱乐部（在最坏的情况下）。

为了更客观地了解投资俱乐部的表现，有人研究了 166 家投资俱乐部在 5 年时间里的实际股票持有情况。[13] 如图 9-2 所示，投资收益情况并不好。在这 5 年中，标准普尔 500 指数的平均年度总收益率为 18%，而这些俱乐部的平均年度总收益率为 17%，年度净收益率只有 14.1%，所以俱乐部的表现远远低于市场。

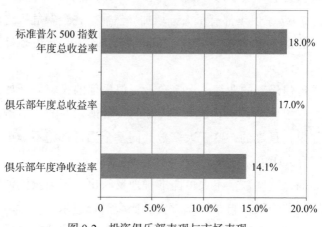

图 9-2　投资俱乐部表现与市场表现

尽管媒体报道显示，超过 60% 的俱乐部击败了市场，但似乎有 60% 的俱乐部表现不及市场。事实上，这些俱乐部的投资行为表现出了一些与个人行为相同的心理偏差。具体来说，交易行为与过度自信（第 2 章）和处置效应（第 3 章）相一致。

投资俱乐部和社交互动。虽然俱乐部的目的是创造一个学习投资和获得良好收益的环境，但大多数俱乐部也有社交目的。也就是说，俱乐部召集的会议本身是家人或朋友聚会的借口。会员往往喜欢在定期社交的同时分享研究技能和市场知识。

俱乐部的社交互动机制对其投资的成功与否起着重要的作用。虽然有些俱乐部投资是为了社交，但有一些俱乐部会认真对待他们的选股。例如，怀俄明州布法罗的克朗代克投资俱乐部在某一年曾被《价值在线》评为美国第一投资俱乐部。[14] 该俱乐部的 18 名会员来自各行各业。有年轻人，也有上了年纪的人，有蓝领工人，也有白领，有些人有高级学位，还有一些人是企业主。

他们成功的秘诀是什么？克朗代克俱乐部严格实行正规的投资决策程序。例如，该俱乐部要求所有的投资决策都必须在负责调研的会员提交的翔实报告的帮助下做出。他们依赖的是研究，而不仅仅是关于一家公司的传闻。这一点很重要，因为这种方法可以帮助俱乐部避免一些心理偏差。该俱乐部的决策是基于理性和逻辑，而不是感性。

其他投资俱乐部以社交互动为主要目标。以加利福尼亚州投资者俱乐部为例，它是由一群在一起工作了多年的退休朋友创立的。虽然他们的社交活动，如圣诞派对和一整天的高尔夫球郊游，都有非常详细的计划，但他们的投资决策却往往没有经过太多的分析。[15] 讨论经常集中在选股的热门技巧和推测上。因此，俱乐部的投资经常是高买低卖，收益很差。这个俱乐部的非正式性使得每个会员的心理偏差与其他会员的心理偏差混在一起，并且被放大了。

媒体

我们的社会环境中有很大一部分是媒体，不同的场合和媒体节目都在争夺人们的注意力。如果新闻写得不好或讲得不好，受众就会改变频道或点击其他网站。商业与投资作家通过讲述一个精彩的故事来吸引人们的注意。记者也在寻找最好的新闻和素材。这些新闻和素材在本质上，内容很简单，可以吸引我们的注意，但它们不能传达任何严肃的投资分析信息，只是在讲述故事。大多数时候，媒体会把人们的心理偏差朝着故事讲述的方面引导，导致与正式的投资分析背道而驰。

虽然媒体为我们提供了资讯和专家观点，但专家通过简单的解释和俏皮的语言来表达自己。这些专家中也有许多人能够与专门的研究机构保持联系，并使用大量的分析工具。因此，我们假设他们的观点是基于严谨的分析而得出的。可是他们在媒体中很少谈论有实质性内容的分析，因此我们得到的印象是，投资分析只是简单地讲故事。媒体试图吸引和迎合我们的兴趣和情感，自然就会更加关注选股和选择时机等投资决策。

然而，媒体的报道似乎会影响投资者的行为和股票价格，即使它没有提供新的信息。保罗·泰特洛克研究了市场对《华尔街日报》"与市场同步"专栏的反应。[16]泰特洛克根据该专栏对股市的悲观和乐观程度对专栏的每一期进行了分类。每当有文章对市场表现出强烈的悲观或乐观情绪时，都会导致第二天异常高频的交易。与专栏刊发出有强烈悲观情绪的文章相比，道琼斯工业平均指数在专栏刊发出强烈乐观情绪的文章后，上涨了0.25%。然而，这些文章似乎并没有提供任何持久的信息。例如，悲观情绪下的股票价格下行压力在未来几天的交易中会被逆转。有趣的是，"与市场同步"专栏似乎并没有向市场提供任何新的信息，可是看起来，投资者又似乎确实是在专栏的指导建议下进行交易的。

保罗·泰特洛克还研究了往日旧信息对股票价格的影响（不

仅仅是发表在"与市场同步"专栏中的文章）。[17] 他的结论是，是个人投资者对包含了往日旧信息的新闻文章做出了反应。被个人投资者而不是机构投资者主导的股票，在往日旧信息发布的当天会出现一个显著的转折点，随即在接下来的几天再次翻转。不仅投资者有时无法区分新闻中的旧信息和新信息，就连金融媒体也经常传播旧信息。此外，媒体还放大了投资者的心理偏差。例如，投资者倾向于追逐盈利股票（第 8 章）。他们喜欢购买那些过去收益很高的共同基金。这是因为代表性偏差引导我们相信，这些过去的收益也可以代表未来的收益。然而，投资者似乎只购买媒体上发布过的业绩好的共同基金。[18] 媒体对投资者追逐高收益产生了影响。

语言

> 正确的词汇和差不多正确的词汇之间的区别，就好像闪电与萤火虫之间的区别一样。
>
> ——马克·吐温

文字本身就不如数字那么客观。因此，它们可能会以不同的方式影响投资者的判断。并非所有的词汇都对读者有相同的影响。有些文字创造了饱含情感色彩的生动意象。在看到或者听到"苹果的销量跃升"和"苹果的销量增长"这两种表述时，投资者的判断会有不同吗？在看到或者听到"令人印象深刻"和"超出预期"这样不同的评论呢？我们会不会受到各种炒作的影响？

一个有趣的实验考察了在牛市中使用积极的词汇和在熊市中使用消极的词汇对人们产生的不同影响。[19] 研究对象被分为持多头头寸的人和持空头头寸的人。在牛市场景下，那些持空头仓位的人的观点与市场的趋势和共识是相反的。两组研究对象会被给予内容相同但分别使用华丽文字和平实文字表述的新闻，然后被要求对未来的股市走势进行预测。可以预期，与持空头头寸的人的预测相比，在牛市中持多头头寸的人对未来的走势给出的预测更为乐观。但是哪一组更容易受到炒作的影响呢？

该研究报告称，接收到的无论是使用华丽文字还是平实文字表述的新闻，在牛市中持有多头头寸的人做出的预测是接近事实的。然而，反向投资者的预测却受到了炒作之词的影响。与接收到用平实文字表述的新闻相比，那些在牛市中持有空头头寸的人在听到华丽文字表述的相同新闻之后给出了更高的预测值。在熊市背景下，这个实验又进行了一次。此时，持有空头头寸的人的观点与市场的趋势和共识是相一致的，而持有多头头寸的人则变成了逆向投资者。研究对象依然需要接收使用华丽文字或是平实文字表述的新闻。实验结果与上次一样，那些逆向投资者对使用华丽文字是敏感的。有趣的是，华丽文字或者炒作对于那些顺向投资者的影响是微乎其微的。相反，是逆向投资者对华丽文字更为敏感。

投资炒作达到疯狂的绝妙表现，可能就是吉姆·克莱默在美国消费者新闻与商业频道的《疯狂金钱》节目中所呈现出来的那样。伴随着耀眼的闪光灯，主持人华丽夸张的语言和现场的号角声混杂在一起，"买、买、买"或者"卖、卖、卖"的按钮此起彼伏。这个深谙表演技巧的家伙能够影响投资者的行为吗？有人对他在节目中讨论过的股票收益进行研究，结果表明，确实能够产生影响。研究者发现，按照主持人的建议买入或卖出股票是要承担风险的，但投资者并没有收到与这些风险水平相匹配的额外收益。[20] 这意味着该节目并没有提供新的讯息或者可信的预测。然而，从股市的短期价格来看，市场对节目的推荐还是有反应的。总体而言，相关股票的价格在节目推荐发布的当晚就能飙升近2.5%。不过接下来的几周，由节目推荐带来的价格上涨就会消失。小公司的股票以及在收视率更高的节目中推荐的股票的收益率都会更高一些。这种对特定股票的关注，会导致短期股票价格的错配，这是由短期需求推动的。

羊群效应

当你了解到别人对各种股票的看法时，一种社会共识就形成了。当人们按照这一共识采取行动时，就会形成一个群体。投资者的投资和羚羊的行动没有什么不同。羚羊成群地生活在一起，保护自己免受捕食者的伤害。前一分钟羚羊可能什么都没做，而下一分钟就会开始全速奔跑。羚羊总是瞪大眼睛和竖直耳朵保持警醒，这样它就会知道其他羚羊在做什么，因为它不想被抛在后面，暴露在危险之中。

投资者也会密切关注其他投资者在做什么。许多人每天都在看美国消费者新闻与商业频道，或者密切关注热门网站上相关聊天室里发布的帖子。活跃的投资者每天都会检查他们的投资组合。当事情开始往哪一个方向发展时，世界各地的投资者都会知道这一点。

羊群效应的影响是它放大了心理偏差，导致人们是基于群体的"感觉"而不是经过严谨分析之后做出决定。此外，当你知道很多人选择了同一只股票而产生亏损时，你的遗憾（第 3 章）会更少一些。因为有人与你同病相怜，挫败感就会减轻一些。

股市的羊群效应。当许多投资者以一种共同的方式受到他们的心理偏差影响时，羊群效应就会显现，整体市场都会随之受到影响。20世纪90年代末互联网公司的非理性繁荣最能说明这一点。许多投资者和分析师一直对当时互联网公司的极高估值感到困惑。例如，市场的历史平均市盈率是15倍左右，而1999年底，雅虎的市盈率达到了1300倍，而eBay的市盈率更是达到了3300倍，这种现象应该如何分析？许多分析师的结论是，在新经济革命背景下，对公司进行估值需要新的方法。

再来看一下市场对eToys的估值。[21] 这是一家于1999年上市的在线玩具零售商。在首次公开募股后不久，该公司股票的高价就使公司总价值达到了80亿美元。作为典型的互联网公司，eToys的销售额仅为3000万美元，而利润为负的2860万美元。人们很自然地就会把eToys与玩具反斗城相比较，后者是"旧经济时代"领先的玩具零售商。尽管玩具反斗城的同期利润为3.76亿美元，但其市场估值只有60亿美元。也就是说，虽然玩具反斗城的市场估值低于eToys，但它的利润却高出eToys很多。

当你意识到进入互联网公司的门槛很低时，这就更令人震惊了。你可能还记得，许多年轻的企业家独自创办了不少互联网公司。事实上，玩具反斗城很快发展了自己的在线零售能力，eToys的市值也从80亿美元降到了2900万美元。

使公司名字富含互联网色彩。来看一下互联网公司羊群效应的程度。一个例子是公司纷纷把名字改成"魔幻新奇新名字.com"的格式。投资者疯狂于网络，抢购任何与互联网相关的公司的股票。判断一家公司是否与互联网相关，最简单的方法就是看它的名字。

以一家科技图书的在线零售商为例。这家公司把名字改为了

"硕脑"（fatbrain.com），因为其客户总是拼错（或者忘记）它以前的互联网地址"计算机素养"（computerliteracy.com）。请注意，这家公司已经在通过互联网提供服务了。这种改变只是名义上的，公司的商业战略上一点都没有发生变化。但当有关更名的消息传出后，在线股票讨论小组立即开始讨论，该公司的股票价格在一天内上涨了 33%！

从 1998 年中期至 1999 年中期，共有 147 家上市公司更改了名字，新名字无一例外，要么以".com"或者".net"结尾，要么就包含互联网一词。[22] 在宣布更名后的 3 周内，这些公司的股票价格高出了 38%。各种各样的公司都参与到这一改名行动中：本身已经从事互联网业务的公司，跑赢市场 57%；仅有一些互联网业务经验的公司，跑赢市场 35%；而从非互联网业务开始转向互联网业务的公司，跑赢市场 16%。事实上，即使几乎没有或压根儿没有互联网业务经验的公司，跟风改换了名字的，也能享受股票价格大幅上涨的福利。这些公司的核心业务都与互联网无关，而且没有证据表明这些公司拥有成功的互联网专业知识或经验。然而，疯狂的交易员将它们的股票价格推高了 48%。这些股票价格的大幅上涨在接下来的 3 个月里并没有减少。投资者似乎急于向互联网公司投入资金。有趣的是，在 2000 年互联网泡沫破灭之后，有 67 家公司从它们的名字中删除了与互联网相关的信息。在接下来的两个月里，更名后的公司的股票平均收益率为 64%。[23] 投资者似乎确实受到了字面上变化的影响。投资者也经常被其他投资种类的更名所愚弄。为了反映当时"热门"的投资风格（如价值股、成长型、小型股等），一些共同基金也流行过更名之风。这一更名导致流向这些基金的资金比预期的要多出 28%。[24] 这种新的资金流向甚至出现在那些只改变了名字却没有改善其投资风格或表现的基金身上。

有趣的是，拥有一个可爱的股票代码也可以影响公司股票的价值。人们注意到了百威英博（Anheuser-Busch InBev）的股票代码是BUD。人们喜欢的西南航空公司的股票代码是LUV，以及百胜集团的股票代码YUM。虽然诺德斯特龙（Nordstrom）可能是不错的公司，但它的股票代码（JWN）不能使投资者兴奋起来。这很重要吗？显然，这很重要。拥有可爱的股票代码的公司的市场估值会更高。[25] 拥有ACE(美国越峰电子材料股份有限公司)、TAN(美国坦迪公司)和WIRE（美国安可电线公司）等可爱的股票代码的公司，具有更多的股票交易量和更好的流动性。[26]

急功近利

在活跃的交易中，你的想法更像是一个交易员，而不是一个投资者。你不是因为某家公司的产品、市场份额和管理等因素将在未来占据市场的主导地位而买其股票，而是因为你认为这只股票的价格会在未来一周、一天或一小时内上涨而决定购买它。公司的产品、市场份额和管理反而成为无须重点考虑的因素，甚至无关紧要。以莎伦为例。她接受了美国公共电视台《前线》栏目的采访。[27] 她把家里的全部积蓄投资于两只小型科技股，这两只股票都是由一家公司发行的。她说："说实话，我甚至都不知道它的名字。我知道它的代码是AMLN。到8月，它应该会翻一番。"请注意，AMLN是艾米林生物制药公司（Amylin Pharmaceuticals）的股票代码。

信念。"这一次的情况不一样。此前对公司的估值方式已不再适用。"这些评论通常是在羊群效应发挥极端影响时发出的，因为采用传统的估值方式来衡量，这么高的价格是不合理的。当体重秤显示你的体重在短时间内增加了 30 磅时，问题很明显，因为你的体重秤不再有效了。在集体投资时，人们的投资决策主要是基于信念，而不是对拟投资的公司进行详细调查。

社会的认定。人们希望谈论投资。关于投资的对话在社交场合变得很流行，相关的在线讨论也迅速升温。以投资讨论为主题的电台谈话节目和对美国消费者新闻与商业频道的电话提问节目的增多，展示了投资是如何侵入到人们生活中其他方面的。

羊群效应和过高估值并不是因为新的经济学理论或新的技术出现，而是因为人类的心理。新的经济学理论和新的技术只是这一投资群体的战斗口号。当过度自信（见第 2 章）与情绪相结合时，就会出现问题。当每个人都做出有心理偏差的决定时，这一问题就会被放大。

总结

人们通过互动来学习。我们谈论我们对投资的信念，并寻求他人的意见。邻居、朋友和同事的意见会影响我们的决定。这使得更多的社会人士能够在他们的投资活动中获得信心。投资俱乐部是投资社交化的一个过程。拥有严格投资程序的俱乐部比专注于社交活动的俱乐部更为成功。社交互动的一个结果是，投资者倾向于同时投资同一只股票。

媒体大大传播了我们投资决策时可以参考的许多信息。华丽的语言或炒作，会影响到那些逆向投资者。不幸的是，投资者往往对新闻报道的反应过快。事实上，个人投资者不仅会对包含旧信息的新闻做出反应，对于几乎不包含重要信息的新闻，比如公司名称的变更等信息，也会做出反应。这种过于关注短期信息的做法，可能会导致代价高昂。

思考题

1. 一个人的社交互动水平如何影响投资股票市场的可能性和所购买的股票类型？
2. 举例说明在投资俱乐部环境中，心理偏差加剧的例子。请提供帮助控制心理偏差的环境或工具的例子。
3. 使用华丽的语言是否会缓和或加剧价格泡沫？
4. 请解释投资者是如何被所投资公司的名称变更所愚弄的。
5. 20 世纪 90 年代末，媒体是如何影响投资者涌向非主流公司的？

第 10 章

情绪与投资决策

　　传统的金融理论假设，人们在面对风险和不确定性时，会做出理性的决定来使自己的财富最大化。由于涉及金钱，理智和逻辑似乎就会克服情绪和心理偏差。这是一个很好的假设吗？事实上，情况可能恰恰相反。当一个人在做出涉及金钱的冒险决定时，情绪可能会压倒理智。

感觉和决策

　　心理学家和经济学家研究了情绪在决策中的作用。他们称这些感觉为影响。学者发现，不相关的感觉和情绪能够影响决策。[1]在此处，不相关是指所做的决策并非受当时的情绪影响。例如，你可能心情很好，是因为阳光灿烂，或者是因为你最喜欢的球队刚刚赢了比赛。这种良好的感觉随后会影响一个投资决策。此外，有更强烈情绪反应的人似乎比其他人更容易让情绪影响自己的财务决策。情绪与认知评估过程相互作用，最终形成决策。有时，情绪反应会偏离理性和逻辑，从而主导决策过程。事实上，情况越复杂、越不确定，情绪对决策的影响就越大。[2]

　　那么，核心问题是：情绪和理智在决策中各自的重要性是什么？情绪似乎起到了很大的作用。例如，神经学家安东尼奥·达马西奥研究了那些大脑腹内侧额叶皮质受损的患者。这种损伤对智力、记忆和逻辑的能力毫无影响，却能够损害感觉的能力。通过各种实验，研究者推测，在决策过程中如果缺乏情绪，将会破坏人们做出理性决策的能力。[3]事实上，这些人变得社会功能缺失。达马西奥的结论是，情绪是做出合理决策的因素之一。

　　我们来看一下心理学家是如何研究情绪对决策的影响的。他们让实验参与者写一篇关于他们生活中的悲伤事件或者快乐事件的文章。通过写作重温事件，让实验参与者分别处于不好的状态或者良好的状态。这种情绪似乎可以影响他们对未来的判断。心情不好的人比心情好的人对未来更悲观。也就是说，心情良好的实验参与者预测发生好事的可能性更高、发生坏事的可能性更低。

在一项研究中，心情良好的人认为他们有84%的机会"在明年，我会遇到一个没有见过的人，他会成为我一个很好的朋友"。[4]那些心情不好的人则认为，能得到这样机会的比例只有51%。另外，当被问及"我将在未来5年内发生重大车祸"的可能性时，心情不好的人认为是52%，而心情良好的人认为可能性只有23%。对于未来的看法，心情良好的人与心情不好的人不同。

除了情绪的重要性外，人们往往对感知中使用的事实变化不敏感。其中一个事实就是考虑一个结果发生的可能性。例如，彩票的中奖概率有千万分之一的，也有万分之一的，可人们在做决定时，往往会同等对待这两个概率。然而，两者之间相差了1000倍。特别是，当冒险行动引发强烈的情绪时，人们在对这一冒险行动进行决策时，对概率的巨大变化相对不敏感。简而言之，情绪驱动着复杂的决策过程。

感觉和金融

财务决策是复杂的，需要考虑风险和不确定性。因此，情绪可以在投资决策中发挥作用。我们来看一下在麻省理工学院金融工程实验室进行的为期一个月的一个实验。[5]参与实验的投资者进行了交易，并评估自己当时的情绪状态。研究人员得出的结论是，对金钱损益情绪反应最强烈的投资者，其投资收益明显更差。情绪化投资者的业绩是糟糕的！

情绪可能影响财务决策，这被称为错误归因偏差。也就是说，人们经常把自己的情绪（或影响）归咎于手头的财务决策。如果某人心情良好，他更有可能在评估一项投资时更为乐观。好（坏）的情绪会增加（减少）投资风险资产的可能性。错误归因偏差已经在财务决策中通过几个方面得到了检验。

感觉影响投资决策。假定一位投资者买卖股票是基于预期而做出的决策。传统的金融观点可以由理性预期模型体现出来。这一模型假设投资者的预期是通过使用基本面分析和现代投资组合理论等工具衍生出来的。这些工具需要对未来做出假设：该公司未来 3 年的增长率会是多少？其预期收益、预期方差以及与其他资产的预期相关性是什么？即使是最老练的投资者，也不认为哪种方法能产生最准确的假设。理性预期模型要求投资者以一种公正、理性的方式解决上述那些不确定性。然而，有证据表明，人们往往在情绪和认知的错误下做出有偏差和非理性的选择。

卡蜜莉亚·库南和布莱恩·科诺森进行的一个实验就说明了这一点。[6] 研究人员让实验参与者玩一个游戏。在这个游戏中，研究人员设计了两类资产，一类是每个结果概率可预先知道的有风险资产，另一类是无风险资产，实验参与者必须不断地在这两类资产之间做出投资选择。实验参与者通过玩这个游戏可以挣钱。在做出决策之前，实验参与者会被安排通过看到可能具有煽动性的图像并对其加以讨论，来诱导出自己积极的、中性的或消极的情绪。研究人员发现，积极情绪会导致实验参与者选择更具冒险性的结果，对风险大的选择更有信心。产生这种信心的原因之一是，实验参与者没有完全吸纳与他们之前的选择相矛盾的信息。而具有消极情绪的投资者会更多地选择风险低的资产。

投资者即使使用了基本面分析等定量的分析方法，也会受到自己情绪的影响。这些分析包括对一些假设进行有根据的猜测。一些基本的分析技术比其他的更复杂，但它们都涉及对未来的假设。为了更好地说明这一点，我们来看一下全世界金融学专业的学生都要学习的恒定贴现率模型：$PV=D1/(k-g)$。投资者必须对恒定的增长率 g 做出估计。考虑到情绪对风险和不确定性决策的影响，对增长率的估计值也可能会有偏差。反过来，这又会导致使用模型计算出的结果出现偏差。

在上述这个模型中，假设已知的年收益率 k 为 11%，长期股利增长率将为 5%。一个心情良好的投资者可能会乐观地把长期股利增长率高估为 7%。如此估计将使投资者对该股票的估值，比心中无偏差的投资者的估值高出 50%。乐观的投资者可能会认为这只股票被低估了，然而事实上它并没有被低估。

阳光。在过去的几十年里，心理学家一直在记录阳光是如何影响我们的决策的。光照不足一直与抑郁症甚至自杀联系在一起。如果没有了阳光，我们就会感觉心情很糟糕。当阳光灿烂时，我们就会感觉心情良好。这种良好心情使得我们对未来感到乐观，这会影响我们的决策。

人们的财务决策也可能会受到阳光的影响。例如，如果窗外阳光明媚，你可能会在午餐时给服务员留下更多的小费。你甚至都不需要在户外直接感受阳光的美好。一位心理学家在一个宾馆里进行过一次实验。那个宾馆里的一些房间是没有窗户的。[7]当来自这些房间的客人订购客房服务时，服务员会向客人提到外面的天气。平均而言，服务员在雨天可以收到小费的概率为 18.8%，阴天可以增加到 24.4%，多云时这一概率可以增加到 26.4%，而晴天可以增加到 29.4%。人们在晴天给出小费的概率要比在雨天高出 50% 以上。

阳光明媚的良好心情会影响到投资者和股市吗？如果阳光让投资者心情愉悦，他们就将对未来更加乐观。因此，在阳光明媚的日子里，投资者更有可能买入股票，而不是卖出股票。如果这种情形影响了足够多的投资者，股市本身也会受到影响。两位金融经济学家通过观察股市收益和世界金融城市的天气来检验了这种可能性。[8] 具体来说，他们将全球 26 个股票市场的日收益率与股市所在的 26 个城市的天气情况进行了比较。

两位研究人员使用了一个有 9 个等级的天气量表，从晴好天气到恶劣天气。他们发现，股票在晴天的日收益率高于非晴天的日收益率。事实上，晴好天气的收益远高于恶劣天气的收益。当他们将 26 个城市晴好天气和恶劣天气的差异进行处理后，他们发现每年晴好天气的收益率比恶劣天气的收益率要高出 24.6%。

图 10-1 显示，这几个城市的股票市场在晴好天气和恶劣天气之间的年化收益率差异，同时还显示了 26 个股票市场的年化收益

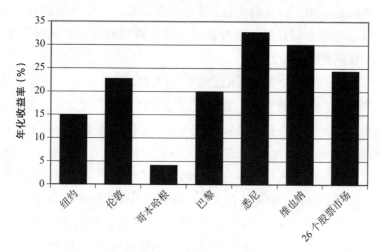

图 10-1　全球股市在晴好天气与恶劣天气的年化收益率差异

率平均值。值得注意的是，与在恶劣天气里的表现相比，纽约证券交易所在晴好天气中的表现高出 15%，伦敦为 22.1%，哥本哈根为 4.1%，巴黎为 19.7%。不是每天都能够阳光明媚或者天昏地暗，大多数日子的天气都是介于两者之间。这正说明了阳光能够影响投资者和市场。

什么类型的投资者会发现他们的交易受到天气的影响？人们经常指责个人投资者、散户会受到其心理偏差的影响。这通常是正确的，但这并不意味着专业投资者不会屈服于同样的心理偏差。事实上，对机构投资者交易的调查显示，专业投资者的交易也会受到天气的影响。[9]在阴云密布的天气，机构投资者似乎对股票价格更为挑剔。因此，阳光会影响投资者对风险的态度。当风险规避情绪较高时，投资者更有可能卖出股票（或者至少不买入）。当风险承受能力较高时，投资者更有可能买入股票。与这一论点相一致的是，当晴好天气时，机构投资者也更倾向于买入股票。来自北卡罗来纳大学的研究者证实了天气和风险承受能力之间的联系。[10]通过一项测试金融风险耐受度的实验，他们发现天气影响风险耐受度，但不影响智力。也就是说，晴好天气能够促使人们承担更大的风险。阳光使人们心情良好，这并不会抑制他们定量评估各个选项的能力。因此，投资者具有继续保持批判性精神的能力，但良好的情绪似乎使他们倾向于做出乐观的和不怕风险的决策。

另一种检验阳光对投资者情绪和行为影响的方法是研究股市收益率在不同季节中的表现。心理学家发现，秋冬季节白天的缩短会导致许多人抑郁。这种抑郁被称为季节性情感障碍（SAD）。据信，有 1000 万美国人患有季节性情感障碍，另有 1500 万人患有轻微的"冬季忧郁症"。前面曾讲过，那些心情不好或处于抑郁状态的人更容易悲观，对事物也更加挑剔，而那些心情愉悦的人则更加乐观。这导致情绪良好的人比情绪糟糕的人更容易冒险。

如果光照时间的减少影响到了许多投资者，他们就会降低自己承担风险的意愿。三位金融经济学家通过研究澳大利亚、英国、加拿大、德国、新西兰、瑞典和美国七个国家的股票市场来调查这种可能性。[11] 他们发现，随着白天的时间逐渐缩短，秋季的股票收益率会降低，这种情况会一直持续到 12 月 21 日，这是一年中夜晚时间最长的日子。

这种效应在距离赤道最远城市的股市（如瑞典和英国）中表现得最为强烈。此外，与这一观点相一致的是，这种影响发生在南半球（如澳大利亚和新西兰）股票市场的春季。这再一次证明，阳光（或缺乏阳光）似乎会影响人们的情绪。这种情绪也会影响人们的投资决策、决策过程以及愿意承担风险的意愿。

消极情绪。就像投资者会错误地认为积极的情绪来自于阳光明媚，他们也会错误地认为消极的情绪来自于其他的环境因素。下面将探讨两个例子：国际体育比赛和月球周期。

从历史上看，人们普遍认为月相会影响人们的情绪和行为。月球长期以来一直与精神障碍有关。事实上，"精神错乱"（lunacy）一词将潜在的精神疾病与月相周期（lunar cycle）连在了一起。心理学家已经报告了满月和抑郁情绪之间的相关性。如果投资者受到了月相周期的影响，那么他们在满月期间对股票的估值可能会低于新月期间，从而导致满月期间的收益率较低。

有人调查了全球 48 个股票市场在一个月相周期内的收益情况。[12] 在满月前后的 7 天里，股票的年收益率比新月前后低 3% ~ 5%。这种影响在新兴股票市场国家比在发达国家更为显著。在主要由个人投资者持有的股票中，这一影响表现得更加清楚。

投资者似乎确实错误地使与满月相关的负面情绪影响到了他们的投资决策。

虽然月相周期是可以预测的，但国际体育比赛的结果却很难预测。欧洲杯或世界杯的足球比赛结果会使一个国家的大部分人口产生巨大的情绪波动。心理学家发现，每当自己喜爱的球队输球时，人们的心脏病发作、犯罪和自杀的概率都会增加，却没有证据表明，自己喜爱的球队获胜后，球迷会产生积极的行为。这可能是因为许多球迷本来就认为他们支持的球队会赢得比赛。因此，球队获得胜利与球迷心理预期的差别很小，而球队遭遇失败则会与其心理预期产生巨大落差。

有两项研究调查了股票市场对热门体育赛事失利的反应。[13] 第一篇论文研究了 39 个国家的股票收益率与超过 1100 场足球比赛结果之间的相关性。

在一场足球比赛失败后的第二天，失败球队所属国家的股市平均下跌了 0.21%。如果该场比赛是一场淘汰赛，则股票的跌幅将达到 0.38%（若是世界杯，则跌幅可达 0.49%）。在那些传统的足球强国中，股市对球赛结果的反应更为强烈。在板球和篮球失利后，股市分别会下降 0.19% 和 0.21%。而在这两种球赛取得胜利后，并没有发现股市会受到影响。第二篇论文考察了总部设在当地的球队参加美式橄榄球比赛后的收益。在比赛结束后的第二天，失败球队所在城市公司的股票表现比获胜球队所在城市公司的股票收益低 0.0575%。当比赛至关重要，或者球迷预期应该获胜的球队却输掉了比赛时，这种效应会翻番。现在你知道了，这真的不仅仅是一场比赛了！这些结果表明，股市会对投资者情绪的突然变化做出反应。

另一项研究调查了一部热门的电视连续剧结束时股市的反应。

与那些不可预测的体育比赛不同，一部电视剧的结局是容易被大幅剧透的，在电视剧第一季完结后的第二天，股市会下跌。[14] 人们对所追电视剧的结束感到悲伤，因为这意味着自己与剧中角色之间的关系结束。如果有足够多的人经历了这些负面情绪，错误归因偏差就会影响股市。再见了，杰瑞·宋飞（Jerry Seinfeld）[⊖]，谢谢你的陪伴，给我带来无数的开心和欢乐，我会想念你的；《欢乐酒店》《老友记》和《黑道家族》也都是公认的非常受欢迎的电视剧。从 20 世纪 60 年代的《亡命天涯》开始，到 2012 年结束的《罪案终结》，该研究以 159 部电视剧的结局为样本，发现观看最后一集的人越多，第二天股市下跌的幅度就越大。这一效应不是特别明显——最后一集的收视率每增加 20%，股市会下降 8 个基点。但它显示了个人的负面情绪可以汇聚成为一种社会情绪。

体育比赛和电视剧结局的例子说明了微弱的负面情绪是如何聚集起来，从而在短期影响金融市场的。然而，在社会上可能会有更强烈、更普遍的负面情绪。例如，在社会紧张不安的时期，会发生更多的自杀事件。自杀率的高低可以显示负面社会情绪的强弱。学者崔顺荣研究了美国每月（消除了波动趋势后的）自杀率与美国股市月收益率之间的关系。[15] 某一个月内的高自杀率会带来当月和次月股票收益率的差劲表现。这一现象再一次证明了负面情绪会带来糟糕的股市收益。

乐观主义。乐观主义可以扭曲一个人的信念和判断力。乐观主义者认为，他们比一般人更不可能经历疾病和离婚，或者成为犯罪行为的受害者。这种信念可能会导致乐观主义者承担不必要的风险。

⊖ 20 世纪 90 年代情景喜剧《宋飞正传》的主要人物角色。——译者注

来看一下吸烟者的例子。吸烟者对吸烟有害健康这一事实心知肚明，相关的警告也被印在烟盒上，电视广告对此也广而告之。每个人都知道吸烟会增加罹患肺癌的风险，但吸烟者还是会乐观地认为，他们自己患上肺癌的风险很低。毕竟，如果你认为自己有患癌高风险还经常吸烟的话，那你就显得非常愚蠢了。为了保持聪明的形象设定，吸烟者对自己不会患上肺癌持乐观态度，这让他们可以继续从事危险的行为。

心情良好的投资者也可能会受到过度乐观决策的危害。也就是说，投资者相信，他们选择的股票不太可能会发生什么不好的事情。乐观情绪从两个方面影响到投资者。一方面，乐观的投资者在做出股票投资决策时，所做的分析往往会不那么细致详尽。另一方面，乐观主义者往往会忽视（或淡化）有关他们所选股票的负面信息。换句话说，乐观的投资者坚信一家公司是伟大的，即使有关该公司的负面消息被披露也不会产生影响，就像吸烟者在阅读了烟盒上的警告语后依然会选择认为自己患癌风险很低一样。

一只股票的价格经常是由持乐观主义的投资者来设定的。如果许多投资者对一只股票持乐观态度，同时也有许多投资者对其持悲观态度，那么该股票的价格将受到乐观主义者的影响。这是因为悲观主义者会离场观望，而乐观主义者会买入。乐观主义者通过买入股票而推高了股票价格。这将使悲观主义者更加悲观从而放弃这只股票，但仅保持观望并不会影响股票的价格。当一只股票的前景存在很大程度的不确定性时，它将会吸引大量乐观和悲观的投资者（而不是大多数立场中立的投资者）。大型知名公司前景的不确定性较小，因此它们的股票价格通常更能反映实际的情况，而不是过于乐观的前景。例如，通用电气、宝洁和英特尔等公司的商业潜力是众所周知的，几乎不会留出多少令人乐观或悲观的空间。对于具有高度不确定性的公司，乐观主义者往往可以决定其股票价格，直到这一不确定性得以消除。这一过程通常包括乐观情绪的降低和股票价格的下跌。

在股市中充满着过度的乐观主义，或被称为非理性繁荣。以奔迈公司和 3Com 公司为例。3Com 公司的盈利水平不错，销售计算机网络系统和服务，其子公司奔迈公司开发了一种被称为奔迈领航员的掌上电脑。3Com 决定将奔迈分拆之后使其单独上市，计划在首次公开募股（IPO）时发行奔迈 4% 的股份，并向其合伙公司配售 1% 的股份，剩余 95% 的股份分配给 3Com 的股东。2000年 3 月 2 日，3Com 在首次公开募股时出售了奔迈 5% 的股份，另外 95% 的奔迈股份在当年晚些时候进行了分配，股东可以以每 1.5 股奔迈股票分配到 1 股 3Com 股票。所以，如果当时你持有 1 股 3Com 股票，在分配结束后，就可以持有 1.5 股奔迈股票，并且仍然持有 1 股 3Com 股票。

在 IPO 挂牌上市当天，新发行的奔迈股票的交易价格为 95.06 美元。因为 1 股 3Com 股票可抵 1.5 股奔迈股票，所以仅凭奔迈股票的价值，3Com 股票每股应该至少价值 142.59（相当于 1.5×95.06）美元。除了奔迈业务之外，3Com 的其他业务也很有价值，每年为 3Com 贡献的年利润为 7.5 亿美元，[16] 因此，3Com 的股票价格应该远远高于每股 142.59 美元。然而 3Com 股票当天仅以每股 81.81 美元的价格收盘。

如果你想持有奔迈的股票，你可以购买 3Com 的股票，然后就能够以每股 54.54（相当于 $81.81 \div 1.5$）美元的实际价格得到奔迈的股票，并同时免费拥有 3Com 的股票。之所以会出现这种情况，要么是因为 3Com 的股票定价太低，要么是因为奔迈的股票定价过高。因为 3Com 是一家规模更大、信誉更有保障的公司，而奔迈则是一家发展前景不确定的新公司，所以当时乐观的投资者很可能影响了奔迈的股票价格。在首次公开募股之前，所有有关奔迈公司和 3Com 公司的相关信息都可以随便查询了。在 IPO 挂牌上市的第二天，《华尔街日报》和《纽约时报》都发表了一些文章，报道了这种奇怪的非正常价格。然而，这种非正常价格却持续了好几个月。在两个月的时间里（直到 5 月 9 日），这种嵌入到 3Com 股票之中的奔迈股票的价格，依然继续超过 3Com 的股票价格。之所以出现如此情形，同样是因为乐观的投资者忽视或尽量弱化了有关奔迈公司的负面消息。

尽管 3Com 和奔迈两家公司的例子有些离奇，但并不鲜见。例如，1999 年 11 月 17 日，HNC 软件公司剥离了 Retek 软件业务；1999 年 12 月 1 日，戴西泰克国际公司剥离了 PFSWeb；2000 年 6 月 26 日，迈梭电子公司剥离了斯拉托斯公司。在这三个案例中，乐观的投资者都推高了新公司的股票价格。就像 3Com 公司和奔迈公司一样，这三家母公司的股票价格也都低于被剥离出的新公司的股票价格。此外，这三个案例与 3Com 公司和奔迈公司的案例还有另一个相似之处，即在每一个案例中，新公司的股票价格在接下来的 6 个月里都下跌了至少 50%。

我们还可以引用其他类似的例子。有的母公司并没有完全剥离出一家新公司，也就是说，有时候母公司会保留新公司的股票，而不是分配给股东。投资者对新公司的乐观情绪达到狂热，使得新公司的股票价格虚高，导致母公司和子公司的股票价格错配。例如，在 1999 年 9 月，弗劳尔工业公司拥有奇宝食品公司 55% 的股份。奇宝食品公司的股票价格非常高，其总市值（股票股数乘以股票价格）高达 25 亿美元。由于弗劳尔工业公司拥有奇宝食品公司 55% 的股份，因此弗劳尔工业公司的所有权价值为 13.8 亿美元，但其股票的总市值只有 13.6 亿美元。弗劳尔工业公司的股票价格如此之低，导致其总市值竟然低于作为其资产之一的奇宝食品公司的总市值。弗劳尔工业公司其他资产的价值约为 10 亿美元。很显然，之所以出现这种情形，要么是因为奇宝食品公司的股票价格被严重高估，要么是因为弗劳尔工业公司的股票价格被严重低估。这种现象已经发生在好几家公司身上了，由此证明乐观情绪推动了股票价格上涨。[17] 购买一只价格受乐观情绪推动而上涨的股票，通常会随着乐观情绪的消退而导致亏损，因为最终乐观情绪总是会消退的。

投资者对互联网的狂热，在 20 世纪 90 年代引发了一场价格泡沫。2000 年，泡沫破裂了。充满科技股的纳斯达克（全国证券和交易商自动报价协会）综合股票指数从 3 月的峰值到 12 月的低谷，下跌了 54%。其他主要聚焦于互联网板块的股票指数，如 TSC 互联网行业指数，同期下跌了 79%。而相比之下，道琼斯工业平均指数却上涨了 4%。

请注意，乐观主义的反面是悲观主义。哈立德·奥贝德教授和昆塔拉·普克图安通教授通过新闻中发布的图片来衡量普通民众的悲观情绪。[18] 被民众认为表达了负面情绪的新闻图片的比例，被称为图片悲观指数。两位教授研究使用的图片来自《华尔街日报》。他们采用了一种新的方法，利用机器学习技术对海量的图片进行分类，并创建基于视觉的情绪。这一机器学习系统扫描了数千张已被人们标记为悲观或者乐观的图片以后，可以学会区分这两种情绪的明显特征，并将这些特征应用到新闻图片中进行比对。它能够分检出显示负面情绪的图片。通过研究这一机器学习系统处理的大量新闻图片后得出的数据，两位教授得出结论，股票市场收益受到前一日图片悲观指数上升的负面影响，并在该周内的剩余交易日中回升至正常水平。

情绪

前述的情绪影响市场波动的例子，可以归结为两类，一类是投资者的情绪错误地影响了对股市中乐观主义或悲观主义的预测，另一类是狂热地对某个公司进行偏执的投资。然而，许多人都已经注意到，社会情绪，或者说乐观和悲观的程度，会随着时间的推移而发生变化。[19] 事实上，投资者往往在市场处于顶部时的乐观主义情绪最强烈，而在市场处于底部时的悲观主义情绪最强烈（见第 8 章 "代表性偏差"）。投资行业将这种波动的社会情绪称为市场情绪。如果个人投资者在市场顶部时变得过于乐观、在市场底部时变得过于悲观，那么了解市场的总体情绪或许可以预测收益情况。

关于社会中季节性乐观的例子，可以观察伊斯兰国家斋月期间的市场表现。斋月是伊斯兰教人士斋戒、沉思、自我反省、奉献、崇拜、认识社会以及与世界各地穆斯林同胞建立更密切关系的时期。这些仪式可以提高伊斯兰教人士对生活的满意度，并鼓励他们保有乐观的信念。有三位学者调查了 14 个伊斯兰国家的股市，以探求这种积极的情绪是否会影响股票收益。[20] 结果表明，在 19 年的时间里，这 14 个国家在斋月期间的股市平均收益率为3.17%（我根据他们的结果计算得出的）。相比之下，一年中其他11 个月的股市平均收益率为 3.96%。这表明，每年近一半的收益率发生在斋月这一时间内！

有多种关于衡量投资者情绪的方法。我们可以用封闭式基金的折扣率作为例子。封闭式基金与比它更受欢迎的兄弟——开放式基金类似，只是前者的份额可以在证券交易所交易。封闭式基金投资组合中所持有的股票是公开的，因此每只基金的价值也是已知的，被称为资产净值（NAV）。有趣的是，封闭式基金的交易价格通常低于其资产净值。这种差别或折扣的大小是衡量投资者情绪的一种指标。当个人投资者乐观时，对这些基金的需求就会增加，交易价格的折扣率就会下降。而悲观的投资者会卖出这些基金，交易价格的折扣率就会上升。其他为人所熟悉的衡量指标，还有正在进行公开上市企业的数量和上市后第一个交易日的收益幅度。当投资者情绪高涨时，这两个数值就会更大一些。[21]

为什么投资者情绪不应该对市场价格产生影响，有观点认为，富有而聪明的投资者希望与情绪化的投资者进行交易，以捕捉后者制造的错误定价作为自己的利润。这个过程被称为套利。然而，由于对股票的估值非常困难，因此套利是很难实现的。马尔科姆·贝克和杰弗里·沃格勒认为，投资者的情绪对投机性股票的影响最为明显。[22] 可能符合这一定义股票的发行公司，是那些规模小、成立时间短、表现不稳定、未盈利、陷入困境或者非常有增长潜力的公司。它们采用在年初衡量投资者的情绪、在接下来的一年中记录每个月的股票收益情况的方法，以评测投资者情绪对这些股票的影响。

他们假设，在经历积极的情绪之后，这些投机性股票的收益率将是低的，而在经历消极的情绪之后，这些投机性股票的收益率将是高的。图 10-2 显示了在积极（或高）情绪和消极（或低）情绪之后一年内，投机性股票的平均月收益率。贝克和沃格勒结合了六种不同的情绪指数，创建了 1963 ～ 2001 年的情绪指数。从数据中可以看出，与在年初投资者出现消极情绪相比，投机性股

票（小型公司、成立时间最短的公司或高风险公司的股票）在年初
投资者出现积极情绪后的月收益率要高得多。例如，小型公司的
股票在经历了低情绪指数之后的一年中，每月的收益率为 2.37%，
而在经历了高情绪指数之后的一年中，每月的收益率仅为 0.73%。
这种巨大的差异在大型公司的股票中是看不到的。成立时间最短
的公司的股票，在经历了低情绪指数之后的一年中，月收益率
为 1.77%，而在经历了高情绪指数之后的一年中，月收益率仅为
0.25%。高风险公司的月收益率分别为每月 2.41% 和 0.30%，而成
立时间最长的公司和低风险公司的月收益没有表现出这种模式。

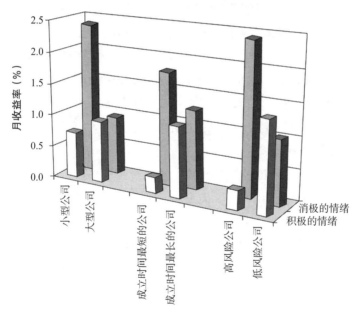

图 10-2　投机性公司和非投机性公司在经历积极和消极情绪后的月收益率

　　这一结果表明，乐观的投资者竞相购买投机性股票，会将其
价格推涨至过高的水平。当乐观情绪变得高涨时，股票价格也会

顺势攀升。最终，这种乐观情绪会达到顶峰。从如此高水平的价格来看，这些投机性股票随后的收益率较低。悲观的投资者会避免购买已跌至较低水平的投机性股票。随着投资者的情绪变得更加消极，股市就会开始下跌。学者迭戈·加西亚研究了一个多世纪以来《纽约时报》两个金融信息专栏用词的情绪色彩。[23]他指出，当文章用词的情绪色彩比例更趋向消极的时候，第二天股票市场的价格就会下跌。也就是说，消极情绪会导致股票价格变得更低。当投资者的情绪异常悲观的时候，股票市场就会触底，从而带来长期较高的收益。因此，与历史悠久、分红稳定和有形资产雄厚的公司相比，投机性股票的价格对投资者的情绪更为敏感。

音乐反映情绪。来自心理学文献的研究表明，人们选择的音乐会反映自己的情绪。例如，不开心的人会选择听悲伤的音乐来表达他们的情绪，或者获得解脱。有一个研究团队没有研究情绪对投资者的冲击，如运动队的成绩或者天气等，而是在40个国家构建了一种基于音乐来衡量的情绪指数，并评估了它与每个国家股市之间的关系。[24]

声破天（Spotify）是全球领先的在线音乐平台。截至2020年6月，它的月活跃用户为3.65亿。它可以根据每个国家的总播放量提供每日前200首歌曲的统计数据。作为这些统计数据的一部分，它能够运用一种计算机算法来对歌曲的效价或积极性进行分类。研究团队用40个国家每日最受欢迎的200首歌曲的效价来衡量其民众的日常情绪。该研究通过显示情绪与季节性因素（如冬季抑郁和与新冠疫情压抑等相关的总体情绪）的关联，验证了音乐会反映情绪的假定。

研究团队发现，音乐反映的情绪与同期的股票市场收益率之间存在显著的正相关关系。音乐情绪每增长1个标准差，周收益率会相应提高 8.1 个基点，即年化收益率为 4.3%。他们还发现，在接下来的一周里，市场上将会出现显著的价格逆转。综上所述，这些发现与由情绪变化引发的暂时性错误定价发生逆转的现象相一致。该研究还显示，音乐情绪可以预测共同基金净流量的增加和政府债券收益的下降，后者被认为是向优质债券的转移。总体而言，该研究表明，代表一个国家公民真实情绪的音乐与该国的资产价格呈显著的相关关系。

市场泡沫

形势的变化越大，保持稳定不变的人就越多。市场泡沫既不是新近才出现的现象，也并非特殊罕见的事情。

17 世纪 30 年代发生在荷兰的市场泡沫是最令人印象深刻的泡沫之一。[25] 这一泡沫变得让人觉得好玩的是，当时最令人趋之若鹜的商品竟然是郁金香球茎。在人们疯狂的追捧下，五年的时间里，郁金香球茎的价格攀升到了令人咋舌的程度：一个球茎的价格甚至可以与 20 头公牛的价格相等！一个郁金香球茎能值将近 10 万美元？后来，一个来自外地的水手无意中戳破了郁金香球茎的价格泡沫。他错把郁金香球茎当成洋葱吃掉了。于是人们开始怀疑，这些球茎到底值不值这样的高价？随之恐慌就爆发了。不到一周的时间，这些球茎就几乎一文不值了。

现代的市场泡沫有着共同的要素。看看下面这段话，你将会如何填空？

我们正处于一个新的时代。_____开创了一种新型的经济模式。那些陷入旧困境的人会很快消失。传统的公司估值技术已无法估量这场革命的价值。

你可能会填写"互联网"。然而，如果生活在1850年，你可能会填"铁路"；如果生活在20世纪20年代，你可能会填"联邦储备系统"或者"收音机"；如果生活在20世纪50年代中期，则答案应该是"罗斯福新政"；乃至最近如1990年，你也有可能会填"生物技术"。在每一种合理答案的情形下，都产生了热火朝天的牛市，以及随之而来的大衰退。问题的关键是，股市的价格泡沫并不罕见，每一次也都不是独一无二的。

投资带来快感

有些人可能只是因为喜欢才进行投资或交易的，因为这种活动可以让人感到兴奋或者觉得有意思。事实上，有些人甚至可能从交易中获得一种快感。对于这些人来说，交易类似于赌博。赌博的欲望深深植根于人类的内心，相关证据可以追溯到几个世纪前。投资界有大量的赌博机会。证券就像股票一样，具有冒险性、不确定性以及赚大钱的机会。因此，人们有可能像赌徒一样行事，从交易账户中寻求刺激的感觉。

在一个寻求刺激感觉的人身上，我们期待能看到他会从事什么样的投资活动？赌徒们喜欢做出积极主动的决策。作为一个积极的参与者，寻求刺激的感觉是很重要的。反映在一个交易账户中，这将导致频繁的交易。此外，那些从交易中寻找娱乐机会的人也会寻找带有彩票特征的股票。这些特征包括较低的价格和虽然价格较高但有很大波动性的收益率。也就是说，类似彩票这样的赌博，虽然成本非常低，赢大钱的概率也是极低的。寻求娱乐机会的投资者可能会试图找出具有这些特征的股票。三项有趣的研究探讨了寻求刺激感觉的投资者及其行为。

几十年的研究表明，最常见的彩票玩家是年轻、贫穷、受教育水平不高的单身男性，他来自非主流群体，居住在城区，从事专业性不高的工作。阿洛克·库马尔研究了美国投资者的交易账户，发现这些社会经济特征确实描绘了那些寻找彩票型股票的投资者。[26] 此外，居住在有彩票的州的投资者以及居住在教徒聚集度高的地区的投资者都更倾向于持有彩票型股票。有人研究过德国的投资者对投资和赌博的爱好程度，发现那些更喜欢投资和赌博的投资者的交易次数，是其他不喜欢赌博活动的投资者的两倍。[27]

马克·格林布拉特教授和马蒂·凯洛哈尔朱教授研究了芬兰的投资者。两位独特的数据集使得他们能够把股票经纪数据与其他数据库合并起来加以研究。[28] 例如，他们知道投资者收到了多少张超速罚单、投资者是否为男性以及这些投资者在服兵役期间是不是通过了心理测试。那些在其他领域（比如玩扑克）里，喜欢寻求刺激的投资者，往往也会在这一领域寻求刺激。因此，他们将那些喜欢寻求刺激感觉的投资者（会接到更多的超速罚单）与那些不喜欢追求刺激感觉的投资者做比较，在控制投资者其他特征不变的情况下，发现那些寻求刺激感觉的投资者要比其他投资者交易更加频繁。寻求刺激感觉的投资者似乎从交易活动中感受到了愉悦。

本章的大部分内容讨论了情绪是如何影响人们在投资和其他经济活动中的决策的。有趣的是，有一些人的投资似乎只是为了引发某种情绪。他们从事特定类型的股票交易活动，以求能够感受到由赌博带来的那种刺激。为了保护那些寻求刺激感觉的投资者的财富，可以建议这类投资者用投资组合中的一小部分建立一个"娱乐"的交易账户。采用这样的方式，这类投资者既能满足自己对娱乐的需求，同时又能避免他们投资组合中的大部分财富受到糟糕的、类似赌博的决策方式的影响。

总结

情绪因素在决策过程中发挥着重要的作用，在涉及高度不确定性决策时尤其如此，比如制定投资决策。有的时候，情绪因素在投资决策过程中能够战胜理智。过于乐观会导致投资者低估风险并高估预期收益。乐观的投资者倾向于寻找有好故事的股票，从而疏于对其进行严密细致的分析。悲观的投资者往往更善于对股票进行分析。延伸一下，可以说，过度的乐观情绪可能会导致股市的价格泡沫。另外，一些寻求刺激感觉的投资者期待从频繁的交易活动中，寻求类似赌博一样的感觉。

思考题

1. 情绪的好坏是如何影响投资者的决策的？
2. 乐观和悲观的情绪是如何影响量化资产定价的结果的？
3. 解释错误归因偏差及其对投资行为的影响。
4. 设计一种投资策略，可以从投资者情绪对市场产生的影响中获利。
5. 你认为一个喜欢寻求刺激感觉的人会进行什么类型的投资活动？

第 11 章

自我控制与决策制定

3 年的亏损往往会把一位 30 年的长线投资者变成只做 3 年期投资的短线投资者。他们真的希望解脱出来。

——肯尼斯·费雪和梅尔·斯塔特曼[1]

华尔街有一句无人不知的格言，即市场受到两种情绪的驱动：恐惧和贪婪。的确，本书的观点亦如此，投资者会受到这两种情绪的影响。然而，在这些情绪影响下从事的投资行为，几乎无法做出明智的决策。能使投资者长期获利的决策通常都是在不受强烈情绪影响的情况下做出的。实际上，投资者从始至终，一直面临困难的抉择：是选择当前更受益，还是未来更受益？许多决策都需要在这二者之间进行权衡。"我是现在读这一章，还是晚些时候再读？""我手里的钱，是现在买一台新的音响更好，还是对未来进行投资更好？"

理查德·塞勒和赫什·谢弗林将这种自我控制问题描述为一个人在两个自我之间的互动：这两个自我，一个是为未来做出计划者，另一个是为当前及时享乐者。[2] 及时享乐者希望是现在而不是以后再消费，对不感兴趣的任务总是拖延。未来计划者希望当前存钱到以后再消费，对不愉快的任务也能够立即完成。由于人们受到为未来着想的理性思维和短期情感因素的影响，就导致出现欲望和意志力之间的冲突。

幸运的是，人们已经认识到，自己很容易受到意志力薄弱的影响，从而会在一时冲动之下做出决定。社会中存在人们认识到自己需要提高自我控制力的大量事例。常见的事例是，有许多人在寻求减肥诊所、匿名戒酒会、匿名麻醉品戒断协会以及其他类似组织的帮助。

关注当下与聚焦未来

人们往往喜欢尽早得到报酬，尽可能地拖延那些令人不愉快的任务。然而，至于如何采取行动，还得取决于具体的情况。我们来看以下这个例子。[3] 如果在 2 月 1 日那天，问人们是愿意在 4 月 1 日做 7 个小时的无聊工作，还是在 4 月 15 日做 8 个小时的无聊工作，他们通常会更愿意选择在 4 月 1 日那天完成。然而，如果在 4 月 1 日这天问人们同样的问题，大多数人将会选择 4 月 15 日那天做 8 个小时而非 4 月 1 日做 7 个小时，尽管这个选择意味着要做更多的工作。在所做的决策事关现在的时候，人们经常会选择拖延自己不想做的事情，即使推迟至将来会导致更多的工作也在所不惜。

这种偏好也会影响投资决策。例如，大多数人宁愿立即得到 50 美元，也不选择在两年后得到 100 美元，即便如此决策等于放弃了 41% 的年收益率。另外一种情形是，在 4 年后获得 50 美元和在 6 年后获得 100 美元之间，几乎没有人会选择前者。尽管这个问题与前一个问题基本相同，只不过是时间往后延长了 4 年。[4] 人们看现在和看未来的观点似乎并不一致，这将导致形成强烈的欲望和薄弱的意志力。

控制自我

大多数人都希望能够做到自我控制，做出能够获得长期收益的决策。然而，人们经常能够感受到自己的欲望比意志力更强烈。因此，人们使用许多方法来增强意志力。本书将这些方法分为两类：一类是遵循经验法则，另一类是控制环境。[5] 这些方法可以帮助人们降低欲望，增强意志力。

人们可以通过遵循经验法则来控制自己的行为。在意志力强大的时候，在不受任何情绪影响的情况下，人们理性地创造了这些法则。在情绪激动和欲望强烈的情况下，人们依靠这些法则来提醒他们如何发挥意志力的作用。以下是常见的一些法则：

- 通过抑制挥霍的冲动，来控制支出。
- 通过绝不喝酒的方式，以避免酗酒。
- 退休人员按照不动用本金的原则，支取退休金。
- 员工按照多存不取的原则，参与 401（k）养老金计划。
- 投资者按照低买高卖的原则，控制交易行为。
- 投资者在熊市期间要保持长期眼光，坚持到底。

人们也可以通过控制环境来增强意志力。控制环境的常见方法是在可见的区域内，要么清除自己渴望得到的事物，要么避免可能导致引发自我控制问题的情况。常见的办法包括：

- 正在节食者不在家里存放饼干。
- 赌博成瘾者不去拉斯维加斯。
- 总是迟到者把手表调快几分钟。
- 起床困难者把闹钟放在房间里离床最远的地方，强迫自己起床。

人们往往愿意为做到自我控制而付出代价。例如，职业运动员往往是在很短的时间内获得了一生中的绝大部分收入。在挣得数百万美元后，一些运动员会因为无法控制自己的消费欲望而最终破产。为了增强自己节制消费的意志力，一些运动员会雇用经纪人来限制自己的消费。另一个例子是普通的吸烟者。大多数吸烟者都会认识到自己不应该吸太多烟（或者根本就应该一支不吸）。为了限制自己吸烟的数量，大多数吸烟者都是按包买烟的。按箱买烟肯定会便宜很多，然而，控制吸烟数量最简单的办法就是控制可以得到的香烟数量。虽然用这种办法买烟会更贵，但是吸烟者还是愿意支付额外的费用来控制自己的环境，以增强自己尽可能少吸烟的意志力。

存钱和自我控制

为退休而预做储蓄是很困难的，因为这需要自我控制。1971年，51% 的退休人员没有来自金融性资产的收入。只有 22% 的退休人员有投资收入，并占到自己总收入的 20% 以上。在收入的高峰期，这些退休人员中的大多数人都屈服于对当时消费的渴望，耽误了自己为将来储蓄的大事。[6]

人们发现，从心理上来看，与从日常固定的收入中拿出一部分钱来储蓄相比，一次性地存入一笔钱用来储蓄要更容易。[7]假定两个人的年收入都是 2.5 万美元，其中一个人每月都可以拿到固定的薪水，分 12 次共得到了 2.5 万美元，另一个人在 12 个月中共得到了 2 万美元的薪水，然后还可以一次性获得 0.5 万美元的奖金。假设这两个人的消费水平相同，他们为退休所做的储蓄额度也应该相同，那么，有一次性奖金的人可能会存下更多的钱。使用一次性奖金（或意外收入）储蓄，会更容易把自己的可支配收入存储起来。而每月从月薪中拿出一部分收入用作储蓄，则需要更强的自我控制能力。[8]这可能就是像日本这样的国家的储蓄率高于美国的原因。日本人的年终奖金占其收入的很大比例。然而，通过一个简单的环境控制办法，如自动扣减工资或自动投资计划，就可以使储蓄变得更容易一些。

这也可以解释人们倾向于无息借钱给政府：大多数人整年都在超额缴纳税款，然后等待在第 2 年春天获得退税。2014 年，共有 1.18 亿美国人超额纳税，导致第 2 年共需退税 3735 亿美元。这些纳税人放弃了一大笔利息收入。

人们可以很方便地调整自己纳税的预提率，从而在一年中保留更多的收入。然而，许多人宁愿超额纳税。有一项实验，是以132名工商管理硕士（MBA）专业的学生为对象，假定他们是有工资收入的人。有43%的人选择每个季度支付超过最低纳税额度要求的税款。[9]人们认识到，即便自己每个月的收入可以增加50美元，这笔增加的收入也很可能会被花掉。他们知道通过超额纳税的方法，强制自己不去花费这笔钱，然后通过退税款把这600美元存起来。

401（k）养老金计划和个人退休金账户计划

个人退休金账户（IRA）和401（k）养老金计划是两项创新的储蓄方式，能帮助人们现在存钱并为未来投资。这两项计划易于实行，并且可以立即享受税收优惠。此外，对提前支取的巨额罚款也增强了人们为退休进行投资的意愿。大多数投资于个人退休金账户或401（k）养老金计划的人，依然会选择在第2年继续缴费。[10]也就是说，这些人已经养成了一种能够帮助他们增强存钱意志力的习惯。

向个人退休金账户缴费显然是明智的。这一账户的投资收益是可以递延纳税的，因为其每年的利润都无须缴纳所得税或资本收益税，只是在退休后从账户中提取资金时才需要缴纳所得税。因此，人们最好尽快把手头的钱投入个人退休金账户中，让它尽可能长时间地递延纳税。假如要获得2017纳税年度的税收减免优惠，你应该在2017年1月1日就将资金存入，以最大限度地获得资金增长的时间收益。然而，人们总是缺乏足够的自控能力在年初就开始投资。税法规定，在 2018 年 4 月 15 日以前存入的资金都可以计入 2017 纳税年度。事实上，大多数参与个人退休金账户的纳税人都会拖到 2018 年才能完成 2017 年的缴费任务。[11] 他们需要一个最后期限，从而施展自我控制能力。

参加 401（k）养老金计划也被认为是明智的做法。然而，自 401（k）养老金计划成立以来，令计划管理员感到最为难的问题一直是，如何才能让员工开始缴费，因为他们总是在拖延。决策越重要，人们就越有可能拖延。[12] 员工总是认为，如果他们再多花一点时间来分析养老金计划中可供选择的项目，他们就可以做出更为合适的决定。持续的拖延让员工失去了投资中两个最重要的因素：时间和投入资金。

当一些公司开始增加其 401（k）养老金计划中可选项目的数量时，问题变得更加严重了。这些计划最初有 3～4 个可选项目（通常是公司股票、货币市场、债券基金和股票基金）。然而，现在许多计划都采用了共同基金家族，有数百种不同的基金可供选择。选项更多，导致更严重的拖延症。为了帮助员工提高自我控制能力，一些公司现在会在员工第一次受聘时就自动为员工注册缴费。通过采取这种方法，即使员工仍然会为如何改变自动缴费方式而犹豫不决，但他们总算开始缴费和投资了。

自我控制和股利

传统金融学领域长期存在的一个难题是，为什么个人投资者对现金分红有强烈的偏好。考虑到现金分红是需要在当年纳税的，而资本收益直到变现时才需要纳税，这一点尤其令人费解。

来看表 11-1 中的例子。一名投资者拥有 1000 股、每股价格

100美元的股票，总价值为10万美元。如果股利为1%，那么该投资者可以获得1000美元的股利，随后股票价格将跌至每股99美元。此时1000股股票的总价值为9.9万美元，因为除息之后，股票价格的下降应该与已付股息相等。然而，如果投资者需要缴纳20%的股息所得税，那么他的税后收益只剩下800美元。总之，投资者最终获得的收益为800美元现金和价值9.9万美元的股票。

表 11-1　现金分红与自制股利

	现金分红	自制股利
持有股份的起始数	1000	1000
每股的初始价格（美元）	100	100
初始股票价值（美元）	100 000	100 000
每股分红（美元）	1	0
税前分红收益（美元）	1000	
出售10股股票的获利		
出售股票税前的收入（美元）		1000
最终股票数量	1000	990
每股价格（美元）	99	100
最终股票价值（美元）	99 000	99 000
税		
股息所得税（税率20%）（美元）	200	0
资本利得税（20%税率，50%所得）（美元）	0	100
税后收益	800	900

现在来考虑另一种选择。假定该股票不支付股利。投资者如果想要得到现金，就必须通过以每股100美元的价格出售10股股票的方式，来获得1000美元的收益。这种收益被称为自制股利。该投资者现在只剩下990股股票，每股股票价格为100美元，总价值为9.9万美元。如果出售的股票没有资本增值收益，那么该投

资者就不需要缴纳资本所得税，可以保有全部的 1000 美元现金。因此，自制股利对该投资者更为有利。如果股票的买入成本为每股 50 美元，资本利得税的税率为 20%，那么这位投资者就需要缴纳 100 美元的税。以这种方式计算，对于投资者来说，仍然是更为有利的。

希望财富和现金流最大化的投资者，应该通过自制股利而不是现金分红来获得收入。然而，人们通常更喜欢现金分红。这种行为在传统金融学看来是非理性的，不过，使用投资心理学却可以解释得通。

心理会计导致投资者将投资分成不同的心理账户。在投资于收入心理账户时，投资者会购买高股利的股票、债券和年金。另外一个心理账户被专门用于获得资本收益。

对于那些需要花费很大力气才能做到自我控制的投资者，这些心理账户能产生特别大的影响。退休人士可能会意识到，他们的财富需要比自己的寿命存活得更长久；也就是说，他们不想在还活着的时候却没有钱花了。由于他们经常被引诱进行过多的消费，所以他们制定了一个共同的经验法则来帮助他们进行自我控制：永远不能动用本金。这条规则有助于提醒这些投资者避免过度消费，然而，它也会抑制增加收入的创造性思维，比如使用自制股利。

克服心理偏差

本书已经讨论了许多心理偏差。本节将提出克服心理偏差的策略。

策略 1：理解心理偏差。这是本书前几章的写作目的。认识到自己和他人身上存在的心理偏差，是避免受这些偏差影响的重要一步。

策略2：明白自己投资的目标。许多投资者在很大程度上忽视了投资过程这个简单的步骤。大多数人对自己的投资目标只有一些模糊的概念。"我想要很多钱，这样我退休后就可以出国旅行了。""我想赚钱送我的孩子去上大学。"有时候，人们会以一种消极的方式来思考模糊的目标。"我不想在退休后变得穷困。"这些模糊的概念几乎不能提供任何投资方向，也不能帮助你避免抑制良好决策的心理偏差。

设定具体的目标和掌握实现这些目标的方法是很重要的。与其有退休后旅行的模糊概念，不如确定这一想法意味着什么以及需要多少钱。例如：

如果在退休后，我希望每年至少能有两次国际旅行，那么我需要每年至少有7.5万美元的收入。我每年的社会保障和退休福利可以有2万美元的收入，因此我需要每年有5.5万美元的投资收入。如果有80万美元作为本金，其投资收益就可以实现这一愿望。我想在10年后退休。

明确特定的目标将会带来很多好处。例如，通过持续关注自己投资的原因，你可以专注于长期和"大局"，并监控和衡量投资的进展，从而确定自己的行为是否与目标一致。

策略3：制定量化投资标准。拥有一套量化投资标准，可以让你在投资的时候，避免受到情绪、小道消息以及其他心理偏差的影响。这一点之所以很重要，是因为投资者似乎很容易被广告等引人注目的信息所吸引。投放了比其他基金更多广告的共同基金，往往可以从投资者那里获得更多的资金。然而，这些共同基金的年度费用会更高，因为投放大量广告的费用，是通过向投资者收取 12B-1 费用来获得的。[13] 因此，当投资者被做广告的基金所吸引时，就意味着他们同时选择了手续费用更高的基金，而这与他们的投资业绩呈负相关关系。

在购买一只股票或共同基金之前，请将它所具备的特征与你自己的投资目标进行比较。如果它不符合你的目标，就不要投资它。

回想一下在本书第 9 章讨论过的怀俄明州布法罗克朗代克投资俱乐部的事例。它的投资业绩排名第一的部分原因是，它完全根据值得信任的研究报告来做出投资决定。该俱乐部的投资者制定了明确的投资标准并严格遵守，防止自己受到心理偏差效应的影响。同一章中的另外一个事例，加利福尼亚州投资者俱乐部业绩不佳的部分原因是，该俱乐部成员缺乏明确的投资标准，决策过程中的随意性导致了他们的投资决策最终是由情绪控制占主导地位的。

即使使用了量化投资标准，定性的信息可能也很重要。关于公司管理质量或正在开发的新产品类型的信息都可能为你的投资决策提供参考。如果一只股票符合你的定量标准，那么你可以使用这些定性的信息辅助审查这只股票，从而做出是否购买该股票的决定。

策略 4：多样化。如第 7 章所述，你不太可能按现代投资组合理论所建议的方式对自己的投资进行多样化。然而，如果你能记住一些简单的多样化规则，你就可以做得很好。

- **通过持有多种不同类型的股票来分散投资。**你可以持有 15 只来自不同行业和不同规模公司的股票。一个多元化的共同基金也能实现这一目标。然而，一个包含 50 只科技股票的投资组合并不是一个多元化的投资组合，包含 5 只科技股票的共同基金也不是一个多元化的投资组合。

- **尽可能少地持有你所工作的公司的股票。**你已经把自己的人力资本投资在你所工作的公司了，也就是说，你的收入水平取决于公司。因此，通过避免对公司股票的过多投资，可以使你的"整个自我"多样化。
- **同时投资债券。**一个多元化的投资组合应该包括一些债券或债券共同基金。

以这种方式分散投资，有助于投资者避免受到真正影响他们生活水平的重大损失。此外，分散投资是抵御依恋和熟悉的心理偏差的一种屏障。

策略 5：控制你的投资环境。如果你正在节食，你就不应该在桌子上放一盘玛氏公司的糖果。同样地，如果你希望在投资的时候克服心理偏差，你就应该控制你的投资环境。很多人经常在上班的时候检查自己的股票收益情况，以至于公司为了使员工专心工作而不得不限制员工上网。为了能够控制你的投资环境，你需要限制那些会放大你的心理偏差的活动。以下有一些可以帮助投资者控制环境的方法。

- **每月检查股票一次。**做到每月检查一次你的股票，而不是每小时就检查一次，这样蛇咬效应、寻求自豪和赌场赢利效应都将会得到抑制。
- **只在每月的同一天进行一次交易。**首先确定每个月中的同一天，比如第 15 天，然后只在当天进行交易。这将帮助你避免产生速度很重要的误解。只有当你想在谣言中追逐股票并在泡沫破裂之前买入时，速度才重要。另一方面，每月只交易一次有助于克服过度自信的交易。

- **每年检视一次投资组合，看看它是不是与你的具体目标相符合。** 当你在检视自己的投资组合时，要时刻提醒自己注意避免现状偏差、禀赋偏差、代表性偏差以及熟悉度偏差等。你的投资组合中每一种证券是否都有助于实现你的投资目标和保持资产的多样化？每次检视时都记录以上问题的答案，这样你就可以克服认知失调和其他记忆偏差。

策略 6：设置提醒。 人们的注意力总是有限的。我们不可能在同一时间把注意力投入到生活中所有重要的事情中。因此，时不时有意识地回顾我们的投资习惯和目标是很重要的。定期的消息提醒是种有效的方法。

玻利维亚、秘鲁和菲律宾的银行曾经进行过一项实验，每月通过发送消息提醒客户检视自己的储蓄目标。[14] 这些提醒能够帮助客户实现自己的储蓄目标。这些信息可以很简单，比如"别忘了这个月要去存款"或者"请记住你正在存钱买房子"。这些简单的提醒能够触发人们回想起更复杂的投资目标。这些提醒的目的是让人们将自己的关注点放在重要的投资目标上。不过，随着时间的推移，不断重复的提醒最终也会有失去效力的风险。因此，建议把各种提醒都放在一起：有些是提醒你保持对实现投资目标的渴望，有些是可以帮助提醒你检视投资目标的进展或持有投资组合的状况。当然，提醒还可以帮助你克服自己的心理偏差！在现代化技术的加持下，你还可以使用智能手机或电子日历等，来设置对自己的各种提醒。

其他经验法则

虽然许多人理解这些能够帮助自己克服心理偏差的概念，但他们仍然没有努力将其付诸实践。相反，他们试图通过简单的启发式方法（或经验法则）来应对投资时需要做出的决策。[15] 为了保护自己免受心理偏差的影响，投资者常用以下几个的经验法。

- 避免买入那些价格低于每股 5 美元的股票。大多数投资骗局都是利用低价股进行的。
- 仅怀着娱乐的目的关注发布在聊天室、留言板以及推特上的投资建议。在这些网络社交环境中，你会过度自信，熟悉度偏差会被放大，形成人为的"社交共识"。
- 在买入一只不符合自己投资目标的股票之前，请记住，你不太可能比市场知道得更多。购买超出你的投资标准的项目，应该意味着你在某些方面有过人的信息优势。你确定你知道的信息比其他投资者更多吗？
- 努力获取市场的平均收益率。大多数主动交易的驱动力，是希望获得比其他人更高的收益率。然而，受这种愿望驱使的投资策略通常会助长投资者的心理偏差，并最终导致较低的收益率。然而，赚取市场平均收益率的策略，比如多样化的投资策略，往往是会获得成功的，因为它们有助于抑制投资者的心理偏差。
- 每年反思自己在投资实践中是否受到了心理偏差效应的影响。这一行为将强化本书第 1 章所述投资策略的意义。

成功的投资不仅仅需要充分地了解股票和股票市场。实际上，理解你自己的心理和行为也同样重要。"知识渊博"的投资者经常会失败，因为他们让自己的心理偏差控制了投资决策。本章讨论了自我控制问题，并提出了一些克服心理偏差的策略。

或许需要一位顾问

正如本书所述，有许多心理偏差、情绪和认知错误导致人们犯下严重的投资错误。这些问题很难控制，尤其是对于那些业余的投资者来说。那么，财务顾问是不是可以发挥作用呢？

使用财务顾问需要考虑以下几方面的问题。首先，顾问也是人，他们也有可能遭受许多同样的心理偏差的影响。其次，人们往往会回避那些在收取费用之后才提供公正建议的顾问。我称此现象为苏泽·奥曼效应。财务顾问需要谋生，通过提供投资建议而获得报酬。在建议客户投资于收取销售费用的共同基金时，许多财务顾问可以赚取一定的销售佣金。这使得财务顾问与投资者有可能存在潜在的利益冲突。[16] 财务顾问向客户提供的投资建议，是对于客户的利益来说最优，还是能让他们自己获得更多佣金呢？最后，许多投资者似乎都不相信财务顾问能够提供有用的投资建议。

实际上，有一些学者最近对上述最后一个问题进行了测试。他们为德国最大经纪公司之一的客户提供免费、没有偏见的财务建议。[17] 所提的建议是由一个针对客户风险规避水平的均值 - 方差优化程序产生的，集中通过更好地分散投资来提高投资组合的效率。他们所推荐的产品大多是基金交易所可交易基金的组合。该经纪公司同意对那些听从投资建议的客户免收佣金。共有 8195 名客户收到了这一免费的投资建议，但其中只有 5%，即 385 位客户听从了这一建议。这一建议降低对德国股票的配置（避免本土偏差

效应），并增加对外国股票和其他资产类别的投资。这385位听从
建议的客户的投资效果很好。这些学者追踪了他们所建议的投资
组合和客户实际投资的投资组合，自被推荐以后的业绩表现，发
现前者的平均收益率为24.8%，而后者的平均收益率为21.2%。建
议投资组合的标准方差仅为9.6%，而客户的实际投资组合的标准
方差为15.0%。尽管如此，在385位收到并听从了建议的客户中，
只有125位在实践中部分采用了投资建议。由此可见，对于听取
或者采纳专业顾问的理财建议，很多人都毫无兴趣。

选择架构

　　本书已经说明，人们并非总能知道自己的偏好是什么。即使
他们能知道自己的偏好是什么，在做出决策时也往往会分不清楚
或者出现差错。人们在做决策时会受到认知错误、框架效应、思
维捷径、社交互动以及其他心理偏差效应的影响。当人们在可以
不受约束地做出财务决策时，往往做出了很糟糕的选择。那么，
政府、公司和其他机构应该替人们做决策吗？

　　这是一个涉及思想观念的问题。一方面，自由主义者提倡个
人自由的最大化，因此，他们将个人选择的自由看得至关重要。
另一方面，家长主义者则认为，有权威的领导者应该从大家的利
益出发，代表所有人做出决策。因此，理查德·塞勒和凯斯·桑
斯坦所提倡的自由制家长式主义似乎是自相矛盾的。在二人的著
作《助推》中，他们认为私人的和公共的机构应该试图引导人们
的决策和行为，使其朝着能够提高人们福利的方向发展。[18] 也就是
说，人们的选择应该被加以框定，称为选择架构，在做出决策的
时候加入指导，使他们的决策可以产生更大的福利。然而，最终

的决策是由每个人自己做出的。已有证据表明，参照心理学设计的选项，可以使人们选择更健康的食物，成为器官捐赠者，戒烟，纳税，提高能源效率，等等。事实上，凯斯·桑斯坦建议一个国家应该设置心理学顾问委员会，就像当前已经设置的经济顾问委员会一样。[19] 以下两个关于储蓄计划的例子可以说明，妥善利用行为偏差能够造福人们。

为未来储蓄更多。 大多数关于心理偏差的讨论，包括本书阐述的那些，都集中在这些偏差是如何成为投资者面临的难题以及如何克服这些难题上。然而，通过重构投资决策的过程，可以巧妙利用一些心理偏差来帮助投资者。例如，改变之前受到社交互动和心理偏差效应影响而抑制员工参加401（k）养老金计划积极性的流程，重新制定可以鼓励员工参加这一计划的流程。

现状偏差效应导致员工拖延制订退休计划。事实上，许多人由于拖延的时间太长了，以至于他们从来没有参与401（k）养老金计划。与其要求新员工主动采取行动参加养老金计划，不如把规则变为默认是都参加养老金计划的，如果不想参加则需要主动采取行动取消注册，表明自己不参加养老金计划。[20] 员工并不需要大费周章才能参加养老金计划，而是默认自动参加。那些不希望参加养老金计划的人则需要费点劲儿才能退出。401（k）养老金计划的自动注册政策，使更多的员工事实上加入了养老金计划，尽管大多数人只是停留在默认该计划设置的缴费和资产配置方案的水平。不过，这种政策也存在一个问题，即使没有自动注册，一些员工也会参加养老金计划。与该政策默认投资的货币市场基金相比，这些员工本可以投入更多的资金额度，并选择更积极的资产配置方式，但由于他们受到现状偏差效应的影响，从而并没有改变默认的投资配置方式。因此，这种自动参与养老金计划的政策帮助了很多人，但也可能会损害一些人的利益。

理查德·塞勒和什洛莫·贝纳齐提出了一种帮助克服心理偏差效应的四步法，他们称之为"为明天储蓄更多"（SMT）。[21] 他们建议，还没有参加 401（k）养老金计划的员工，可以按照以下步骤帮助自己开启养老金计划。第一，这些员工需要事先同意参加公司要求的养老金计划；这就意味着，员工参加养老金计划没有任何直接分歧。第二，经员工允许后，在他下一次加薪时，确定比较小的缴费比例，比如 2%，开始缴费，由此启动该养老金计划。通过将加薪和缴费联系起来，员工可以看到，尽管已经开始为养老金计划缴费，工资却依然有小幅增加。第三，员工需要同意在每次加薪时都提高缴费比例，一直达到预先设置的最高缴费水平。第四，员工可以随时选择自由退出该计划。尽管四步法的初衷是希望员工不会选择退出养老金计划，但给出可以自由退出计划的选项，使他们更加愿意加入这一计划。SMT 计划要求员工提前很长一段时间就做出决策，然后现状偏差效应对他们发挥了正面影响，使员工并没有选择退出该计划。

该四步法在一家储蓄参与率较低的中型制造公司获得了检验。这家公司中的 315 名员工的平均储蓄率为其收入的 4.4%。研究人员要求这些员工增加 5% 的缴费率，并向那些声称自己不能缴纳这 5% 的员工推荐了 SMT 计划。该四步法被推荐给了 207 名员工，其中有 162 名员工同意参加实验。这些员工的平均储蓄率很低，只有 3.5%。没有参加 SMT 计划实验的 153 名员工，要么什么也没做，要么一次性提高了自己的储蓄率。平均而言，这 153 名员工的储蓄率为 5.3%。参加 SMT 计划实验的效果非常显著。在三次加薪以后，这些参加 SMT 计划的员工已经将其储蓄率从 3.5% 提高到了 11.6%。那些没有参加 SMT 计划实验的员工的储蓄率，仅从

5.3% 提高到了 7.5%。与 SMT 计划相关的储蓄率的急剧提高对这些员工是有益的,因为他们开始为退休存更多的钱了。这也有利于公司的高级管理者,因为公司受到美国劳工部颁布的反歧视法规的限制。这一法规规定:如果该企业低收入雇员的养老金缴费率较低,企业高收入雇员养老金缴费的比例上限将受到严格限制。

人们都有机会使自己变得更好。无论是退休计划、减肥计划、健康饮食计划、戒烟计划,还是其他计划,人们所面临的挑战都是说服自己采取措施去开启计划。在 SMT 计划中,在未来的一个时间点开始储蓄是至关重要的。选择一个纪念日,如生日、新年或春天的第一天,把这个未来时间点定义为一个新的开始,将可以提高自我控制能力,明确以目标为导向的选择。[22]

SMT 计划的助推影响能持续下去吗? 也就是说,一旦人们开始为他们的退休计划缴费并提高他们的缴费比例,这种行为会持续下去吗? 2000 年,440 万瑞典退休储户加入了政府的个人累积账户养老金计划。2016 年,一项研究调查了这些当年决定参加 SMT 计划的人,得出的结论是:“在这一案例中,SMT 计划的助推效果惊人,参加的人一直都在持续缴费,持续了将近 20 年。”[23]

边存钱边赢奖。除了上述计划,还有类似希望帮助低收入家庭存更多钱的项目。在美国,与相信通过储蓄可以致富相比,玩彩票的低收入家庭更愿意相信自己能通过买彩票致富。因此,为了鼓励更多的人去存钱,就需要设计出有彩票抽奖特点的储蓄产品。这些与彩票相关的存款账户把每笔存款(或购买的债券)作为“买入”后,就可以赢得存款人常买的彩票。可以参加抽奖带来的兴奋吸引了人们开始储蓄。这一种储蓄方式的利率略低于其他投资方式,是因为储蓄者如果使用其他储蓄方式可以获得的收益高于他们实际到手的收益,中间的差价就是被用于定期颁发的抽奖奖励。这种设计对厌恶损失的投资者很有吸引力，他们既可以拥有安全的储蓄账户，又可以享受彩票中奖所带来的兴奋感。[24]

这些项目在国际上已经存在了几十年。运行时间最长的项目应该是开始于1956年的英国政府有奖债券。这一债券要求，投资者最低购买100英镑，可以有资格参加每月的抽奖活动。可令投资者感受抽奖的兴奋之处在于，每一次抽奖都有超过100万个获奖机会，其中包括2个额度为100万英镑的奖项和超过100万个额度为50英镑的奖项。超过四分之一的英国家庭购买了总额超过300亿英镑的债券。中美洲和南美洲的类似项目，则每天都提供汽车以及其他等额的奖品，每月还可以抽取奖金额度更大的彩票。从2005年开始，南非第一国民银行启动了"每月一位百万富翁账户"计划。

美国各地都在尝试与彩票相关的储蓄计划。位于密歇根州的D2D基金启动了一个名为"存钱就能赢"的计划，在一些信用合作社中实施。投资者在储蓄账户中每存入25美元，就会获得一次机会（最多可获得10次机会）赢取每月的抽奖奖励（奖品包括现金、礼品卡、笔记本电脑等），并且可以累积赢得年度10万美元大奖的机会。一项研究检视了内布拉斯加州一些信用合作社的"存钱就能赢"计划，并调查该计划是促进了赌博现象还是抑制了赌博现象。[25]该研究者调查了赌场中现金的提取方式和额度，观察与当地没有在"存钱就能赢"计划中开立新账户的家庭相比，在这一计划中开立新账户的家庭是如何改变他们在赌场中的赌博活动的。该项研究表明，提供类似"存钱就能赢"计划的创新型储蓄产品，既可以提高储蓄率，又减少了投资者的赌博行为。该项目中的抽奖活动取代了其他一些赌博活动。因此，在类似上述的存钱就能赢计划中设立账户开始储蓄，减少了投资者的赌博行为，这成为除了储蓄率提高之外的另一种效益。

社交影响。 如第 9 章所述,社会环境对投资决策有强烈的影响。利用同伴压力作为自己实现目标的手段在社会上是很常见的。无论是加入一个正式的减肥小组,还是参与一个非正式研究小组的工作,对同龄人行为与活动的了解都会促使人们采取行动。两项有趣的国际研究展示了同伴是如何影响人们的储蓄行为的,其中一项研究是随机实验,另一项研究是自然实验。

第一项随机实验的情况如下。智利有一群低收入企业家获得了一个增加储蓄的机会。这些企业家被随机分配到三个小组。[26] 第一个是对照组,该组的企业家只分配了基本储蓄账户。第二个是有同伴的小组,该组的企业家可以公开宣布各自的储蓄目标,他们也得到了基本储蓄账户,并且,在每周召开的例会上,他们在实现目标方面的进展会得到认可。第三个小组中的企业家,被分配了高利率的储蓄账户,实际利率高达 5%,远远高于第一组基本储蓄账户中 0.3% 的利率。第二组参与者的存款额度是第一组参与者存款额度的 3.7 倍。有趣的是,第三组即高利率组的储蓄模式与对照组相似。这一结果说明,更高的利率并没有带来更高的储蓄额度,而同伴的压力确实提高了储蓄额度。社交影响似乎比储蓄计划的投资特征的影响要大得多。社交影响有两个方面:同伴压力,以及看到自己社交群体中同伴获得成功所带来的激励,也就是渴望效应。为了区分这两个方面都是如何发挥作用的,研究者又进行了第二个实验:采用发送信息而不是面对面会议的形式,来告知参与者本小组其他成员在实现储蓄目标方面的进展。在这个实验中,一些参与者收到了储蓄团队中其他成员的存款信息,这对应的是渴望效应。另一些参与者被分配了一个储蓄伙伴。这两个伙伴会收到彼此存款的最新消息,这对应的是同伴压力。有趣的是，这两组参与者有着相似的储蓄模式。因此，同伴压力和渴望效应都是有效的。

另一项研究探索的是以色列的国家养老金制度改革。[27] 在国家养老金制度改革之前，员工必须向雇主选择的投资基金缴费。改革之后，员工可以为 200 多只知名基金中的任何一只缴费。是谁推动了投资基金改革，原因是什么？从只需向一只基金缴费发展到可以向 200 多只基金缴费，这可能会难倒许多人。此外，现状偏差效应将有可能导致许多人并不改变他们的投资选择。事实上，有 93% 的人没有更换缴费的基金。是什么促使其他 7% 的人进行了更换呢？有趣的是，人们的基金更换通常与低管理费、业绩更好或其他服务更优等投资特征上的关系并不紧密。分析表明，同伴效应的影响最大。研究发现，员工所选择的新基金与该部门其他员工的选择之间存在关联，与同一个种族的同事的选择之间存在更明显的关联。换句话说，与基金的投资特征与自己的投资目标更适配或更优惠相比，对某一特定员工做出投资选择影响更大的是与之交往的人的选择。对这些员工进行的后续调查也证实了这一点。据报道，他们对自己选择的基金的收益率知之甚少，大多数人都提到同事的推荐是影响自己做出投资决定的主要因素。

总结

是让当前的生活更愉快，还是让未来的生活变得更好，在这两者之间如何做决定，是人们一生都需要面临的矛盾。储蓄和教育就是很好的例子。自我控制可以帮助我们专注于长期投资，以便更好地平衡当前与未来。我们也需要自我控制来减少我们对心理偏差效应的敏感性。首先要理解这些偏差。其次要通过对自己投资目标的了解，来控制投资过程，投资需要有特定的投资目标，并确保投资项目的多元化。最后，要控制自己的环境。公正无偏的金融顾问可以为人们提供专业的帮助，然而似乎很少有投资者重视这些建议。

机构、金融公司和政府开始学习如何将决策纳入一个框架，使心理偏差可以帮助人们而不是对人们产生损害。我们可以创建多样的投资计划来提高储蓄率和养老金计划的参与率，比如"存钱就能赢"和"为明天储蓄更多"等。

思考题

1. 如何使用经验法则来避免心理偏差引起的错误？请举例说明。
2. 通过设定量化标准，可以克服哪些心理偏差？
3. 控制自己不频繁查看股票和投资组合，可以克服什么心理偏差？
4. 自由制家长式主义指的是什么？

| 第 12 章 |

投资生理学

这本书说明了投资行为是如何受到认知错误、心理和社会因素的影响的，但是生物学在其中也扮演了一定的角色吗？一项新的、不断扩大的研究文献表明，确实如此。我们是否注定要通过与生俱来的基因驱动偏好来做决定？是，也不是。后面章节将介绍的一项研究以成千上万的同卵和异卵双胞胎为对象，对这些投资者在股市上的配置进行了巧妙的考察。该研究的结论是，基因因素可以解释大约三分之一的投资者选择。

长期以来，学者一直在研究生物过程是如何影响个人和社会行为的。但直到最近才对生理学与投资决策进行了研究。例如，男性和女性对风险规避和冒险行为的态度似乎是不同的。这是因为女性的生活经历与男性不同，还是生理机能不同？这个问题引发了对投资和睾酮等激素的调查。此外，大脑的运作方式可能会影响决策。现在人类基因组已经被绘制出来，基因检测成本已经下降，我们可以研究特定基因是如何影响金融风险规避和行为的。不幸的是，随着我们进入老年，大脑的功能也会退化，这被称为认知老化，也是一种生物学结果。本章评估了性别、遗传、激素和认知老化对投资行为的影响。

性别

在一些高收入的行业中，比如金融业，女性的比例很低。例如，在全球范围内，女性在开放式共同基金经理中所占比例不到10%，在特许金融分析师（CFA）会员中所占比例不到19%。[1]这是由于文化、早期生活经历，还是由于男性和女性在风险态度等特征上的一些先天差异？虽然这对于本章来说是一个大的话题，但我们将探讨对待风险和投资态度中的性别差异。

有很多研究调查了男性和女性在许多情况下的风险承担差异。早期的研究集中在社会风险行为上，如吸烟、无保护措施的性行为和危险驾驶。还有一些研究考察了人们是否愿意承担身体上的风险，比如爬陡坡或骑驴。一项研究对 150 项先前关于这些社会风险的实验和调查进行了分析。[2] 学者得出结论，在社会风险承担方面，女性比男性更善于规避风险。也就是说，男性更有可能从事这些风险较高的活动。这种基于性别的风险规避适用于金融风险吗？

大量的研究使用实验方法、调查和对真实投资组合的分析来调查金融风险规避。雷切尔·克罗松教授和尤里·克里奇教授总结了研究发现。[3] 这里有一组论文显示人们会选择哪种不同的赌博方式。在这些彩票中，男性比女性能够承担更多的风险。这些结果得到了调查男性和女性投资组合的研究的支持。在养老金计划资产配置方面，单身女性的风险倾向低于单身男性。对于参加节俭储蓄计划的联邦政府工作人员来说，女性对养老金资产的投资比男性更保守，而且很大一部分女性会选择风险最低的投资组合。已婚女性在投资组合中股票投资的比例低于已婚男性。总之，学者得出的结论是，在实验环境和生活环境的投资决策中，女性比男性更善于规避风险。许多研究的结果在这一结论上相对一致。更善于财务风险规避的一个结果是，女性在投资组合中承担的风险更小。基于风险与预期收益呈正相关的基本金融理论，较低风险的投资组合在较长时间内能获得较低的回报，从而导致投资组合的价值较低。因此，随着时间的推移，性别风险差距将导致性别财富差距。

女性在生理上与男性不同，因此，她们可能会做出不同的风险选择。然而，这也有可能是一种习得行为。风险规避程度的差异可能是由于性别刻板印象的压力影响了女孩和男孩的成长和社会互动。一项有趣的研究测试了就读全女子学校的女孩、就读男女同校学校的女孩以及就读男女同校和单性别学校的男孩的风险态度。[4] 测试的目的是观察男孩和女孩之间的社会互动是否会改变他们看待金融风险的方式。被研究的 260 名学生平均年龄不到 15 岁。学生可以选择接受 5 英镑或者进行抛硬币，正面得到 11 英镑，反面得到 2 英镑。接受不确定的硬币投掷风险更大，但 6.5 英镑的预期价值高于确定得到的 5 英镑。研究者发现，男女同校的女生对风险的规避程度最高，其次是单性别学校的女生、男女同校的男生和单性别学校的男生。学者得出的结论是，与男孩的社交互动减少会导致女孩承担更多的经济风险。事实上，缺乏与男孩的社交似乎弥补了一半风险规避方面的性别差距。因此，一些风险规避方面的性别差异可能是女性习得的性别刻板印象行为，而不是生理上的。

这些发现表明，在之前的研究中观察到的性别风险承受差异可能反映的是社会学习方面而不是固有的性别特征。当然，我们讨论的是男性和女性人群的风险承受能力的分布。有些女性的风险规避程度比其他大多数女性甚至大多数男性都要低。这些女性更有可能进入金融业。换句话说，这些女性可以自己选择适合自己态度的职业。学者最近研究了一种猜想，即可能从事金融业的女性受到金融业的时间要求与女性在家庭和社会中的传统角色之间的文化张力制约有关。[5] 在这种情况下，选择金融业的女性将比一般女性更少以传统为导向，而更多以成就为导向。他们通过调查 CFA 会员的成就取向和与传统性别角色的一致性来检验这一理论。他们使用与 "世界价值观调查" 相同的问题，将样本结果与一般人群进行比较。他们分析了 5000 多个调查回复，发现女性注册会计师比一般的女性更不以传统为导向。与男性注册会计师相比，她们同样也不以传统为导向。此外，女性注册会计师比普通人群中的女性和男性注册会计师更注重以成就为导向。男性注册会计师的成就取向与普通人群中的男性同行大致相同。因此，在一般人群中，是传统导向较低、成就取向较高的女性自我选择了金融作为职业。然而，我们还不知道这些女性的价值观是否与其他女性不同，如果存在不同，是因为她们的基因构成，还是因为后天的培养方式。

先天与后天

学者一直在研究各种类型行为的基本来源。我们的行为是由我们的基因（先天）驱动的，还是从我们过去的经验（后天）中学来的？还是两者都有？研究这个问题有许多有趣的方法。本节将探讨双胞胎、被收养者、兄弟姐妹和父母的实际投资行为。这些群体在遗传、共同的养育经历和独特的经历方面有着不同的变化。通过巧妙的研究方法，学者可以梳理出对投资决策潜在来源的估计。

双胞胎。有许多有趣的研究涉及双胞胎及其决策、健康、社会活动、价值观等。这一系列研究利用了同卵双胞胎，即来自一个卵子和一个精子的事实。因此，这些双胞胎的遗传物质百分之百相同。另一方面，异卵双胞胎来自两个卵子和两个精子。因此，他们平均有 50% 的遗传物质是相同的。这两种类型的双胞胎，如果一起长大，将有共同的养育经历。他们在成年后会有不同的经历。通过基因、早期经历和后期经历这些差异，学者可以梳理出这三个类别中哪一部分解释了各种金融和经济决策。

这类研究最常见的数据来源是瑞典双胞胎登记系统，它有自1886 年以来在瑞典出生的双胞胎的身份证明。根据研究的时间范围，该登记系统可以识别数万对同卵双胞胎和异卵双胞胎。多年来，对这些双胞胎一直进行电话调查、邮件调查和互联网调查。因此，有一系列关于他们的可用信息。此外，瑞典学者可以将这些数据与国家数据库合并，如瑞典税务机构、养老金机构和军队等数据库。利用这些数据库、调查，甚至实验室实验，一些学者调查了遗传对金融经济学的影响比例。

一个很好的切入点是利用双胞胎所持有的投资资产作为他们决策的代理进行研究。在 2006 年之前，瑞典每年对财富征收 1.5% 的税。因此，每个公民都要向税务机关申报自己拥有的资产和收入。一组学者将这些关于投资和双胞胎身份的数据结合起来，研究了 3.7 万对双胞胎和同等数量的非双胞胎的金融投资组合。[6] 他们研究了三种投资选择：①他们是否投资于股票市场；②在他们的投资组合中有多少投资于股票市场；③以波动率衡量投资组合的风险水平。不同类型双胞胎的决定有多相似？图 12-1 显示了各组双胞胎之间的决策相关度。

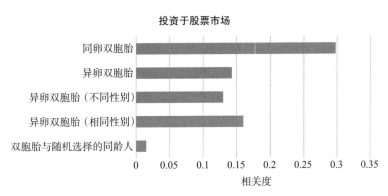

图 12-1　各组双胞胎之间的决策相关度

请注意，如果决定是由共同的早期经历驱动的，那么同卵双胞胎之间的相关性应该与异卵双胞胎之间的相关性相同。然而，同卵双胞胎之间的相关性是异卵双胞胎的两倍多。这意味着同卵双胞胎的投资决策比异卵双胞胎更相似。然而，早期的共同经历确实起到了一定的作用。请注意，将双胞胎与随机选择的同龄人配对表明，他们的决策相关性非常小。因此，共同的经历和遗传在投资决策中都起着作用。

利用先进的统计技术，这些学者可以评估：遗传、共同环境（早期共同经历）和独特环境对相关决定的影响程度。在控制了年龄、收入、性别、财富、教育等个人特征后，他们报告说，基因可以解释人与人之间三分之一的决策差异。这一比例比年龄、性别、教育程度和财富等个人控制特征的总和还要大！令所有父母（包括我在内）失望的是，共同的环境并不能解释什么。另外三分之二是由独特的经历来解释的。这意味着，抚养孩子的方式对他们日后的生活投资影响不大，但他们的基因和成年经历却至关重要。子样本分析表明，基因对投资组合中股票比例的决定有以下影响：

- 总体结果中，29.0%是由基因解释的。
- 年龄 < 30 岁，占 44.5%。
- 30 岁 < 年龄 < 55 岁，占 19.2%。
- 男性，占 29.1%。
- 女性，占 22.4%。
- 分开抚养的双胞胎，占 38.5%。

对这一分析的潜在批评是，当一种资产类别的表现优于其他资产类别时，投资组合可能会随着时间的推移而扭曲。如果投资组合没有重新平衡,那么最初的投资决策可能会变得模糊。例如,如果股票的表现好于其他资产类别,那么投资组合中股票的比例将增加,而无须主动决定解释更高的股票敞口。因此,这些学者研究了双胞胎在国家养老金制度投资选择强制性"交接"期间的投资选择。[7] 在 2000 年之前,瑞典高级养老金机构为个人退休金账户做出了所有的投资选择。然后政府允许每个人在近 500 只投资基金中为自己的投资账户进行选择。人们最多可以选择 5 只基金,每只基金都有颜色编码,以显示其风险水平。一个全国性的田野实验——对于学者来说多么有趣!

一些瑞典人没有主动决定如何投资他们的养老金,因此被置于默认选项中。68% 的人做出了主动的选择。和以前一样,作者可以将这些决定归因于遗传、共同环境和独特环境。遗传因素解释了 28% 的风险水平。剩下的大部分都可以用独特的环境体验来解释。顺便说一句,一些基金标榜自己是社会责任基金。在选择这些基金的决定中,基因解释了高达 60% 的原因。最后,学者考察了潜在的心理偏差。具体来说,他们确定了在过去 3 年里回报率在同类基金中排名前 10% 的基金。人们经常表现出一种外推偏见(一种代表性偏见)。但是与遗传有关吗?研究表明,对这些高回报基金的追逐有超过 30% 的原因可以用基因来解释。

这两项研究通过他们的投资持有量或一项强制投资决策来考察双胞胎投资行为。这是金融经济学研究的主要类型。然而,有时并没有数据用于感兴趣的投资特征类型。在这种情况下,你可以直接问他们(调查)或让他们参加一个测量活动(实验室实验)。这类研究可以增强传统类型的研究,并具有更好地控制环境的优势。接下来的两项研究利用了调查和实验技术。

最适用于这本书的是,学者对双胞胎进行了调查,以评估他们的行为偏见。[8] 之前的两项研究得出的结论是，大约三分之一的投资决策可以归因于遗传。心理偏见也是如此吗？研究人员设计了一项调查来测量七种心理偏见，由3512对双胞胎完成。具体来说，他们研究了：①代表性偏差（第8章）——问了三个关于人们属于不同组的相似度问题，②沉没成本偏差（第6章）——一个关于在入场票丢了之后是否还去看演出的问题，③控制错觉（第2章）——关于在买彩票自行挑选号码时可接受折扣的问题，④现状偏差（第4章）——关于转向新出现的更便宜的服务提供商的问题，⑤拖延症（第11章）——关于延迟支付账单的问题，⑥时间急躁症（第5章）——为了提前收到钱而可以接受折扣，以及⑦避免懊悔（第3章）——问了三个关于彩票的问题。

使用与之前相同的双胞胎方法，学者研究了遗传是否在心理偏差中起作用。图12-2显示了由基因解释的心理偏差部分。根据所研究的特定偏差，对于偏差是否会被表现出来，或者它被揭示到什么程度，遗传可以解释的部分在五分之一到三分之一。代表性偏差和沉没成本偏差似乎与遗传密切相关，其次是控制错觉、现状偏差和避免懊悔。拖延症和时间急躁症受遗传的影响较小。同样，对表现出行为偏差的大多数解释来自非共同（或独特）环境，而来自共同环境的解释很少。

最后，另一项研究邀请双胞胎参加一个实验室实验。[9] 本研究通过实验室游戏模拟，调查双胞胎的捐赠倾向和风险规避程度。这项研究调查了460对来到实验环境的双胞胎。为了衡量捐赠倾向，研究人员让这些双胞胎参加了一项活动，他们将15美元分成自己可以保留的一部分和捐给无家可归者慈善机构的一部分。为了衡量风险规避程度，他们在一个确定回报和六个有风险选项中的一个之间进行选择。随机选择一个选项，游戏开始，所以他们可能真的赢钱。这是实验的一个重要方面，以便参与者认真对待他们的回答。利用双胞胎方法，研究员确定了他们对捐赠或风险规避可以归因于遗传的部分。图 12-3 显示了实验的结果。请注意，基因解释了近 30% 的慈善捐款和 15% 的风险规避水平。在这两种情况下，共同环境几乎无法解释这些行为。风险规避的估计值比另一项使用明尼苏达双胞胎登记处的调查研究的估计值要小[10]，但接受调查的双胞胎数量要少得多。

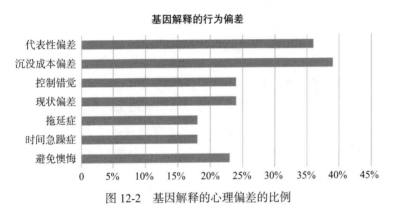

图 12-2 基因解释的心理偏差的比例

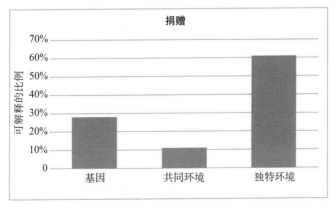

图 12-3 驱使做出决策的因素

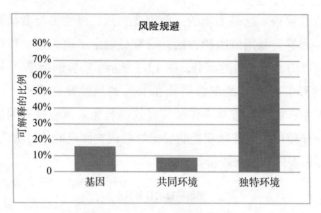

图 12-3　驱使做出决策的因素（续）

　　总而言之，基因似乎可以解释我们做出的大部分投资决定和我们表现出的偏差。我们成长的环境在这些决定中只占很小的一部分。在这方面，先天因素比后天因素更能推动我们做出决定。然而，我们成年后的经历解释了我们大部分的决定。因此，最终后天因素胜出。

　　收养。对双胞胎的研究表明，很大一部分的投资行为和风险规避可以用基因来解释。然而，这些研究使用相同的统计方法来分配遗传、共同环境和独特环境之间的行为。也有人批评说，同卵双胞胎和异卵双胞胎之间的差异太多是由基因造成的。一些差异可能是由于同卵双胞胎在他们的一生中似乎比异卵双胞胎有更多的相互交流。此外，父母、老师、教练等往往对每组同卵双胞胎持有相同的标准和期望，但对每组异卵双胞胎却不是这样。因此，其他检验方法在研究投资中的基因作用是有用的。本节描述了其他采用收养的代际研究的证据。

　　瑞典还保存了大量关于被收养儿童的记录。在可能的情况下，记录可以确定养父母和亲生父母。因此，将这些数据与前几节中描述的大量财富数据结合起来，让研究人员有了另一个机会来研究遗传因素与股票市场参与和风险规避的作用。一组学者调查了3185名被收养的成年人以及他们的养父母和亲生父母。[11] 此外，他们还比较了被收养者与父母双方的投资相似度，以及200多万未被收养者与父母的投资相似度。该研究考察了被收养人的投资决策与养父母和亲生父母的投资决策的相似性。他们发现，在决定股票市场参与和风险规避的代际传递方面，出生前（遗传）和出生后（环境）的影响都很重要。他们估计，养父母作用（环境）对被收养人参与股票市场的影响是亲生父母作用（遗传）的两倍。以投资组合的波动性来衡量，对所承担的风险水平，过继效应是生物效应的四倍。然而，生物效应似乎对投资组合中投资于股票的部分没有影响。总的来说，这项关于收养的研究表明，基因确实有影响，但环境的影响更大。如果我们将被收养者出生后的影响与双胞胎共同和独特的环境相比较，估计结果与双胞胎研究相似。

　　另一项研究以出生几周内被挪威父母收养的韩国儿童为样本。[12] 该研究收集了2265名韩裔挪威人被收养者及其养父母的资料。学者可以获得挪威人的财富、收入和投资的记录，这与瑞典类似。该研究考察了在缺乏遗传相似性的情况下，财富代际传递和风险规避的机制。研究利用了被收养者及其父母的记录，有力地证明了抚养环境对儿童未来的财富积累和金融风险承担有重大影响。也就是说，被承担更多经济风险的养父母抚养长大的被收养人更容易从事经济风险行为。为了使这一结果与双胞胎研究的结果一致，他们检查了被收养的和未被收养的兄弟姐妹。被收养的韩裔挪威人与养父母没有遗传标记，而与其未被收养的兄弟姐妹却有。通过与双胞胎研究类似的方法，他们发现了遗传、共同环境和独特环境对投资决策的影响，如表 12-1 所示。研究结果表明，遗传在获得财富方面也起着类似的作用，在对双胞胎的研究中发现，遗传可以解释大约三分之一的决定。遗传在受教育程度上的作用非常高（超过 50%），但在投资组合的股权部分没有作用。遗传对股市参与的影响接近 14%。总的来说，这项研究表明，一个人的基因会对他们的财务决策产生影响。

表 12-1　基因在韩裔挪威人被收养者的投资决策中所发挥的作用

	股市参与度	投资组合的风险比例	金融财富	教育
基因	13.7%	−3.9%	35.5%	57.7%
共同环境	10.3%	20.8%	12.5%	11.1%
独特环境	76.0%	83.1%	52.0%	31.2%

生理学

有些活动，比如赌博，会影响一个人的生理机能。事实上，职业扑克玩家会通过评估对手的心率、呼吸、瞳孔大小和其他身体暗示，试图从业余对手那里获得线索。因此，生理学可以在金融决策（如投资决策、风险承担和投机交易）中发挥各种作用。

激素。激素的主要类别包括胺类（如肾上腺素和去甲肾上腺素）、多肽和蛋白质（如催产素和瘦素）以及类固醇（如睾酮、雌二醇和皮质醇）。睾酮被称为雄性激素，女性体内的睾酮水平较低。在许多社会环境中，高水平的睾酮被证明与风险较高的行为和信任度下降有关。因此，睾酮水平很可能会影响财务决策。

睾酮是一种重要的激素，对当前的行为和身体在子宫内的形成都有影响。产前更多接触睾酮会对身体产生明显的影响。这些身体标志的例子包括：①在产前睾酮水平较高的人群中，第二指和第四指长度的比值（2D∶4D）较小；②睾酮水平越高，面部特征的男性化程度越高。因此，研究睾酮对金融风险承担的影响可以通过与这些身体标志物的关联进行，也可以通过医学测量当前的睾酮活性进行。

一项研究调查了首席执行官的面部男性气质，并假设睾酮会影响脸型和公司在财务及会计方面的决策。产前睾酮水平越高，即脸型越男性化，承担的风险就越高。他们发现，面部男子气概与财务错误报告、内幕交易和期权回溯呈正相关。[13] 有两项研究考察了参与者的 2D∶4D 比值与风险规避或交易利润之间的关系。在第一项研究中，研究人员使用彩票问题对 152 名参与者（65 名女性，87 名男性）进行了三个高风险的财务决策调查。[14] 他们得出的结论是，暴露于产前睾酮水平较高（2D∶4D 比值较小）的受试者更愿意承担金融风险。男性和女性都是如此。在第二项研究中，研究人员跟踪调查了 45 名来自伦敦交易大厅的男性高频交易员。[15] 研究结果显示，2D∶4D 比值和培训年限都能预测交易员 20 个月的交易盈利能力。因此，生理和经验对交易成功的贡献大致相同。

除了产前睾酮暴露会影响大脑和其他身体发育这一理论之外，还有双胞胎睾酮转移假说。该理论认为，对于异卵双胞胎来说，男性胎儿羊水中睾酮含量越高，女性胎儿出生前接触到的睾酮就越多。这导致了双胞胎女性的男性化。一般来说，女性比男性更倾向于规避风险。如果这种转移理论和产前睾酮暴露理论是正确的，那么在其他条件相同的情况下，男女双胞胎中的女性应该比其他女性能够承担更多的经济风险。为了验证这一点，我们回到瑞典双胞胎登记系统。一项研究调查了 9410 名来自异性双胞胎的女性，并将她们与 9093 名来自同性双胞胎的女性进行了比较。[16]

与同性双胞胎中的女性相比，研究得出的结论是，异性双胞胎中的女性：

- 将更多的金融资产分配给股权。
- 投资于风险较高的投资组合，以回报波动性衡量。
- 相对于共同基金，在个股中分配更高的比例。

然后，作者将男性双胞胎纳入分析，以估计风险规避的性别差异，以及产前睾酮暴露对其的影响。他们发现，女性在产前接触异性伴侣的睾酮可以解释：

- 在公平分配方面，性别差距为38.6%。
- 投资组合的波动率和个股配置差距分别为10%和11%。

在其他测试中，研究发现，来自异性双胞胎的女性表现出其他行为，开始缩小性别差距。具体来说，报告显示，与同性双胞胎的女性相比，她们交易更频繁（过度自信），拥有更多彩票类型的股票。

另一类睾酮研究测量参与者的睾酮活性水平，然后检查他们的金融交易或决策。约翰·科茨教授和他的同事进行了几项关于睾酮和金融风险承担的研究。在一项研究中，他们测量了一小群男性交易员（$n=17$）在真实工作条件下连续8个工作日上午和下午的睾酮水平。[17] 睾酮很容易通过一个人的唾液样本来测量。研究人员发现，在研究过程中，交易员在早晨的睾酮水平高于整体中值水平的日子里，每天的盈利能力明显更高。这些结果表明，早晨的睾酮水平可以部分预测交易员每天盈利的方向。

另一项研究调查了参与艾奥瓦州赌博任务的受试者的表现和其唾液睾酮水平。该任务提供了一系列的金钱奖励和损失，以测试决策对奖励和损失的敏感性。研究人员向 154 名受试者每人发放了 2000 美元的贷款，并要求他们在 100 轮测试中尽可能多赚钱。[18] 在艾奥瓦州赌博任务的每一轮中，受试者可以从四副牌中抽一张牌。每一副纸牌的设置都是为了揭示不同的奖励结果或损失结果的顺序和分配。受试者通过观察每次抽签的结果来了解这些分配情况。研究表明，睾酮水平较高的受试者比睾酮水平较低的受试者承担更大的风险（从风险较高的纸牌中抽得更多）。

生命体征。到目前为止，身体的生理学已经被证明有助于预测金融风险承担。然而，生理与金融的关系很可能也会朝着另一个方向发展。也就是说，财务决策可以影响身体。例如，在赌博时，你的心率和血压可能会上升。

研究人员在一个典型的交易日对 10 名专业外汇和利率衍生品交易员进行了调查。[19] 他们测量了心率、血压、呼吸、皮肤温度、皮肤电导反应等生理状况。这些措施中有许多是评估交易员的情绪反应的。情绪在理性的财务决策过程中有一席之地吗？它们可能会，但它们肯定会在正常的金融决策中发挥作用，即使对经验丰富的专业交易员也是如此。学者用证券价格波动率和收益波动率来识别高风险和不确定性时期。他们发现，交易员的高波动期与高血压、更高的皮肤温度和更大的皮肤电导反应有关。当汗腺被激活时，皮肤电导反应就会发生。与经验丰富的交易员相比，这些高风险事件在经验不足的交易员中引起了更大的生理反应，但即使是经验丰富的交易员也表现出了这种效应。显然，高风险和不确定的事件会对身体产生影响，即使对专业交易员也是如此。当然，像这样的研究需要大量的生理数据，但它只包括了 10 个人的样本。我们能在多大程度上推广这些结果吗？

市场的表现可能会引起一般投资公众的积极情绪或消极情绪，

以及相关的身体症状。一项研究通过加利福尼亚州股市大幅下跌后的住院人数来检验这一猜想。[20] 学者发现，股市崩盘与因焦虑、恐慌症和重度抑郁症而入院之间存在很强的联系。例如，美国股市在黑色星期一（1987 年 10 月 19 日）下跌了近 25%。当天入院人数激增了 5%。第二天，市场收复了一半的失地，但没有出现逆转效应。当他们只考察心理状况时，结果更明显。巴恩斯教授的研究进一步证实了这些发现，该研究利用了 30 多年来的器官移植数据，发现股市回报率与死亡人数呈负相关关系。[21] 股票市场似乎会让你生病。

基因经济学

"基因经济学"一词是指在经济学中使用分子遗传信息。人类基因组计划确定了构成人类 DNA 的核苷酸的序列，并确定和绘制了人类基因组中所有基因的位置和功能。对一个人进行基因分型的成本已经下降到可以大规模探索将特定基因与行为联系起来的程度。然而，仍然有很大的障碍需要克服。一个例子就是规模。人类基因组大约有 30 亿个核苷酸对排列在 23 条染色体中。幸运的是，所有人类的基因有 99.6% 是相同的，所以我们只需要找出差异。然而，这仍然留下了成千上万的基因标记来比较财务决策。

规模仍然很大，这可能会带来问题。例如，一项研究使用了 7574 个人的 363 776 种基因数据来评估哪些基因变异可能会推动教育成就。[22] 然而，由于基因类型的数量远远超过了人的数量，因此检测出真正关联方面的能力非常低。事实上，作者在不同的 9535 人身上重复了同样的分析，并没有发现相同的遗传—行为关联。因此，它们说明了这些测试的结果是多么虚假。

另一种检查基因和行为的方法是关注少数因其神经化学功能而被选择的遗传标记。例如，多巴胺是一种神经递质，与大脑中的奖励和愉悦系统有关。某些想法或行为会触发多巴胺的释放，从而提供愉悦的感觉。这些行为与愉悦的感觉相关，因此多巴胺为这些行为提供了正向强化。多巴胺受体调节神经递质的结合，神经递质调节感觉的强度。这些受体基因可能在人与人之间有差异。不同的多巴胺受体功能有特定的基因编码。其中一种被称为DRD4 的基因在大脑的边缘系统、前额叶皮层和纹状体区域产生受体。大脑的这些区域负责动机、认知和情感。因此，这种 DRD4基因的变异可以影响人们在各种想法和活动中获得奖励（愉悦）的方式。如果这些想法和活动是关于风险和不确定性的，它可能会影响一个人的风险规避水平。

DRD4 基因有一种叫作等位基因的变异，这种变异在基因片段自身重复的次数上有所不同。最常见的版本要么是 4 重等位基因，大约有四分之三的人携带这种基因，要么是 7 重（或者更多次重复）等位基因。更多次重复等位基因（7 次或更多）的存在已被证明与多巴胺敏感度降低有关。对多巴胺的敏感度降低，意味着需要相对更多的刺激才能发出同等强度的内部激励。携带至少一个 7重或更多次重复等位基因的人更有可能追求新奇感或者参与赌博活动。因此，一项研究探讨了携带低重复等位基因的人和携带高重复等位基因的人在金融风险规避水平和耐心方面的差异。[23] 通过检测漱口水在脸颊间来回冲洗得到的面颊细胞，可以确定 DRD4等位基因。

该研究检测了 137 名参与者：51 人有 7 重 DRD4 等位基因，86 人没有多次重复等位基因。采用实验设计，参与者首先参加传统的风险抽奖活动，然后参加获奖概率模糊的抽奖活动，还要参加确定损失区间的风险选择活动。此外，参与者还需要填写一份调查问卷，供研究人员了解他们在现实生活中的金融经验以及储蓄意愿、信用卡余额等信息。

实验结果并没有表明携带7重等位基因的人在传统的风险抽奖活动中表现得更愿意承担风险。然而，当面对模糊的风险或者有确定损失的风险时，他们确实表现得不那么保守。尤其是，他们似乎更厌恶损失。此外，他们也会耐心选择，因此也没有出现冲动。然而，他们似乎确实对现实情况表现出了一些微妙的偏差。研究人员总结道："他们寻求新奇事物，当局势模糊或有确定损失时，与机会是已知的而且结果都是积极的相比，他们更有可能发生金融风险。"

根据上述调查问卷的结果，携带7重等位基因的人和没有携带这种基因的人，在现实生活的金融选择中也存在显著差异。有趣的发现是，携带7重等位基因的人：

- 持有的储蓄额度较少。
- 可能不会每月都偿清信用卡欠款。
- 在自动取款机上会取出比日常所需更多的现金。
- 不太可能使用借记卡代替信用卡付款。
- 不太可能购买透支保护措施。

作者得出的结论是，携带7重等位基因的人不太可能做出安全的、有耐心的金融选择。各组之间在神经生物学方面的区别是，携带7重等位基因的人需要更多的刺激，才能感受到同等的多巴胺带来的快感。程度轻的刺激对这类人并不能产生可以觉察的快乐。程度轻的刺激对这类人的影响很小或没有影响，他们寻求强烈的刺激才能感受到多巴胺带来的快乐。这似乎对他们做出财务决策也产生了影响。在未来，我们应该期待看到更多关于基因标记和金融行为的研究成果。

全基因组关联方法。核苷酸对，被称为单核苷酸多态性（SNPs），这一物质在人体内的含量各不相同。全基因组关联研究（GWAS）的方法，是从对数百万个 SNPs 加以必要的控制后进行单独测试，并与特定的行为或结果进行对照开始的。我们来看一下获得高等教育的结果。这一过程确定了与教育结果相关的基因变异。一些基因变异或许可以积极地解释这种行为，而另一些基因变异则可能消极地解释这种行为。GWAS 方法将所有变异的影响结合成一个数字，例如，接受教育的多基因评分。每个人都有一个多基因评分，这是他拥有哪些基因变异以及这些变异如何有助于获得高等教育的一个因素。然后，学者用这一评分来检验基因对特定经济结果的作用。GWAS 已经确定了与认知、人格、健康，乃至体型等结果相关的 SNPs 的组合。

一项研究将这些组合称为遗传禀赋，并研究了它们是如何影响投资者参与股票市场的。[24] 在分析美国 50 岁及以上人口的《健康和退休研究调查数据》的基础上，该研究报告称，与教育程度、一般认知和身高相关的遗传禀赋较高的人更有可能投资股票市场（并将大部分财富投资于风险资产），而与神经质、抑郁症状、心肌梗死、冠状动脉疾病和身体质量指数（BMI）相关的遗传评分较高的人，参与股票市场的意愿则较低。未来几年可能会有更多类似的研究出现。

认知能力退化

随着年龄的增长，人们往往会变得更加厌恶风险。这是生物学原因还是环境原因？有可能是生物学原因造成的，因为过了一定阶段后认知能力往往会随着年龄的增长而下降。认知能力也被证明与风险规避呈负相关关系。也就是说，具有较高认知能力的人愿意承担更大的经济风险。然而，认知能力退化也可能与环境问题相关。例如，老年人有不同的投资需求。在他们生命周期的早期，他们可能关注资本增长，做长线投资。而在岁数更大的时候，他们更关注短线投资，以期在较短的时间内就可以获得收入。因此，金融风险规避的差异可能源于不同时期的不同需求、不同的认知能力，或者两者兼有。

对于世界上许多正在经历人口老龄化的国家来说，这是一个重要的问题。美国婴儿潮时期出生的人口在几年前就达到退休年龄了，并且这种情况还将持续十年。欧洲的人口结构与美国相似。日本人口老龄化的情况甚至更为严重。因此，老年投资者的金融行为对全球的资本市场、投资行业、社会和政府政策都有重要影响。

为了区分年龄和认知能力的作用，有学者采用了《欧洲的健康、老龄化和退休调查》报告中的数据开展研究。该报告对超过12 000 名 50 岁及以上的人进行了调查。[25] 调查包括一个人的年龄、财务风险态度、股票市场参与情况，以及认知能力的三个领域（数学能力、口头表达能力和记忆力）。研究结果表明，在控制了年龄因素之后，这三种认知能力的指数是一个人愿意承担财务风险水平以及他们是否愿意投资股票市场的一个强有力的预测指标。认知能力越强，人们愿意承担的风险就越大。在认知能力的三项指标中，数学能力的影响最大。口头表达能力的得分也是愿意承担风险的一个强有力的预测因素，而记忆力只发挥了很小的作用。研究者得出的结论是，年龄和是否愿意承担风险之间，有 85% 的关联可以归因于认知能力。因此，随着年龄增长而导致的财务风险规避意愿的增强，更多的原因在于认知退化，而与财务需求变化的关联较小。

认知能力退化会对一个人的投资组合产生重要的负面影响。然而，一些负面影响可能会通过一个人随着时间的推移而获得的投资经验来抵消。随着投资者年龄的增长，哪个因素的影响更大，是认知能力下降放缓，还是投资经验增多？一项研究通过分析一家美国折扣经济公司的超过 62 000 个投资者账户的投资组合持仓和交易情况，探讨了这一问题。[26] 研究者利用投资者的年龄来代表他们的认知能力，用开立交易账户的时长来代表投资经验。通过分析投资者的年龄、开立账户的时长与其投资业绩、交易、投资分散度等的关系，研究者评估了投资技能和行为是如何受到认知能力退化和投资经验影响的。

该项研究支持了对生命周期的预测，即较年长的投资者持有较低风险的投资组合。该项研究还表明，丰富的投资经验使年长的投资者表现出更强烈的分散化偏好，并且减少了交易频率，在卖出股票时更愿意选择在年底避免税收损失的方式，以及表现出更少的行为偏差。研究者发现，与认知能力退化相一致的是，年长的投资者表现出较差的选股能力和较差的分散化投资技巧。随着投资者年龄的增长和经验的增加，他们的投资技能也在增长。而后，随着认知能力退化的开始，这种能力开始降低，即使是拥有了更多的投资经验也无法弥补这种降低带来的负面影响。投资者的投资技能从 70 岁开始急剧恶化。认知能力退化的影响导致经风险调整后的年收益率降低约 3%，而在拥有大量投资组合的年长投资者中，经风险调整后的年收益率估计降低达 5% 以上。因此，认知能力退化会带来真正的经济后果。

总结

男性和女性在对待风险的态度上存在显著差异。女性在投资组合和实验性金融博弈选择中表现出更高的风险规避倾向。在其他条件都相同的情况下，这可能会导致她们一生中的投资收益比较低，从投资中获得的财富要少于男性。然而，出现这些差异的原因可能源自对性别的刻板印象和学习。这表明，先天因素和后天环境都会影响一个人的投资决策。对双胞胎和被收养者的研究表明，大约五分之一至三分之一的金融风险规避、金融决策和投资偏差可以归因于一个人的基因。然而，确定人类天性和投资行为之间的联系是困难的，因为基因组实在是过于庞大。测试功能已知的特定基因则会容易一些。例如，多巴胺是一种调节人体对奖励机制敏感性的物质，它在人体中的含量高低似乎确实与新颖性或冒险行为有关。

人体的生理功能变化也会影响人们的财务决策。例如，激素就起着重要的作用。一个人在胎儿期子宫内的睾酮越多，或这一激素在体内越活跃，他对风险的耐受性就越高。但金融结果也会影响一个人的身体健康状况。市场的大幅下跌已被证明与医院的住院人数增加相关，尤其是心理健康出现问题的住院人数。最后，随着年龄的增长，尤其是 70 岁以后，人们会经历认知能力的退化。这就会降低人们的投资能力，并同时使他们的风险规避意愿提高。这种影响导致投资者的投资业绩显著下降。许多国家都在经历人口老龄化，人们可能会发现，这些国家的资本市场受到了由老年人控制的大部分财富的影响。

思考题

1. 男性和女性在投资行为上有什么不同？这种差异是由生理因素驱动还是由社会规范驱动的？请予以解释。
2. 考虑到双胞胎和被收养者的研究结果，有多少比例的投资态度可以归因于一个人的遗传因素、童年经历和成人经历？
3. 睾酮的存在如何影响一个人对待风险的态度？解释当前和产前睾酮水平高低对一个人投资的影响。
4. 投资及其结果如何影响人的身体健康状况？
5. 描述认知能力退化对个人投资决策以及对社会的影响。

第 13 章

2021 年的模因投资者

2021 年 1 月，在业余投资者的投机参与下，游戏零售商游戏驿站的股价飙升了 700% 以上。游戏驿站股票在 1 月 4 日开盘时的价格为 19.03 美元，到 1 月 21 日涨至 43.03 美元，涨幅超过一倍。然而，真正的飙升发生在接下来的 5 个交易日，股价在 1 月 28 日（周四）上午突破了 483 美元。

个人投资者通过美国社交媒体平台红迪网，特别是在红迪网的华尔街投注论坛版块（美国最大的散户论坛，一部分会员在这里讨论交易策略）协调购买游戏驿站股票和其他资产，如美国电影院线股票和狗狗币加密货币。从 2020 年开始，华尔街投注论坛的用户将目光转向了陷入困境的电子游戏零售商游戏驿站的股票。虽然一开始只有少数用户讨论这只股票，但在 2021 年初，游戏驿站股票因预期即将出现轧空而股价飙升时，成千上万的散户投资者加入了他们的行列。这就使游戏驿站成为一只模因股票。模因股票是通过社交媒体平台获得一批狂热的追随者。模因投资者⊖是模因股票的追随者。

游戏驿站的轧空：模因投资者大战华尔街投资者

轧空。大多数投资者试图以低价买入股票，然后以更高的价格卖出，以获得资本收益。投资者在认为股价会上涨时买入股票，这被称为多头头寸。但如果你认为股价会下跌呢？你如何从中获利？投资者买入空头头寸。要做到这一点，你需要从证券公司那里借入股票并卖出。现在你从出售中获得现金，但欠你的证券公司股票份额。这就是所谓的做空。如果股价随后像预期的那样下

⊖ 跟风的小型个人投资者。——译者注

跌，做空者可以在股票市场上买回股票，并将其返还给证券公司。利润的计算方式是卖出的价格减去买入的价格，就像做多一样。不同之处在于，空头投资者以相反的顺序进行交易——先卖后买。然而，如果股票价格上涨，那么做空者就会赔钱，因为股票必须以高于先前售出的价格回购。

当一家公司的许多股票被卖空，价格开始上涨时，就会出现轧空。随着价格攀升，卖空者赔钱。如果价格攀升到一定程度，他们可能会被证券公司强迫拿出一些现金来弥补损失或退出空头头寸——这被称为追加保证金。要摆脱空头头寸，你必须购买股票并将其归还给证券公司。然而，如果有足够多的做空者开始买入股票，那么这种买入压力将导致股价进一步上涨。这对剩下的做空者的压力更大，因为他们的损失正在加剧。剩下的一些做空者开始买入，以摆脱他们的空头头寸，并进一步推高价格。就像多米诺骨牌一样，它们开始迅速倒下。当持有股票的投资者拒绝出售股票时，这种循环可能会产生戏剧性的（尽管通常是暂时的）价格上涨。在做空期间持有多头头寸的投资者眼看着股价攀升，赚到很多钱。

当有高比例的流通股被卖空时，最好进行轧空。此外，如果持有多头头寸的投资者可以锁定尽可能多的股票，那么卖空者为摆脱空头头寸而购买的股票就会所剩无几。这种流动性的缺乏可能会大幅推高价格。

游戏驿站的轧空。模因股票投资者发现做空利润非常高的股票，然后试图通过购买股票并迫使其上涨来挤压做空者。游戏驿站进行轧空的时机已经成熟。参考游戏驿站在雅虎的股票份额统计，财务数据见表 13-1。

在已发行的 6975 万股股票中，游戏驿站有 6178 万股被卖空。

这相当于 88.58% 的股份。相比之下，与此同时，美国银行只有 0.97% 的股票被卖空。这种高度的卖空似乎是极端的，却是可能的。当投资者以多头的方式购买股票时，这些股票很可能是由证券公司持有的。然后买方的证券公司可能会把它借给做空者。从做空者那里购买股票的投资者在证券公司那里持有股票，这样就有更多的股票可以借出。因此，一只股票可能不止一次被做空。机构持有 122.04% 的比例在正常情况下看起来不太可能，但在如此高的做空水平下是可能的。此外，流通股仅为 4689 万股。流通股是指已发行股票减去不可用于交易的股票。

表 13-1 2021 年 1 月部分游戏驿站股票份额统计

（单位：百万股）

发行在外的股份	69.75
流通股	46.89
内部人员持有	27.33%
机构持有	122.04%
股票做空	61.78
空头比率	2.81
上月股票做空	68.13

资料来源：雅虎财经频道。

轧空效果很好。游戏驿站股票于 2021 年 1 月 4 日开放，价格为 19.03 美元，到 1 月 21 日涨了一倍多，达到 43.03 美元。价格上涨给做空者带来了压力。随着股价不断上涨，做空者不得不重新购买股票以回补空头头寸。请注意，表 13-1 中的股票统计数据显示，上月（12 月 15 日）做空的股票数量为 6813 万股。截至 1 月 15 日，约 650 万股做空股票已被补仓。投资者的买入和空头回补进一步推高了价格。图 13-1 显示了游戏驿站股票在轧空期间的蜡烛图。每条线的顶部和底部分别代表当天的最高价和最低价。

条形图的顶部和底部代表当天的开盘价和收盘价。暗（亮）条表示
收盘价低于（高于）开盘价。

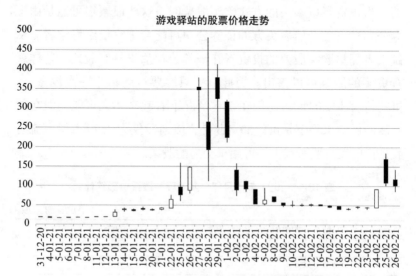

图 13-1　轧空期间游戏驿站的股票价格走势

资料来源：雅虎财经频道。

图中显示了在轧空那一周内的剧烈波动。例如，1 月 28 日星期四上午，游戏驿站以每股 265 美元的价格开盘，飙升至 483 美元。随后暴跌至 112.25 美元的低点，又反弹至 193.60 美元收盘。

这些做空者是谁？ 大多数做空者都是华尔街的投资者，比如对冲基金。一些做空者在收到追加保证金通知后损失了数亿美元。他们要么在账户中增加现金，要么通过买入股票来弥补空头。但模因投资者没有出售。这导致股票很难买到，并进一步推高了股价。因此，更多的对冲基金想要回补其空头头寸，等等。媒体报道称，在两天的时间里，做空者损失了 19 亿美元。

例如，以香橼研究公司创始人兼执行合伙人安德鲁·莱福特

为例。由于他看跌游戏驿站，他成为模因投资者愤怒的目标。1 月
21 日，莱福特在油管（YouTube）上发布了一段视频，概述了他
看跌游戏驿站的观点以及他认为游戏驿站股价被高估的 5 个理由。
他曾预测，股价将从视频发布时的 40 美元左右迅速下跌至 20 美
元。在游戏驿站股价处于 40 美元区间时，莱福特通过对冲基金香
橼资本做空了该公司。在路透社的一篇文章中，他说："每个人都
认为这只股票很糟糕，人们购买并拥有它的唯一原因是，对于他
们来说，这是一场游戏。"他补充道："我创造了这款基于揭露真
相的游戏……所以我不会对站在另一边的人生气。"[1]

轧空确实伤害了做空者。据媒体报道，规模达 130 亿美元的
对冲基金梅尔文资本需要对冲基金城堡投资和 Point 72 资产管理公
司提供的金融生命线才能生存。由于①做空游戏驿站对对冲基金
的巨大损失，②空前规模的追加保证金通知，以及③现有风险管
理模式的失败，最大的经纪公司之一盈透证券的创始人兼董事长
托马斯·彼得菲表示："我们已经非常接近整个系统的崩溃，而公
众似乎完全没有意识到这一点，包括国会和监管机构。"[2]

轧空结束。如图 13-1 所示，游戏驿站的高股价并没有持续太
久。峰值过后一周，股价又回到了每股 50 美元。当罗宾汉公司和
其他券商限制了游戏驿站和其他模因股票的交易时，这场狂欢因
交易量增加以及由此产生的保证金要求于 1 月 28 日结束。到 2 月
12 日，交易量大幅下降，股价跌至 52.40 美元。交易的限制激怒
了模因投资者，在他们看来，这证实了该系统被操纵，这有利于
机构而不是散户投资者。罗宾汉公司首席执行官弗拉迪米尔·特
内否认与对冲基金有任何联系，并声称交易暂停是由于模因股票
交易量突然增加，清算所要求的抵押品激增。次日允许有限的交
易，但反弹已被打破。这一次，是模因投资者损失了钱。然而，

他们并没有放弃，在接下来的 6 个月里，股价在 140 美元至 300 美元之间反弹，而做空的流通股比例下降至 13.94%。

社交（媒体）互动

2020 年，在美国社交媒体红迪网的华尔街投注论坛上，留言板用户开始讨论"游戏驿站"这只股票。起初，只有少数用户参与。到 2021 年初，随着社交媒体上"游戏驿站去月球"活动的兴起，成千上万的散户投资者加入了他们的行列，期待能够快速轧空。他们使用的"游戏驿站""燃烧短裤"和"华尔街投注论坛"等标签式的词语，成为模因投资者最具传染性的表达方式。

游戏驿站股票事件最狂热、最主要的推动者，或许应该是基思·吉尔。他在油管上的昵称是"咆哮的小猫"，在红迪网上以"深度价值"而著称。吉尔在推特上总共发布了大约 590 条关于投资游戏驿站股票的消息，并在油管上发布了超过 250 个小时的相关主题视频。在视频和其他帖子中，吉尔公布了他持有游戏驿站股票的情况。2019 年 9 月，他分享了自己的第一个持仓情况，显示他在游戏驿站股票上投资了 5.3 万美元。一年多后的 2021 年 1 月底，吉尔的帖子显示，他持有的游戏驿站股票和期权收益上涨了 4000%，他的交易账户价值接近 4800 万美元。难怪他获得了大量的追随者，成为社交媒体上的民间英雄。

社交媒体上的帖子真的推动了交易和价格走势吗？一项使用了 4000 万条红迪网帖子数据集的研究，向人们展示了社交媒体平台上的活动是如何影响模因投资者选择游戏驿站股票和期权并确定交易比例的。[3]

游戏驿站股票事件是一群投资者大量涌向一只或几只股票的

很好例子。当机构集中操作时，股票价格就会波动。通常情况下，散户投资者的交易并不会显著影响价格。然而，由于潜在的轧空机会，模因投资者的行为产生了羊群效应。红迪网华尔街投注论坛留言板上围绕游戏驿站股票产生的狂热，让人们想起了 1999 年的互联网热潮。当时，日内交易开始出现，散户投资者买进或者卖出股票，他们甚至连股票所属公司的名字都不知道（见第 9 章）。

游戏驿站股票事件中有一个重要的特征是投资者怀有"我们对战他们"的心态。社交媒体帖子中的主要线索都围绕着投资世界是如何欺负这些小人物的。模因投资者一再不断地诉说，规则、监管机构和市场都是以牺牲散户投资者的利益为代价来支持机构投资者的。发起针对做空游戏驿站股票的对冲基金的攻击，是散户投资者报复机构投资者的共同愿望。成为现实中的罗宾汉，以"杀富济贫"的幻想鼓动了很多人。因此，对冲基金运营商莱福特（上文提到的）的评论，只是激怒了模因投资者，并使他们"全力投入"攻击做空者。

情绪。研究者考察了红迪网华尔街投注论坛在美国股市开市期间讨论帖子的情绪基调。[4] 他们运用词汇法从华尔街投注论坛的帖子中提取含有情绪表达的信息。这种方法通过构建词汇表或"词汇字典"，将单词与情绪一一对应标记出来。这个词汇表可以用来评估短语和句子的情感，而不需要借助其他任何工具。其方法是观察句子中每个单词的情绪类别，并根据情绪类别来标记整个句子。这五种情绪类别是：愤怒、恐惧、快乐、悲伤和惊讶。

恐惧和悲伤是最常见的情绪。有趣的是，对对冲基金和大型机构投资者的愤怒是这五种情绪中最不受欢迎的。然而，大众情绪与这种情绪对交易的影响之间存在差异。研究者发现，悲伤、愤怒和惊讶对游戏驿站股票短时回报的影响最大。当然，游戏驿站股票的走势也会影响红迪网发帖者的情绪（参见第10章）。在这方面，收益对模因投资者的快乐情绪影响最大。他们还报告说，红迪网较长的帖子比较短的帖子更有影响力。投资者整体（积极/消极/中性）情绪仅从长帖子中提取到信息时才会影响游戏驿站盘中收益。

游戏化的交易

很多模因投资者的交易都是通过罗宾汉公司等无佣金的在线经纪平台进行的。罗宾汉公司因将投资游戏化和将市场变成赌场而受到批评甚至被起诉。[5] 与优步（Uber）等其他行业颠覆者类似，它们利用技术大幅降低了该行业的成本，在这里是指经纪服务的成本。考虑到较低的成本，它们随后将市场定位于以前未面向的市场：可投资资金相对较少的年轻人。罗宾汉公司是第一家在方便、简单、吸引人的移动应用程序上提供免佣金交易的经纪公司。罗宾汉公司宣称的使命是"让所有人的金融民主化……（并）让投资变得友好、平易近人、容易理解"。为了做到这一点，罗宾汉公司设计了一些功能，让投资更像一款游戏。例如，新用户在刮掉看起来像彩票的图片后，可以获得免费的股票份额。它们的游戏化功能，比如在交易后出现有趣的五彩纸屑，提供了一种吸引年轻一代的即时奖励。毕竟，这一代人是玩着充满肾上腺素的电子游戏长大的。像一个相对较简单的新冠疫情检查过程，他们可以在游戏驿站中玩一个"是男人就要坚强"的游戏。

罗宾汉公司的应用程序和类似的金融科技应用程序的简单性可能会增加股票市场的参与度。例如，罗宾汉公司的1300万用户中有一半是首次投资者，截至2020年5月，罗宾汉公司的客户数量超过了嘉信理财或亿创理财。罗宾汉公司用户也异常活跃。在 2020 年第一季度的客户账户中，他们平均每 1 美元交易的股票数量是亿创理财客户的 9 倍，是嘉信理财客户的 40 倍。请注意，交易的零成本和便利性导致了过度交易、过度自信和加剧的行为偏差（见第 2 章）。

游戏化的功能鼓励了交易，从而引发了情绪和行为反应。为了做到这一点，这款应用突出显示了股票列表，但没有太多投资信息。最突出的两个榜单分别是最受欢迎的榜单和最大涨跌幅个股榜单。最大涨跌幅个股榜单很短，而且在不断变化，而最受欢迎的榜单很长，基本上是静态的。除了基本的市场信息外，罗宾汉公司只提供了 5 个图表指标。相比之下，德美利证券提供了近 500 个图表指标。请注意一点，这个结构会引导用户选择罗宾汉公司挑选的股票。交易结构和信息的简化可能会为投资者提供认知上的便利，导致他们更多地依赖直觉，而不是批判性思维（见第 5 章）。然后，该应用程序使交易这些股票变得非常容易。因此，罗宾汉公司的用户可能会蜂拥购买该应用程序中突出列表上的股票。

一项研究调查了罗宾汉公司的顾客群体。[6] 报告显示，罗宾汉公司用户 35% 的净买入集中在 10 只股票上，相比之下普通散户的这一比例仅为 24%。这种影响在零售交易增加的时期更为明显，例如在新冠疫情期间。这些羊群效应事件通常不会对投资者有利，因为买方的羊群效应通常会带来负回报。罗宾汉公司用户每天购买的前 0.5% 的股票在接下来的一个月里大约下降了 5%。在最极端的羊群效应事件之后，平均回报率几乎为负 20%。这种负面的羊群效应在新冠疫情期间尤为明显。

另一项研究调查了模因投资者本身。[7] 他们发现，交易游戏驿站股票的投资者更有可能是年轻的经验不足的男性，并且有从事高风险交易的历史。这种疯狂吸引了新的投资者，参与该交易的投资者中，有 4.5% 的投资者在 1 月 13 日或之后在证券公司开立了账户。尽管社交媒体在帖子上提倡买入并持有的策略，以将股票推向"顶峰"，但新一代投资者表现出了在峰值期间平仓的最佳嗅觉。那些在疯狂期间从证券公司开户的人，更有可能在 1 月 26 日之前或 2 月 1 日之后出售，从而错过了股价峰值。在挤兑的后期阶段买入游戏驿站股票的男性，更有可能在整个疯狂期间和全年持有游戏驿站的股票。

轧空合法吗

游戏驿站股票的轧空事件是合法的吗？或者说，这是传统的抽水转储计划[⊖]的新玩法？在这样的计划中，交易员持有一只流动性较低的股票。在通常情况下，他们最初的购买会拉高股票价格。然后，这些交易员串通一气，他们通过操纵交易和散布虚假或无用信息，造成这只股票的价格虚高。当其他投资者开始购买这只股票时，股票价格会被拉得更高。最初那些交易员通过以更高的价格出售他们持有的股票而获取利润——这就是所谓的转储。此时，这只股票已不再被追捧。由于缺乏新的买家，这支股票价格飙升的趋势受挫。然后，当那些被骗的人试图出售他们持有的股票时，股票价格往往会暴跌。

显然，人们在红迪网华尔街投注论坛上进行了串通，并公开参与其中，试图操纵游戏驿站股票的价格。监管机构和检察官可以查到谁在通过经纪系统买卖股票。但将这些交易与那些公开声

⊖ pump and dump scheme，拉高出货骗局。——译者注

明——对应起来非常困难，尤其是因为大多数人都是通过匿名账户来发表议论的。此外，向数以百计的小额交易人员收取费用，可能会使得模因投资者认为，这一系统是被对冲基金操纵、打击散户投资者的。而且，一些议员将这一事件解读为一场类似"占领华尔街"的运动。民主党人和共和党人都急吼吼地为模因投资者站台。因此，当监管机构表示出有调查做空者的兴趣时，参议员特德·克鲁兹和众议员亚历山大·奥卡西奥 - 科尔特斯呼吁对罗宾汉公司进行调查，因其对游戏驿站以及其他模因股票的交易设置了障碍，从而阻止了股票价格的上涨。[8]

尽管如此，自称是这一事件领头人的基思·吉尔还是面临着调查和质询。他在向国会作证时，解释了自己在这次事件中所发挥的作用。马萨诸塞州证券监管机构正在调查吉尔以"咆哮的小猫"为名在红迪网上的言论，但一家法院驳回了对吉尔的指控。这项指控引用吉尔在红迪网上关于游戏驿站股票的言论，认为他给投资者带来了"巨大损失"，违反了安全条例。然而，即使是在一年之后，人们也没能搞清楚吉尔是否会承担或应该承担什么后果。

模因股票现象对金融市场产生了重大影响。依靠社交媒体的协调，散户投资者能够采取一致行动，形成一个体量庞大的交易，成功地操纵股票价格。类似的交易策略也出现在了加密货币市场上。[9]

日志

人们认为游戏驿站受到了做空者的恶意攻击，而且该行业受到了针对散户投资者的操纵，这是该股在 2021 年初最初反弹的关键部分。一年后，这种观点在一些模因投资者中变得更加根深蒂固。他们坚持认为，如果有足够多的人坚持做空，他们就能制造出"所有轧空之母"（MOASS）。在最初做空之后的一年中，MOASS 一词在红迪网上被提及超过 130 万次，在推特上被提及 60 万次。

这种观点的关键在于，游戏驿站和其他模因股票是一种被称为裸卖空的非法行为的受害者。在典型的卖空交易中，想要做空某只股票的交易员必须在卖出股票之前从证券公司借入股票。裸卖空是指交易员在没有事先借入股票的情况下卖空股票。这是在证券公司的帮助下完成的，券商声称找到了可借入的股票，但实际上却没有这么做。自美国证券交易委员会收紧规则以来，裸卖空已变得罕见。金融专业人士称，模因投资者的裸卖空论点是一种阴谋论。

MOASS 的新计划是让模因投资者购买游戏驿站的股票，然后利用直接登记制度。通常，投资者在证券公司以"代号代名"持有他们的股票。这样更容易储存和最终销售。通过直接将股票登记在自己名下，券商就无法将这些股票借出去。这个想法在红迪网上流行了大约 4 个月后，超过 10 万人直接注册了他们的模因股份。他们预计，大规模的直接注册将给做空者带来更大压力。

这个计划的一个缺陷是，游戏驿站的情况与一年前不同。表13-2 显示一年后游戏驿站的股权结构变得更加正常，只有 1100 万股被卖空，机构持股比例为 28.65%。相比之下，表 13-1 显示的股票结构为 6178 万股被卖空，机构持股比例为 122.04%。最近的股票结构可能还不适合做空，但模因投资者似乎已经锚定了游戏驿站（见第 5 章）。

表 13-2 2022 年 1 月部分游戏驿站股票份额统计

（单位：百万美元）

发行在外的股份	76.35
流通股	62.84
内部人员持有	18.01%
机构持有	28.65%
股票做空	11.0
空头比率	2.68
上月股票做空	8.45

资料来源：雅虎财经频道。

总结

2021 年 1 月，电子游戏零售商游戏驿站的轧空给做空者（主要是对冲基金）造成了巨大损失。游戏驿站公开发行的股票中有异常高比例的股票被做空。做空最早是由红迪网华尔街投注论坛的用户发起的，他们被称为模因投资者。他们的交易是通过罗宾汉公司这样的无佣金证券公司进行的。随着他们买入游戏驿站的股票，股价攀升。随后，对冲基金纷纷买入股票以回补空头头寸。这导致股价进一步上涨。在 1 月 28 日的最高点，轧空导致股价高达每股 483 美元，是 3 周前每股估值 19 美元的 25 倍多。

模因投资者有一种"我们对战他们"的心态。他们的敌人包括金融体系、对冲基金、主流媒体等。模因投资者认为游戏驿站股票受到恶意做空者的攻击，这是他们在 2021 年初奋起反抗的一个关键原因。他们通过社交媒体的互动，加上罗宾汉公司交易平台的游戏化功能，引起了许多行为偏差和情绪偏差。

思考题

1. 模因投资者的社交互动是怎样说服他们过度投资游戏驿站的？
2. 罗宾汉公司交易应用程序的哪些框架效应助长了过度交易？
3. 情绪是如何影响模因投资者行为的？
4. 锚定感和熟悉度如何使模因投资者在一年后仍然专注游戏驿站的股票？
5. "我们对战他们"的心态在模因投资者交易中扮演了什么角色？

注　释

第 1 章

1. For a discussion, see Annette Vissing-Jorgensen, "Perspectives on Behavioral Finance: Does 'Irrationality' Disappear With Wealth? Evidence From Expectations and Actions," *NBER Macroeconomics Annual* 18 (2003): 139–194.
2. 这一练习类似于爱德华·鲁索和保罗·苏梅克在其著作《决策陷阱》(纽约：西蒙和舒斯特，1989)中提出的例子。赫什·谢弗林在 2000 年财务管理协会(Financial Management Association)年会演讲中也讲过类似的内容。
3. This is an extension of the analysis done in Roger Clarke and Meir Statman's, "The DJIA Crossed 652,230," *Journal of Portfolio Management* 26 (Winter 2000): 89–93.
4. See the discussion in Meir Statman, "Behavioral Finance: Past Battles and Future Engagements," *Financial Analysts Journal* 55 (November/December 1999): 18–27. 我用传统金融学这一术语，而 Meir 用的是标准金融学。
5. Daniel Kahneman and Amos Tversky, "Prospect Theory: An Analysis of Decision Under Risk," *Econometrica* 46 (1979): 171–185.
6. Richard Thaler, "Mental Accounting and Consumer Choice," *Marketing Science* 4 (1985): 199–214.
7. David Hirshleifer, "Investor Psychology and Asset Pricing," *Journal of Finance* 56 (2001): 1533–1597.
8. Matthew Rabin, "Inference by Believers in the Law of Small Numbers," *Quarterly Journal of Economics* 117 (2002): 775–816.

第 2 章

1. Ola Svenson, "Are We All Less Risky and More Skillful Than Our Fellow Drivers?" *Acta Psychologica* 47 (1981): 143–148.
2. Arnold C. Cooper, Carolyn Y. Woo, and William C. Dunkelberg, "Entrepreneurs' Perceived Chances for Success," *Journal of Business Venturing* 3 (1988): 97–108.
3. E. J. Langer, "The Illusion of Control," *Journal of Personality and Social Psychology* 32 (1975): 311–328.
4. Gilles Hilary and Lior Menzly, "Does Past Success Lead Analysts to Become Overconfident?" *Management Science* 52 (2006): 489–500.
5. Brad Barber and Terrance Odean, "The Courage of Misguided Convictions," *Financial Analysts Journal* 55 (November/December 1999): 41–55.

6. Sylvia Beyer and Edward Bowden, "Gender Differences in Self-Perceptions: Convergent Evidence From Three Measures of Accuracy and Bias," *Journal of Personality and Social Psychology* 59 (1997): 960–970. See also Melvin Prince, "Women, Men, and Money Styles," *Journal of Economic Psychology* 14 (1993): 175–182.

7. Brad Barber and Terrance Odean, "Boys Will Be Boys: Gender, Overconfidence, and Common Stock Investment," *Quarterly Journal of Economics* 116 (2001): 261–292.

8. Brad Barber and Terrance Odean, "Trading Is Hazardous to Your Wealth: The Common Stock Investment Performance of Individual Investors," *Journal of Finance* 55 (2000): 773–806.

9. Terrance Odean, "Do Investors Trade Too Much?" *American Economic Review* 89 (1999): 1279–1298.

10. Markus Glaser and Martin Weber, "Overconfidence and Trading Volume," *Geneva Risk and Insurance Review* 32 (2007): 1–36.

11. Meir Statman, Steven Thorley, and Keith Vorkink, "Investor Overconfidence and Trading Volume," *Review of Financial Studies* 19 (2006): 1531–1565.

12 For a discussion and test of the illusion of knowledge, see Dane Peterson and Gordon Pitz, "Confidence, Uncertainty, and the Use of Information," *Journal of Experimental Psychology* 14 (1988): 85–92.

13. Robert L. Winkler, "Probabilistic Prediction: Some Experimental Results," *Journal of the American Statistical Association* 66 (1971): 675–685.

14. Ibid.

15. Michael Dewally, "Internet Investment Advice: Investing With a Rock of Salt," *Financial Analysts Journal* 59 (July/August 2003): 65–77.

16. Robert Tumarkin and Robert F. Whitelaw, "News or Noise? Internet Postings and Stock Prices," *Financial Analysts Journal* 57 (May/June 2001): 41–51.

17. Wen-I Chuang and Rauli Susmel, "Who Is the More Overconfident Trader? Individual vs. Institutional Investors," *Journal of Banking and Finance* 35 (2011): 1626–1644.

18. Paul Presson and Victor Benassi, "Illusion of Control: A Meta-Analytic Review," *Journal of Social Behavior and Personality* 11 (1996): 493–510.

19. Simon Gervais and Terrance Odean, "Learning to Be Overconfident," *Review of Financial Studies* 14 (2001): 1–27. See also Kent Daniel, David Hirshleifer, and Avanidhar Subrahmanyam, "Overconfidence, Arbitrage, and Equilibrium Asset Pricing," *Journal of Finance* 56 (2001): 921–965.

20. Brad Barber and Terrance Odean, "The Internet and the Investor," *Journal of Economic Perspectives* 15 (2001): 41–54.

21. Emmanuel Morales-Camargo, Orly Sade, Charles Schnitzlein, and Jaime F. Zender, "On the Persistence of Overconfidence: Evidence From Multi-Unit Auctions," *Journal of Behavioral Finance* 16 (2015): 68–80.

22. Brad Barber and Terrance Odean, "Online Investors: Do the Slow Die First?" *Review of Financial Studies* 15 (2002): 455–487.

23. James Choi, David Laibson, and Andrew Metrick, "How Does the Internet Increase Trading? Evidence From Investor Behavior in 401(k) Plans," *Journal of Financial Economics* 64 (2002): 397–421.

24. Brad M. Barber, Xing Huang, Terrance Odean, and Chris Schwarz, "Attention-Induced Trading and Returns: Evidence from Robinhood Users," *Journal of Finance* (2022, forthcoming).

第 3 章

1. This example is adapted from Roger G. Clarke, Stock Krase, and Meir Statman, "Tracking Errors, Regret, and Tactical Asset Allocation," *Journal of Portfolio Management* 20 (1994): 16–24.

2. Hersh Shefrin and Meir Statman, "The Disposition to Sell Winners Too Early and Ride Losers Too Long: Theory and Evidence," *Journal of Finance* 40 (1985): 777–790.

3. Stephen P. Ferris, Robert A. Haugen, and Anil K. Makhija, "Predicting Contemporary Volume With Historic Volume at Differential Price Levels: Evidence Supporting the Disposition Effect," *Journal of Finance* 43 (1987): 677–697.

4. William J. Bazley, Jordan Moore, and Melina Murren Vosse, "Taxing the Disposition Effect: The Impact of Tax Awareness on Investor Behavior," *Journal of Financial and Quantitative Analysis* (2021).

5. Gary G. Schlarbaum, Wilbur G. Lewellen, and Ronald C. Lease, "Realized Returns on Common Stock Investments: The Experience of Individual Investors," *Journal of Business* 51 (1978): 299–325.

6. Terrance Odean, "Are Investors Reluctant to Realize Their Losses?" *Journal of Finance* 53 (1998): 1775–1798.

7. See Markku Kaustia, "Prospect Theory and the Disposition Effect," *Journal of Financial and Quantitative Analysis* 45 (2010): 791–812.

8. Mark Grinblatt and Matti Keloharju, "What Makes Investors Trade?" *Journal of Finance* 56 (2001): 589–616.

9. Zur Shapira and Itzhak Venezia, "Patterns of Behavior of Professionally Managed and Independent Investors," *Journal of Banking and Finance* 25 (2001): 1573–1587.

10. Gongmeng Chen, Kenneth Kim, John Nofsinger, and Oliver Rui, "Trading Performance, Disposition Effect, Overconfidence, Representativeness Bias, and Experience of Emerging Market Investors," *Journal of Behavioral Decision Making* 20 (2007): 425–451.

11. Hyuk Choe and Yunsung Eom, "The Disposition Effect and Investment Performance in the Future Market," *Journal of Futures Markets* 29 (2009): 496–522; Joshua Coval and Tyler Shumway, "Do Behavioral Biases Affect Prices?" *Journal of Finance* 60 (2005): 1–34; Peter Locke and Steven Mann, "Professional Trader Discipline and Trade Disposition," *Journal of Financial Economics* 76 (2005): 401–444.

12. Chip Heath, Steven Huddart, and Mark Lang, "Psychological Factors and Stock Option Exercise," *Quarterly Journal of Economics* 114 (1999): 601–627.

13. David Genesove and Christopher Meyer, "Loss Aversion and Seller Behavior: Evidence From the Housing Market," *Quarterly Journal of Economics* 116 (2001): 1233–1260.

14. Laurent Calvet, John Campbell, and Paolo Sodini, "Fight or Flight? Portfolio Rebalancing by Individual Investors," *Quarterly Journal of Economics* 124 (2009): 301–348; Xoran Ivkovic and Scott Weisbenner, "Individual Investor Mutual Fund Flows," *Journal of Financial Economics* 92 (2009): 223–237.

15. Tom Y. Chang, David H. Solomon, and Mark M. Westerfield, "Looking for Someone to Blame: Delegation, Cognitive Dissonance, and the Disposition Effect," *Journal of Finance* 71 (2016): 267–302.

16. 实际上，奥迪恩计算出的异常收益不是基于市场，而是基于匹配的公司的。

17. Martin Weber and Colin F. Camerer, "The Disposition Effect in Securities Trading: An Experimental Analysis," *Journal of Economic Behavior and Organization* 33 (1998): 167–184.

18. John R. Nofsinger, "The Impact of Public Information on Investors," *Journal of Banking and Finance* 25 (2001): 1339–1366.

19. This discussion is adapted from Roger G. Clarke, Stock Krase, and Meir Statman, "Tracking Errors, Regret, and Tactical Asset Allocation," *Journal of Portfolio Management* 20 (1994): 16–24.

20. Markku Kaustia, "Market-Wide Impact of the Disposition Effect: Evidence From IPO Trading Volume," *Journal of Financial Markets* 7 (2004): 207–235.

21. See Jun Li and Jianfeng Yu, "Investor Attention, Psychological Anchors, and Stock Return Predictability," *Journal of Financial Economics* 104 (2012): 401–419.

22. See Allen Poteshman and Vitaly Serbin, "Clearly Irrational Financial Market Behavior: Evidence From the Early Exercise of Exchange Traded Stock Options," *Journal of Finance* 58 (2003): 37–70.

23. Justin Birru, "Confusion of Confusions: A Test of the Disposition Effect and Momentum," *Review of Financial Studies* 28 (2015): 1849–1873.

24. Hal R. Arkes, David A. Hirshleifer, Danling Jiang, and Sonya S. Lim, "Reference Point Adaptation: Tests in the Domain of Security Trading," *Organization Behavior and Human Decision Processes* 105 (2008): 67–81.

25. Vijay Singal and Zhaojin Xu, "Selling Winners, Holding Losers: Effect on Fund Flows and Survival of Disposition-Prone Mutual Funds," *Journal of Banking and Finance* 35 (2011): 2704–2718.

26. Andrea Frazzini, "The Disposition Effect and Underreaction to News," *Journal of Finance* 61 (2006): 2017–2046.

27. See Ravi Dhar and Ning Zhu, "Up Close and Personal: Investor Sophistication and the Disposition Effect," *Management Science* 52 (2006): 726–740.

28. Li Jin and Anna Scherbina, "Inheriting Losers," *Review of Financial Studies* 24 (2011): 786–820.

29. Michal Ann Strahilevitz, Terrance Odean, and Brad M. Barber, "Once Burned, Twice Shy: How Naïve Learning, Counterfactuals, and Regret Affect the Repurchase of Stocks Previously Sold," *Journal of Marketing Research* 48 (2011): S102–S120.

30. John R. Nofsinger and Abhishek Varma, "Availability, Recency, and Sophistication in the Repurchasing Behavior of Retail Investors," *Journal of Banking & Finance* 37 (2013): 2572–2585.

第 4 章

1. Daniel Kahneman and Amos Tversky, "Prospect Theory: An Analysis of Decisions Under Risk," *Econometrica* 47 (1979): 287.

2. This discussion is adapted from Richard Thaler and Eric Johnson, "Gambling With the House Money and Trying to Break Even: The Effects of Prior Outcomes on Risky Choice," *Management Science* 36 (1990): 643–660.

3. Daniel Elkind, Kathryn Kaminski, Andrew W. Lo, Kien Wei Siah, and Chi Heem Wong, "When Do Investors Freak Out? Machine Learning Predictions of Panic Selling," *Journal of Financial Data Science* 4 (2022): 11–39.

4. Daniel Kahneman and Amos Tversky, "Prospect Theory: An Analysis of Decisions Under Risk," *Econometrica* 47 (1979): 263–291.

5. Thierry Post, Martijn van den Assem, Guido Baltussen, and Richard Thaler, "Deal or No Deal? Decision Making Under Risk in a Large-Payoff Game Show," *American Economic Review* 98 (2008): 38–71.

6. Joshua Coval and Tyler Shumway, "Do Behavioral Biases Affect Prices?" *Journal of Finance* 60 (2005): 1–34.

7. Massimo Massa and Andrei Simonov, "Behavioral Biases and Investment," *Review of Finance* 9 (2005): 483–507.

8. Tracey Longo, "Stupid Investor Tricks," *Financial Planning* 30 (2000): 115–116.

9. Alain Cohn, Jan Engelmann, Ernst Fehr, and Michel Andre Marechal, "Evidence for Countercyclical Risk Aversion: An Experiment With Financial Professionals," *American Economic Review* 105 (2015): 860–885.

10. Richard Thaler, "Toward a Positive Theory of Consumer Choice," *Journal of Economic Behavior and Organization* 1 (1980): 39–60.

11. William Samuelson and Richard Zeckhauser, "Status Quo Bias in Decision Making," *Journal of Risk and Uncertainty* 1 (1988): 7–59.

12. Daniel Kahneman, Jack Knetsch, and Richard Thaler, "Experimental Tests of the Endowment Effect and the Coase Theorem," *Journal of Political Economy* 98 (1990): 1325–1348, and "Anomalies: The Endowment Effect, Loss Aversion, and Status Quo Bias," *Journal of Economic Perspectives* 1 (1991): 193–206.

13. George Lowenstein and Daniel Kahneman, "Explaining the Endowment Effect," *Carnegie Mellon University Working Paper* (1991).

14. John List, "Does Market Experience Eliminate Market Anomalies?" *Quarterly Journal of Economics* 118 (2003): 41–71.

15. William Samuelson and Richard Zeckhauser, "Status Quo Bias in Decision Making," *Journal of Risk and Uncertainty* 1 (1988): 7–59.

16. Alexander Klos, Elke Weber, and Martin Weber, "Investment Decisions and Time Horizon: Risk Perception and Risk Behavior in Repeated Gambles," *Management Science* 51 (2005): 1777–1790.

17. The description of cognitive dissonance comes from George Akerlof and William Dickens, "The Economic Consequences of Cognitive Dissonance," *American Economic Review* 72 (1982): 307–319.

18. Robert Knox and James Inkster, "Postdecision Dissonance at Post Time," *Journal of Personality and Social Psychology* 8 (1968): 319–323.

19. William Goetzmann and Nadav Peles, "Cognitive Dissonance and Mutual Fund Investors," *Journal of Financial Research* 20 (1997): 145–158.

20. Markus Glaser and Martin Weber, "Why Inexperienced Investors Do Not Learn: They Do Not Know Their Past Portfolio Performance," *Finance Research Letters* 4 (2007): 203–216.

21. Don Moore, Terri Kurtzberg, Craig Fox, and Max Bazerman, "Positive Illusions and Forecasting Errors in Mutual Fund Investment Decisions," *Organizational Behavior and Human Decision Processes* 79(1999): 95–114.

22. Tom Y. Chang, David H. Solomon, and Mark M. Westerfield, "Looking for Someone to Blame: Delegation, Cognitive Dissonance, and the Disposition Effect," *Journal of Finance* 71 (2016): 267–302.

23. Constantinos Antoniou, John A. Doukas, and Avanidar Subrahmanyam, "Cognitive Dissonance, Sentiment, and Momentum," *Journal of Financial and Quantitative Analysis* 48 (2013): 245–275.

第 5 章

1. Eric J. Johnson and Daniel Goldstein, "Do Defaults Save Lives?" *Science* 302 (2003): 1338–1339.

2. Amos Tversky and Daniel Kahneman, "The Framing of Decisions and the Psychology of Choice," *Science* 211 (1981): 453–458.

3. Amos Tversky and Daniel Kahneman, "Judgment Under Uncertainty: Heuristics and Biases," *Science* 185 (1974): 1124–1131.

4. Markku Kaustia, Heidi Laukkanen, and Vesa Puttonen, "Should Good Stocks Have High Prices or High Returns?" *Financial Analysts Journal* 65 (2009): 55–62.

5. Meir Statman, Kenneth L. Fisher, and Deniz Anginer, "Affect in a Behavioral Asset-Pricing Model," *Financial Analysts Journal* 64 (2008): 20–29.

6. Hersh Shefrin, "Investors' Judgments, Asset Pricing Factors and Sentiment," *European Financial Management* 21 (2015): 205–227.

7. Markus Glaser, Thomas Langer, Jens Reynolds, and Martin Weber, "Framing Effects in Stock Market Forecasts: The Difference Between Asking for Prices and Asking for Returns," *Review of Finance* 11 (2007): 325–357.

8. Mark Grinblatt, Matti Keloharju, and Juhani T. Linnainmaa, "IQ, Trading Behavior, and Performance," *Journal of Financial Economics* 104 (2012): 339–362.

9. Daniel Kahneman, "Maps of Bounded Rationality: Psychology for Behavioral Economics," *American Economic Review* 93 (2003): 1449–1475.

10. Amos Tversky and Daniel Kahneman, "The Framing of Decisions and the Psychology of Choice," *Science* 211 (1981): 453–458.

11. Shane Frederick, "Cognitive Reflection and Decision Making," *Journal of Economic Perspectives* 19 (2005): 25–42.

12. John Nofsinger and Abhishek Varma, "How Analytical Is Your Financial Advisor?" *Financial Services Review* 16 (2007): 245–260.

13. Itamar Simonson and Amos Tversky, "Choice in Context: Tradeoff Contrast and Extremeness Aversion," *Journal of Marketing Research* 29 (1992): 281–295.

14. Tatiana Sokolova, Satheesh Seenivasan, and Manoj Thomas, "The Left-Digit Bias: When and Why Are Consumers Penny Wise and Pound Foolish?" *Journal of Marketing Research* 57(4) (2020): 771–788.

15. Shlomo Benartzi and Richard Thaler, "How Much Is Investor Autonomy Worth?" *Journal of Finance* 57 (2002): 1593–1616.

16. Brigitte Madrian and Dennis F. Shea, "The Power of Suggestion: Inertia in 401(k) Participation and Savings Behavior," *Quarterly Journal of Economics* 116 (2001): 1149–1187.

17. See Sheena Iyengar and Mark Lepper, "When Choice Is Demotivating: Can One Desire Too Much of a Good Thing?" *Journal of Personality and Social Psychology* 79 (2000): 995–1006; and Sheena Sethi-Iyengar, Gur Huberman, and Wei Jiang, "How Much Choice Is Too Much? Contributions to 401(k) Retirement Plans," In *Pension Design and Structure: New Lessons From Behavioral Finance*, Edited by Olivia Mitchell and Stephen Utkus (Oxford: Oxford University Press, 2004), 83–95.

18. Thomas W. Doellman, Jennifer Itzkowitz, Jesse Itzkowitz, and Sabuhi H. Sardarli, "Alphabeticity Bias in 401(k) Investing," *Financial Review* 54 (2019): 643–677.

19. Marianne Bertrand and Adair Morse, "Information Disclosure, Cognitive Biases, and Payday Borrowing," *Journal of Finance* 66 (2011): 1865–1893.

20. Jeffrey R. Brown, Arie Kapteyn, and Olivia S. Mitchell, "Framing and Claiming: How Information-Framing Affects Social Security Claiming Behavior," *Journal of Risk and Insurance* 83 (2016): 139–162.

第 6 章

1. See Richard Thaler, "Mental Accounting and Consumer Choice," *Marketing Science* 4 (1985): 199–214; and Richard Thaler, "Mental Accounting Matters," *Journal of Behavioral Decision Making* 12 (1999): 183–206.

2. Chelsea Helion and Thomas Gilovich, "Gift Cards and Mental Accounting: Green-lighting Hedonic Spending," *Journal of Behavioral Decision Making* 27 (2014): 386–393.

3. Drazen Prelec and George Loewenstein, "The Red and the Black: Mental Accounting of Savings and Debt," *Marketing Science* 17 (1998): 4–28.

4. Alex Imas, George Loewenstein, and Carey K Morewedge, "Mental Money Laundering: A Motivated Violation of Fungibility," *Journal of the European Economic Association* 19 (2021): 2209–2233.

5. Richard Thaler, "Toward a Positive Theory of Consumer Choice," *Journal of Economics Behavior and Organization* 1 (March 1980): 39–60.

6. From Hal Arkes and Catherine Blumer, "The Psychology of Sunk Cost," *Organizational Behavior and Human Decision Processes* 35 (February 1985): 124–140.

7. This discussion is adapted from John Gourville and Dilip Soman, "Payment Depreciation: The Behavioral Effects of Temporally Separating Payments From Consumption," *Journal of Consumer Research* 25 (1998): 160–174.

8. Eric Hirst, Edward Joyce, and Michael Schadewald, "Mental Accounting and Outcome Contiguity in Consumer-Borrowing Decisions," *Organizational Behavior and Human Decision Processes* 58 (1994): 136–152.

9. See Naomi E. Feldman, "Mental Accounting Effects of Income Tax Shifting," *Review of Economics and Statistics* 92 (2010): 70–86.

10. These are adapted from Elizabeth W. Dunn, Daniel T. Gilbert, and Timothy D. Wilson, "If Money Doesn't Make You Happy, Then You Probably Aren't Spending It Right," *Journal of Consumer Psychology* 21 (2011): 115–125.

11. This discussion is adapted from Hersh Shefrin and Meir Statman, "The Disposition to Sell Winners Too Early and Ride Losers Too Long: Theory and Evidence," *Journal of Finance* 40 (1984): 777–790.

12. John Gourville and Dilip Soman, "Payment Depreciation: The Behavioral Effects of Temporally Separating Payments From Consumption," *Journal of Consumer Research* 25 (1998): 160–174.

13. Sonya Seongyeon Lim, "Do Investors Integrate Losses and Segregate Gains? Mental Accounting and Investor Trading Decisions," *Journal of Business* 79 (2006): 2539–2573.

14. Alok Kumar and Sonya Seongyeon Lim, "How Do Decision Frames Influence the Stock Investment Choices of Individual Investors?" *Management Science* 54 (2008): 1052–1064.

15. Nicholas Barberis, Ming Huang, and Richard Thaler, "Individual Preferences, Monetary Gambles, and Stock Market Participation: A Case for Narrow Framing," *American Economic Review* 96 (2006): 1069–1090.

16. Julie Agnew, Pierluigi Balduzzi, and Annika Sundén, "Portfolio Choice and Trading in a Large 401(k) Plan," *American Economic Review* 93 (2003): 193–215.

17. James Choi, David Laibson, and Brigitte Madrian, "Mental Accounting in Portfolio Choice: Evidence From a Flypaper Effect," *American Economic Review* 99 (2009): 2085–2095.

18. Meir Statman, "The Diversification Puzzle," *Financial Analysts Journal* 60 (2004): 44–53.

19. Mark Grinblatt and Bing Han, "Prospect Theory, Mental Accounting, and Momentum," *Journal of Financial Economics* 78 (2005): 311–339.

第 7 章

1. Roger G. Clarke, Scott Krase, and Meir Statman, "Tracking Errors, Regret, and Tactical Asset Allocation," *Journal of Portfolio Management* 20 (1994): 16–24.

2. Data for these figures come from table 3.7 (p. 93) of Frank K. Reilly and Keith C. Brown, *Investment Analysis and Portfolio Management* (Fort Worth: Dryden Press, Harcourt College Publishers, 2000).

3. 这些结果是使用 Pendat 2000 数据库计算得出的，该数据库可以从政府财政官员协会获得。

4. Meir Statman, "Behavioral Finance: The Second Generation," CFA Institute Research Foundation, Monograph, 2019.

5. Hersh Shefrin and Meir Statman, "Behavioral Portfolio Theory," *Journal of Financial and Quantitative Analysis* 35 (2000): 127–151; Meir Statman, "Foreign Stocks in Behavioral Portfolios," *Financial Analysts Journal* 55 (March/April 1999): 12–16.

6. Ravi Dhar and Ning Zhu, "Up Close and Personal: An Individual Level Analysis of the Disposition Effect," *Management Science* 52 (2006): 726–740.

7. Alok Kumar, "Who Gambles in the Stock Market?" *Journal of Finance* 64 (2009): 1889–1933.

8. John R. Nofsinger and Abhishek Varma, "Pound Wise and Penny Foolish? OTC Stock Investor Behavior," *Review of Behavioral Finance* 6 (2014): 2–25.

9. Sanjiv Das, Harry Markowitz, Jonathan Scheid, and Meir Statman, "Portfolios for Investors Who Want to Reach Their Goals While Staying on the Mean-Variance Efficient Frontier," *Journal of Wealth Management* 14 (2011): 25–32.

10. Valery Polkovnichenko, "Household Portfolio Diversification: A Case for Rank-Dependent Preferences," *Review of Financial Studies* 18 (2005): 1467–1500.

11. Daniel Dorn and Gur Huberman, "Preferred Risk Habitat of Individual Investors," *Journal of Financial Economics* 97 (2010): 155–173.

12. William Nessmith and Stephen Utkus, "Target-Date Funds: Plan and Participant Adoption in 2007," *Vanguard Center for Retirement Research* 33 (2008): 1–16.

13. This example and others can be found in Shlomo Benartzi and Richard H. Thaler, "Naïve Diversification Strategies in Defined Contribution Savings Plans," *American Economic Review* 91 (2001): 79–98.

14. Gur Huberman and Wei Jiang, "Offering Versus Choice in 401(k) Plans: Equity Exposure and Number of Funds," *Journal of Finance* 61 (2006): 763–801.

15. Guido Baltussen and Gerrit T. Post, "Irrational Diversification: An Examination of Individual Portfolio Choice," *Journal of Financial and Quantitative Analysis* 46 (2011): 1463–1491.

16. Paul Gerrans and Ghialy Yap, "Retirement Savings Investment Choices: Sophisticated or Naïve?" *Pacific-Basin Finance Journal* 30 (2014): 233–250.

17. Shlomo Benartzi, Richard Thaler, Stephen Utkus, and Cass Sunstein, "The Law and Economics of Company Stock in 401(k) Plans," *Journal of Law and Economics* 50 (2007): 45–79.

第 8 章

1. See discussions in the following sources: Hersh Shefrin, *Beyond Green and Fear: Understanding Behavioral Finance and the Psychology of Investing* (Boston: Harvard Business School Press, 2000); Hersh Shefrin and Meir Statman, "Making Sense of Beta, Size, and Book-to-Market," *Journal of Portfolio Management* 21 (1995): 26–34; and Michael Solt and Meir Statman, "Good Companies, Bad Stocks," *Journal of Portfolio Management* 15 (1989): 39–44.

2. See the empirical evidence in Werner De Bondt and Richard Thaler, "Does the Stock Market Overreact?," *Journal of Finance* 40 (1985): 793–808; and the theoretical model of Nicholas Barberis, Andrei Shleifer, and Robert Vishny, "A Model of Investor Sentiment," *Journal of Financial Economics* 49 (1998): 307–343.

3. See panels C and D of table 1 in Josef Lakonishok, Andrei Shleifer, and Robert Vishny, "Contrarian Investment, Extrapolation, and Risk," *Journal of Finance* 48 (1994): 1541–1578.

4. Mary Bange, "Do the Portfolios of Small Investors Reflect Positive Feedback Trading?" *Journal of Financial and Quantitative Analysis* 35 (2000): 239–255.

5. Werner De Bondt, "Betting on Trends: Intuitive Forecasts of Financial Risk and Return," *International Journal of Forecasting* 9 (1993): 355–371.

6. Werner De Bondt and Richard Thaler, "Does the Stock Market Overreact?" *Journal of Finance* 40 (1985): 793–808.

7. Warren Bailey, Alok Kumar, and David Ng, "Behavioral Biases of Mutual Fund Investors," *Journal of Financial Economics* 102 (2011): 1–27.

8. Ivo Welch, "Views of Financial Economists on the Equity Premium and on Professional Controversies," *Journal of Business* 73 (2000): 501–537; Ivo Welch, "The Equity Premium Consensus Forecast Revisited," *Cowles Foundation Discussion Paper No. 1325*, September 2001.

9. Chip Heath and Amos Tversky, "Preferences and Beliefs: Ambiguity and Competence in Choice Under Uncertainty," *Journal of Risk and Uncertainty* 4 (1991): 5–28.

10. Much of this discussion is adapted from Gur Huberman, "Familiarity Breeds Investment," *Review of Financial Studies* 14 (2001): 659–680.

11. John R. Nofsinger and Abhishek Varma, "Individuals and Their Local Utility Stocks: Preference for the Familiar," *Financial Review* 47 (2012): 423–443.

12. Joshua Coval and Tobias Moskowitz, "Home Bias at Home: Local Equity Preference in Domestic Portfolios," *Journal of Finance* 54 (1999): 2045–2073.

13. Jun-Koo Kang and Rene Stulz, "Why Is There a Home Bias? An Analysis of Foreign Portfolio Equity Ownership in Japan," *Journal of Financial Economics* 46 (1997): 3–28.

14. Kalok Chan, Vicentiu Covrig, and Lilia Ng, "What Determines the Domestic Bias and Foreign Bias? Evidence From Mutual Fund Equity Allocations Worldwide," *Journal of Finance* 60 (2005): 1495–1534.

15. Kai Li, "Confidence in the Familiar: An International Perspective," *Journal of Financial and Quantitative Analysis* 39 (2004): 47–68.

16. Norman Strong and Xinzhong Xu, "Understanding the Equity Home Bias: Evidence From Survey Data," *Review of Economics and Statistics* 85 (2003): 307–312.

17. Bjarne Florentsen, Ulf Nielsson, Peter Raahauge, and Jesper Rangvid, "Turning Local: Home-Bias Dynamics of Relocating Foreigners," *Journal of Empirical Finance* 58 (2020): 436-452.

18. N. Deogun, "The Legacy: Roberto Goizueta Led Coca-Cola Stock Surge, and Its Home Prospers," *Wall Street Journal*, October 20, 1997.

19. See Zoran Ivković and Scott Weisbenner, "Local Does as Local Is: Information Content of the Geography of Individual Investors' Common Stock Investments," *Journal of Finance* 60 (2005): 267–306; Massa Massa and Andrei Simonov, "Hedging, Familiarity and Portfolio Choice," *Review of Financial Studies* 19 (2006): 633–685; Andriy Bodnaruk, "Proximity Always Matters: Local Bias When the Set of Local Companies Changes," *Review of Finance* 13 (2009): 629–656; and Mark Grinblatt and Matti Keloharju, "How Distance, Language, and Culture Influence Stockholdings and Trades," *Journal of Finance* 54 (2001): 1053–1073.

20. Joshua Coval and Tobias Moskowitz, "Home Bias at Home: Local Equity Preference in Domestic Portfolios," *Journal of Finance* 54 (1999): 2045–2073.

21. Harrison Hong, Jeffrey Kubik, and Jeremy Stein, "The Only Game in Town: Stock-Price Consequences of Local Bias," *Journal of Financial Economics* 90 (2008): 20–37.

22. Sie Ting Lau, Lilian Ng, and Bohui Zhang, "The World Price of Home Bias," *Journal of Financial Economics* 97 (2010): 191–217.

23. Byoung-Hyoun Hwang, "Country-specific Sentiment and Security Prices," *Journal of Financial Economics* 100 (2011): 382–401.

24. T. Clifton Green and Russell Jame, "Company Name Fluency, Investor Recognition, and Firm Value," *Journal of Financial Economics* 109 (2013): 813–834.

25. Alok Kumar, Alexandra Niessen-Ruenzi, and Oliver G. Spalt, "What's in a Name? Mutual Fund Flows When Managers Have Foreign-Sounding Names," *Review of Financial Studies* 28 (2015): 2281–2321.

26. E. Schultz, "Color Tile Offers Sad Lessons for Investors in 401(k) Plans," *Wall Street Journal*, June 5, 1996; E. Schultz, "Workers Put Too Much in Their Employer's Stock," *Wall Street Journal*, September 13, 1996.

27. M. Kilka and M. Weber, "Home Bias in International Stock Return Expectations," *Journal of Psychology and Financial Markets* 1 (2000): 176–193.

28. K. Driscoll, J. Malcolm, M. Sirull, and P. Slotter, "1995 Gallup Survey of Defined Contribution Plan Participants," *John Hancock Financial Services*, November 1995.

29. Shlomo Benartzi, "Excessive Extrapolation and the Allocation of 401(k) Accounts to Company Stock," *Journal of Finance* 56 (2001): 1747–1764.

30. Ibid.

第9章

1. David Hirshleifer, "Presidential Address: Social Transmission Bias in Economics and Finance," *Journal of Finance* 75 (2020): 1779–1831.

2. Theresa Kuchler and Johannes Stroebel, "Social Finance," *Annual Review of Financial Economics* 13 (2021): 37–55.

3. Robert Shiller and John Pound, "Survey Evidence on Diffusion of Interest and Information Among Investors," *Journal of Economic Behavior and Organization* 12 (1989): 47–66.

4. Daniel Egan, Christoph Merkle, and Martin Weber, "Second-Order Beliefs and the Individual Investor," *Journal of Economic Behavior & Organization* 107 (2014): 652–666.

5. Harrison Hong, Jeffrey D. Kubik, and Jeremy C. Stein, "Social Interaction and Stock-Market Participation," *Journal of Finance* 59 (2004): 137–163.

6. Rawley Heimer, "Friends Do Let Friends Buy Stocks Actively," *Journal of Economic Behavior & Organization* 107 (2014): 527–540.

7. See Zoran Ivkovic and Scott Weisbenner, "Information Diffusion Effects in Individual Investor's Common Stock Purchases: Covet Thy Neighbors' Investment Choices," *Review of Financial Studies* 20 (2007): 1327–1357; and Jeffery R. Brown, Zoran Ivkovic, Paul A. Smith, and Scott Weisbenner, "Neighbors Matter: Causal Community Effects and Stock Market Participation," *Journal of Finance* 63 (2008): 1509–1531.

8. Veronika K. Pool, Noah Stoffman, and Scott E. Yonker, "The People in Your Neighborhood: Social Interactions and Mutual Fund Portfolios," *Journal of Finance* 70 (2015): 2679–2731.

9. Timm O. Sprenger, Andranik Tumasjan, Philipp G. Sandner, and Isabell M. Welpe, "Tweets and Trades: The Information Content of Stock Microblogs," *European Financial Management* 20 (2014): 926–957.

10. Ville Rantala, "How Do Investment Ideas Spread through Social Interaction? Evidence from a Ponzi Scheme," *Journal of Finance* 74 (2019): 2349–2389.

11. Esther Duflo and Emmanuel Saez, "Participation and Investment Decisions in a Retirement Plan: The Influence of Colleagues' Choices," *Journal of Public Economics* 85 (2002): 121–148.

12. Esther Duflo and Emmanuel Saez, "The Role of Information and Social Interactions in Retirement Plan Decisions: Evidence From a Randomized Experiment," *Quarterly Journal of Economics* 118 (2003): 815–841.

13. Brad M. Barber and Terrance Odean, "Too Many Cooks Spoil the Profits: Investment Club Performance," *Financial Analysts Journal* 56 (January/February 2000): 17–25.

14. Tony Cook, "Six Moneymaking Lessons You Can Learn From America's Top Investing Club," *Money Magazine* 25 (December 1996): 88–93.

15. Brooke Harrington, *Capital and Community: Investment Clubs and Stock Market Populism* (Cambridge: Cambridge University Press, 2004).

16. Paul Tetlock, "Giving Content to Investor Sentiment: The Role of Media in the Stock Market," *Journal of Finance* 62 (2007): 1139–1168.

17. Paul Tetlock, "All the News That's Fit to Reprint: Do Investors React to Stale Information?" *Review of Financial Studies* 24 (2011): 1481–1512.

18. David H. Solomon, Eugene Soltes, and Denis Sosyura, "Winners in the Spotlight: Media Coverage of Fund Holdings as a Driver of Flows," *Journal of Financial Economics* 113 (2014): 53–72.

19. Jeffrey Hales, Xi (Jason) Kuang, and Shankar Venkatatraman, "Who Believes the Hype? An Experimental Examination of How Language Affects Investor Judgments," *Journal of Accounting Research* 49 (2011): 223–255.

20. Joseph Engelberg, Caroline Sasseville, and Jared Williams, "Market Madness? The Case of Mad Money," *Management Science* 58 (2012): 351–364.

21. Andrew Edgecliffe, "eToys Surges After Listing," *Financial Times*, May 21, 1999, p. 29.

22. Michael Cooper, Orlin Dimitrov, and Raghavendra Rau, "A Rose.com by Any Other Name," *Journal of Finance* 56 (2001): 2371–2388.

23. Michael Cooper, Ajay Khorana, Igor Osobov, Ajay Patel, and Raghavendra Rau, "Managerial Actions in Response to a Market Downturn: Valuation Effects of Name Changes in the Dot.Com Decline," *Journal of Corporate Finance* 11 (2005): 319–335.

24. Michael Cooper, Huseyin Gulen, and Raghavendra Rau, "Changing Names With Style: Mutual Fund Name Changes and Their Effects on Fund Flow," *Journal of Finance* 60 (2005): 2825–2858.

25. Xuejing Xing, Randy I. Anderson, and Yan Hu, "What's a Name Worth? The Impact of a Likeable Stock Ticker Symbol on Firm Value," *Journal of Financial Markets* 31 (2016): 63–80.

26. Alyssa G. Anderson and Yelena Larkin, "Does Noninformative Text Affect Investor Behavior?" *Financial Management* (2019 Spring): 257–289.

27. *Frontline*, January 4, 1997.

第 10 章

1. For example, see George Loewenstein, Elki U. Weber, Christopher K. Hsee, and Ned Welch, "Risk as Feelings," *Psychological Bulletin* 127 (2001): 267–286; and Paul Slovic, Melissa Finucane, Ellen Peters, and Donald MacGregor, "The Affect Heuristic," In *Heuristics and Biases: The Psychology of Intuitive Judgment*, Edited by T. Gilovich, D. Griffin, and D. Kahneman (New York: Cambridge University Press, 2002), 397–420.

2. Joseph P. Forgas, "Mood and Judgment: The Affect Infusion Model (AIM)," *Psychological Bulletin* 117 (1995): 39–66.

3. Antonio Damasio, *Descartes' Error: Emotion, Reason, and the Human Brain* (New York: Avon, 1994); Antonio Damasio, D. Tranel, and H. Damasio, "Individuals With Sociopathic Behavior Caused by Frontal Damage Fail to Respond Autonomically to Social Stimuli," *Behavioral Brain Research* 41 (1990): 81–94.

4. William Wright and Gordon Bower, "Mood Effects on Subjective Probability Assessment," *Organizational Behavior and Human Decision Processes* 52 (1992): 276–291.

5. Andrew Lo, Dmitry Repin, and Brett Steenbarger, "Fear and Greed in Financial Markets: A Clinical Study of Day-Traders," *American Economic Review* 95 (2005): 352–359.

6. Camelia M. Kuhnen and Brian Knutson, "The Influence of Affect on Beliefs, Preferences, and Financial Decisions," *Journal of Financial and Quantitative Analysis* 46 (2011): 605–626.

7. Bruce Rind, "Effect of Beliefs About Weather Conditions on Tipping," *Journal of Applied Social Psychology* 26 (1996): 137–147.

8. See David Hirshleifer and Tyler Shumway, "Good Day Sunshine: Stock Returns and the Weather," *Journal of Finance* 58 (2003): 1009–1032; and Melanie Cao and Jason Wei, "Stock Market Returns: A Note on Temperature Anomaly," *Journal of Banking and Finance* 29 (2005): 1559–1573.

9. William N. Goetzmann, Dasol Kim, Alok Kumar, and Qin Wang, "Weather-Induced Mood, Institutional Investors, and Stock Returns," *Review of Financial Studies* 28 (2015): 73–111.

10. Anna Bassi, Riccardo Colacito, and Paolo Fulghieri, "'O Sole Mio: An Experimental Analysis of Weather and Risk Attitudes in Financial Decisions," *Review of Financial Studies* 26 (2013): 1824–1852.

11. Mark Kamstra, Lisa Kramer, and Maurice Levi, "Winter Blues: A Sad Stock Market Cycle," *American Economic Review* 93 (2003): 324–343.

12. Kathy Yuan, Lu Zheng, and Qiaoqiao Zhu, "Are Investors Moonstruck? Lunar Phases and Stock Returns," *Journal of Empirical Finance* 13 (2006): 1–23.

13. See Alex Edmans, Diego Garcia, and Oyvind Norli, "Sports Sentiment and Stock Returns," *Journal of Finance* 62 (2007): 1967–1998; and Shao-Chi Chang, Sheng-Syan Chen, Robin K. Chou, and Yueh-Hsiang Lin, "Local Sports Sentiment and Returns of Locally Headquartered Stocks: A Firm-Level Analysis," *Journal of Empirical Finance* 19 (2012): 309–318.

14. Gabriele M. Lepori, "Investor Mood and Demand for Stocks: Evidence From Popular TV Series Finales," *Journal of Economic Psychology* 48 (2015): 33–47.

15. Sunjung Choi, "Stock Market Returns and Suicide Rates: Evidence From the United States," *Social Behavior and Personality* 44 (2016): 89–102.

16. For additional discussion, see Brad Barber and Terrance Odean, "The Internet and the Investor," *Journal of Economic Perspectives* 15 (2001): 41–54. See also Gur Huberman and Tomer Regev, "Contagious Speculation and a Cure for Cancer: A Nonevent That Made Stock Prices Soar," *Journal of Finance* 56 (2001): 387–396.

17. Bradford Cornell and Qiao Liu, "The Parent Company Puzzle: When Is the Whole Worth Less Than One of the Parts?" *Journal of Corporate Finance* 7 (2001): 341–366.

18. Khaled Obaid and Kuntara Pukthuanthong, "A Picture is Worth a Thousand Words: Measuring Investor Sentiment by Combining Machine Learning and Photos from News," *Journal of Financial Economics* 144 (2022): 273–297.

19. John Nofsinger, "Social Mood and Financial Economics," *Journal of Behavioral Finance* 6 (2005): 144–160.

20. Jędrzej Białkowski, Ahmad Etebari, and Tomasz Piortr Wisniewski, "Fast Profits: Investor Sentiment and Stock Returns During Ramadan," *Journal of Banking and Finance* 36 (2012): 835–845.
21. For a discussion of closed-end discounts, see Charles Lee, Andrei Shleifer, and Richard Thaler, "Investor Sentiment and the Closed-End Fund Puzzle," *Journal of Finance* 46 (1991): 75–109. For a discussion of IPOs, see Roger Ibbotson, Jody Sindelar, and Jay Ritter, "The Market's Problems With the Pricing of Initial Public Offerings," *Journal of Applied Corporate Finance* 7 (1994): 66–74.
22. Malcolm Baker and Jeffrey Wurgler, "Investor Sentiment and the Cross-Section of Stock Returns," *Journal of Finance* 61 (2006): 1645–1680.
23. Diego García, "Sentiment During Recessions," *Journal of Finance* 68 (2013): 1267–1300.
24. Alex Edmans, Adrian Fernandez-Perez, Alexandre Garel, and Ivan Indriawan, "Music Sentiment and Stock Returns Around the World," *Journal of Financial Economics*, forthcoming 2022.
25. Robert Sobel, *The Big Board: A History of the New York Stock Market* (New York: Free Press, 1965).
26. Alok Kumar, "Who Gambles in the Stock Market," *Journal of Finance* 64 (2009): 1889–1933.
27. Daniel Dorn and Paul Sengmueller, "Trading as Entertainment?" *Management Science* 55 (2009): 591–603.
28. Mark Grinblatt and Matti Keloharju, "Sensation Seeking, Overconfidence, and Trading Activity," *Journal of Finance* 64 (2009): 549–578.

第 11 章

1. Kenneth Fisher and Meir Statman, "A Behavioral Framework for Time Diversification," *Financial Analysts Journal* 55 (May/June 1999), 92.
2. This discussion is from Richard Thaler and Hersh Shefrin, "An Economic Theory of Self-Control," *Journal of Political Economy* 89 (1981): 392–406.
3. This example is proposed in Ted O'Donoghue and Matthew Rabin, "Doing It Now or Later," *American Economic Review* 89 (1999): 103–124.
4. George Ainsle, "Derivation of 'Rational' Economic Behavior From Hyperbolic Discount Curves," *American Economic Review* 81 (1991): 334–340.
5. These ideas are explored in Richard Thaler and Hersh Shefrin, "An Economic Theory of Self-Control," *Journal of Political Economy* 89 (1981): 392–406; and Stephen Hoch and George Loewenstein, "Time-Inconsistent Preferences and Consumer Self-Control," *Journal of Consumer Research* 17 (1991): 492–507.
6. George Akerlof, "Procrastination and Obedience," *American Economic Review* 81 (1991): 1–19.
7. Richard Thaler, "Psychology and Savings Policies," *American Economic Review* 84 (1994): 186–192.
8. Richard Thaler and Hersh Shefrin, "An Economic Theory of Self-Control," *Journal of Political Economy* 89 (1981): 392–406.
9. Benjamin Ayers, Steven Kachelmeister, and John Robinson, "Why Do People Give Interest-Free Loans to the Government? An Experimental Study of Interim Tax Payments," *Journal of the American Taxation Association* 21 (1999): 55–74.
10. Richard Thaler, "Psychology and Savings Policies," *American Economic Review* 84 (1994): 186–192.

11. Hersh Shefrin and Richard Thaler, "Mental Accounting, Saving, and Self-Control," In *Choice Over Time,* Edited by George Loewenstein and Jon Elster (New York: Russell Sage Foundation, 1992).

12. This discussion is adapted from Ted O'Donoghue and Matthew Rabin, "Choice and Procrastination," *Quarterly Journal of Economics* 116 (2001): 121–160.

13. See Brad Barber, Terrance Odean, and Lu Zheng, "Out of Sight, Out of Mind: The Effects of Expenses on Mutual Fund Flows," *Journal of Business* 78 (2005): 2095–2119; and Prem Jain and Joanna Wu, "Truth in Mutual Fund Advertising: Evidence on Future Performance and Fund Flows," *Journal of Finance* 55 (2000): 937–958.

14. Dean Karlan, Margaret McConnell, Sendhil Mullainathan, and Jonathan Zinman, "Getting to the Top of Mind: How Reminders Increase Savings," *Management Science* 62 (2016): 3393–3411.

15. Shlomo Benartzi and Richard Thaler, "Heuristics and Biases in Retirement Savings Behavior," *Journal of Economic Perspectives* 21 (2007): 81–104.

16. See Patrick Bolton, Xavier Freixas, and Joel Shapiro, "Conflicts of Interest, Information Provision, and Compensation in the Financial Services Industry," *Journal of Financial Economics* 85 (2007): 297–330; and Neal M. Stoughton, Youchang Wu, and Josef Zechner, "Intermediated Investment Management," *Journal of Finance* 66 (2011): 947–980.

17. Utpal Bhattacharya, Andreas Hackethal, Simon Kaesler, Benjamin Loos, and Steffen Meyer, "Is Unbiased Financial Advice to Retail Investors Sufficient? Answers From a Large Field Study," *Review of Financial Studies* 25 (2012): 975–1032.

18. Cass Sunstein and Richard Thaler, "Libertarian Paternalism Is Not an Oxymoron," *University of Chicago Law Review* 70 (2003): 1159–1202.

19. Cass R. Sunstein, "The Council of Psychological Advisers," *Annual Review of Psychology* 67 (2016): 713–737.

20. Brigitte Madrian and Dennis Shea, "The Power of Suggestion: Inertia in 401(k) Participation and Savings Behavior," *Quarterly Journal of Economics* 116 (2001): 1149–1187.

21. Richard Thaler and Shlomo Benartzi, "Save More Tomorrow: Using Behavioral Economics to Increase Employee Savings," *Journal of Political Economy* 112 (2004): S164–S187.

22. John Beshears, Hengchen Dai, Katherine L. Milkman, and Shlomo Benartzi, "Using Fresh Starts to Nudge Increased Retirement Savings," *Organizational Behavior and Human Decision Processes* 167 (2021): 72–87.

23. Henrik Cronqvist, Richard H. Thaler, and Frank Yu, "When Nudges Are Forever: Inertia in the Swedish Premium Pension Plan," *AEA Papers and Proceedings* 108 (2018): 153–158.

24. See the following: Peter Tufano, "Saving Whilst Gambling: An Empirical Analysis of UK Premium Bonds," *American Economic Review* 98 (2008): 321–326; Mauro Guillen and Adrian Tschoegl, "Banking on Gambling: Banks and Lottery-Linked Deposit Accounts," *Journal of Financial Services Research* 21 (2002): 219–231; and Peter Tufano and Daniel Schneider, "Using Financial Innovation to Support Savers: From Coercion to Excitement," In *Access, Assets and Poverty,* Edited by Rebecca Blank and Michael Barr (New York: Russell Sage, 2008).

25. J. Anthony Cookson, "When Saving is Gambling," *Journal of Financial Economics* 129 (2018): 24–45.

26. Felipe Kast, Stephan Meier, and Dina Pomeranz, "Saving More in Groups: Field Experimental Evidence From Chile," *Harvard Working Paper*, April 2016.

27. Yevgeny Mugerman, Orly Sade, and Moses Shayo, "Long Term Savings Decisions: Financial Reform, Peer Effects and Ethnicity," *Journal of Economic Behavior & Organization* 106 (2014): 235–253.

第 12 章

1.　Renée B. Adams, Brad M. Barber, and Terrance Odean, "Family, Values, and Women in Finance," *Haas School of Business, UC Berkeley Working Paper,* 2016.

2.　James P. Byrnes, David C. Miller, and William D. Schafer, "Gender Differences in Risk Taking: A Meta-Analysis," *Psychological Bulletin* 125 (1999): 367–383.

3.　Rachel Croson and Uri Gneezy, "Gender Differences in Preferences," *Journal of Economic Literature* 47 (2009): 448–474.

4.　Alison L. Booth and Patrick Nolen, "Gender Differences in Risk Behaviour: Does Nurture Matter?" *Economic Journal* 122 (February 2012): F56–F78.

5.　See Note 1.

6.　Amir Barnea, Henrik Cronqvist, and Stephan Siegel, "Nature or Nurture: What Determines Investor Behavior?" *Journal of Financial Economics* 98 (2010): 583–604.

7.　David Cesarini, Magnus Johannesson, Paul Lichtenstein, Örjan Sandewall, and Björn Wallace, "Genetic Variation in Financial Decision-Making," *Journal of Finance* 65 (2010): 1725–1754.

8.　David Cesarini, Magnus Johannesson, Patrik K. E. Magnusson, and Björn Wallace, "The Behavioral Genetics of Behavioral Anomalies," *Management Science* 58 (2012): 21–34.

9.　David Cesarini, Christopher T. Dawes, Magnus Johannesson, Paul Lichtenstein, and Bjorn Wallace, "Genetic Variation in Preferences for Giving and Risk Taking," *Quarterly Journal of Economics* 124 (2011): 809–842.

10.　Michael J. Zyphur, Jayanth Narayanan, Richard D. Arvey, and Gordon J. Alexander, "The Genetics of Economic Risk Preferences," *Journal of Behavioral Decision Making* 22 (2009): 367–377.

11.　Sandra E. Black, Paul J. Devereux, Petter Lundborg, and Kaveh Majlesi, "On the Origins of Risk-Taking in Financial Markets," *Journal of Finance* 72 (2017): 2229–2278.

12.　Andreas Fagereng, Magne Mogstad, and Marte Rønning, "Why Do Wealthy Parents Have Wealthy Children?" *Norway Statistics Discussion Paper No. 813*, October 21, 2015.

13.　Yuping Jia, Laurence Van Lent, and Yachang Zeng, "Masculinity, Testosterone, and Financial Misreporting," *Journal of Accounting Research* 52 (2014): 1195–1246.

14.　Ellen Garbarino, Robert Slonim, and Justin Sydnor, "Digit Ratios (2D:4D) as Predictors of Risky Decision Making for Both Sexes," *Journal of Risk and Uncertainty* 42 (2011): 1–26.

15.　John M. Coates, Mark Gurnell, and Aldo Rustichini, "Second-to-Fourth Digit Ratio Predicts Success Among High-Frequency Financial Traders," *Proceedings of the National Academy of Sciences* 106 (2009): 623–628.

16.　Henrik Cronqvist, Alessandro Previtero, Stephan Seigel, and Roderick E. White, "The Fetal Origins Hypothesis in Finance: Prenatal Environment, the Gender Gap, and Investor Behavior," *Review of Financial Studies* 29 (2016): 739–786.

17.　John M. Coates and J. Herbert, "Endogenous Steroids and Financial Risk Taking on a London Trading Floor," *Proceedings of the National Academy of Sciences* 105 (2008): 6167–6172.

18.　Steven J. Stanton, Scott H. Liening, and Oliver C. Schultheiss, "Testosterone Is Positively Associated With Risk Taking in the Iowa Gambling Task," *Hormones and Behavior* 59 (2011): 252–256.

19.　Andrew W. Lo and Dmitry V. Repin, "The Psychophysiology of Real-Time Financial Risk Processing," *Journal of Cognitive Neuroscience* 14 (2002): 323–339.

20.　Joseph Engelberg and Christopher A. Parsons, "Worrying About the Stock Market: Evidence From Hospital Admissions," *Journal of Finance* 71 (2016): 1227–1250.

21. Spencer Barnes, "Killing in the Stock Market: Evidence from Organ Donations," *Journal of Behavioral and Experimental Finance* 32 (2021).

22. Jonathan P. Beauchamp, David Cesarini, Magnus Johannesson, Matthijs J. H. M. van der Loos, Philipp D. Koellinger, Patrick J. F. Groenen, James H. Fowler, J. Niels Rosenquist, A. Roy Thurik, and Nicholas A. Christakis, 2001. "Molecular Genetics and Economics," *Journal of Economic Perspectives* 25 (2001): 57–82.

23. Jeffrey P. Carpenter, Justin R. Garcia, and J. Koji Lum, "Dopamine Receptor Genes Predict Risk Preferences, Time Preferences, and Related Economic Choices," *Journal of Risk and Uncertainty* 42 (2011): 233–261.

24. Richard Sias, Laura Starks, and Harry J. Turtle, "Molecular Genetics, Risk Aversion, Return Perceptions, and Stock Market Participation," *National Bureau of Economic Research, Working Paper* 27638.

25. Eric Bonsang and Thomas Dohmen, "Risk Attitude and Cognitive Aging," *Journal of Economic Behavior & Organization* 112 (2015): 112–126.

26. George M. Korniotis and Alok Kumar, "Do Older Investors Make Better Investment Decisions?" *Review of Economics and Statistics* 93 (2011): 244–265.

第13章

1. Svea Herbst-Bayliss, "Retail Trading Frenzy Sparks Jitters for Noted GameStop Short-Seller," *Reuters*, January 26, 2021.

2. Mark DeCambre, "We were 'Dangerously Close' to Collapse of 'Entire System,' says Interactive Brokers Founder Ahead of GameStop Hearing," *MarketWatch*, Feb. 18, 2021, 12:06 p.m. ET.

3. André Betzer and Jan Philipp Harries, "If He's Still In, I'm Still In! How Reddit Posts Affect GameStop Retail Trading," *Working Paper*, May 2021.

4. Cheng Long, Brian Lucey, and Larisa Yarovaya, "'I Just Like the Stock' versus 'Fear and Loathing on Main Street': The Role of Reddit Sentiment in the GameStop Short Squeeze," *Working Paper*, 2021.

5. James J. Angel, "GameStonk: What Happened and What to Do About It," Center for Financial Markets and Policy, *Working Paper*, February 8, 2021.

6. Brad M. Barber, Xing Huang, Terrance Odean, and Chris Schwarz, "Attention-Induced Trading and Returns: Evidence from Robinhood Users," *Journal of Finance* (2022, forthcoming).

7. Tim Hasso, Daniel Müller, Matthias Pelster, and Sonja Warkulat, "Who Participated in the GameStop Frenzy? Evidence from Brokerage Accounts." *Finance Research Letters* 45 (2022). DOI: 102140.

8. Lisa Lerer and Astead W. Herndon, "Lawmakers Look at GameStop Furor and See a Populist Issue to Seize," *New York Times*, January 31, 2021.

9. Michele Costola, Matteo Iacopini, and Carlo R.M.A. Santagiustina, "On the 'Momentum' of Meme Stocks," *Economic Letters* 207 (2021). DOI: 110021.

推荐阅读

宏观金融经典

这次不一样：八百年金融危机史	[美] 卡门·M.莱因哈特（Carmen M. Reinhart） 肯尼斯·S.罗格夫（Kenneth S. Rogoff）
布雷顿森林货币战：美元如何通知世界	[美] 本·斯泰尔（Benn Steil）
套利危机与金融新秩序：利率交易崛起	[美] 蒂姆·李(Tim Lee) 等
货币变局：洞悉国际强势货币交替	[美] 巴里·艾肯格林（Barry Eichengreen）等
金融的权力：银行家创造的国际货币格局	[美] 诺美·普林斯（Nomi）
两位经济学家的世纪论战（萨缪尔森与弗里德曼的世纪论战）	[美] 尼古拉斯·韦普肖特（Nicholas Wapshott）
亿万：围剿华尔街大白鲨（对冲之王史蒂芬·科恩）	[美] 茜拉·科尔哈特卡（Sheelah Kolhatkar）
资本全球化：一部国际货币体系史（原书第3版）	[美] 巴里·埃森格林（Barry Eichengreen）
华尔街投行百年史	[美] 查尔斯 R.盖斯特（Charles R. Geisst）

微观估值经典

估值：难点、解决方案及相关案例（达摩达兰估值经典全书）	[美] 阿斯瓦斯·达莫达兰（Aswath Damodaran）
新手学估值：股票投资五步分析法 （霍华德马克思推荐，价值投资第一本书）	[美] 乔舒亚·珀尔（Joshua Pearl）等
巴菲特的估值逻辑：20个投资案例深入复盘	[美] 陆晔飞（Yefei Lu）
估值的艺术：110个解读案例	[美] 尼古拉斯·斯密德林（Nicolas, Schmidlin）
并购估值：构建和衡量非上市公司价值（原书第3版）	[美] 克里斯 M.梅林（Chris M. Mellen） 弗兰克 C.埃文斯（Frank C. Evans）
华尔街证券分析：股票分析与公司估值（原书第2版）	[美] 杰弗里 C.胡克（Jeffrey C.Hooke）
股权估值：原理、方法与案例（原书第3版）	[美] 杰拉尔德 E.平托(Jerald E. Pinto) 等
估值技术（从格雷厄姆到达莫达兰过去50年最被认可的估值技术梳理）	[美] 大卫 T. 拉拉比（David T. Larrabee）等
无形资产估值：发现企业价值洼地	[美] 卡尔 L. 希勒（Carl L. Sheeler）
股权估值综合实践：产业投资、私募股权、上市公司估值实践综合指南 （原书第3版）	[美] Z.克里斯托弗·默瑟（Z.Christopher Mercer） 特拉维斯·W. 哈姆斯（Travis W. Harms）
预期投资：未来投资机会分析与估值方法	[美] 迈克尔·J.莫布森(Michael J.Mauboussin) 艾尔弗雷德·拉帕波特(Alfred Rappaport)
投资银行：估值与实践	[德] 简·菲比希（Jan Viebig）等
医疗行业估值	郑华 涂宏钢
医药行业估值	郑华 涂宏钢

债市投资必读

债券投资实战（复盘真实债券投资案例，勾勒中国债市全景）	龙红亮（公众号"债市夜谭"号主）
债券投资实战2：交易策略、投组管理和绩效分析	龙红亮（公众号"债市夜谭"号主）
信用债投资分析与实战（真实的行业透视 实用的打分模型）	刘婕（基金"嘻姐投资日记"创设人）
分析 应对 交易（债市交易技术与心理，笔记哥王健的投资笔记）	王健（基金经理）
美元债投资实战（一本书入门中资美元债，八位知名经济学家推荐）	王龙（大湾区金融协会主席）
固定收益证券分析（CFA考试推荐参考教材）	[美]芭芭拉S.佩蒂特（Barbara S.Petitt）等
固定收益证券（固收名家塔克曼经典著作）	[美]布鲁斯·塔克曼(Bruce Tuckman)等

推荐阅读

A股投资必读	金融专家，券商首席，中国优秀证券分析师团队，金麒麟，新财富等各项分析师评选获得者
亲历与思考：记录中国资本市场30年	聂庆平（证金公司总经理）
策略投资：从方法论到进化论	戴 康 等（广发证券首席策略分析师）
投资核心资产：在股市长牛中实现超额收益	王德伦 等（兴业证券首席策略分析师）
王剑讲银行业	王 剑（国信证券金融业首席分析师）
荀玉根讲策略	荀玉根（海通证券首席经济学家兼首席策略分析师）
吴劲草讲消费业	吴劲草（东吴证券消费零售行业首席分析师）
牛市简史：A股五次大牛市的运行逻辑	王德伦 等（兴业证券首席策略分析师）
长牛：新时代股市运行逻辑	王德伦 等（兴业证券首席策略分析师）
预见未来：双循环与新动能	邵 宇（东方证券首席经济学家）
CFA协会投资系列	全球金融第一考，CFA协会与wiley出版社共同推出，按照考试科目讲解CFA知识体系，考生重要参考书
股权估值：原理、方法与案例（原书第4版）	[美]杰拉尔德 E.平托（Jerald E. Pinto）
国际财务报表分析（原书第4版）	[美]托马斯 R.罗宾逊（Thomas R. Robinson）
量化投资分析（原书第4版）	[美]理查德 A.德弗斯科（Richard A.DeFusco）等
固定收益证券：现代市场工具（原书第4版）	[美]芭芭拉S.佩蒂特（Barbara S.Petitt）
公司金融：经济学基础与金融建模（原书第3版）	[美]米歇尔 R. 克莱曼（Michelle R. Clayman）
估值技术（从格雷厄姆到达莫达兰过去50年最被认可的估值技术梳理）	[美]大卫 T. 拉拉比（David T. Larrabee）等
私人财富管理	[美]斯蒂芬 M. 霍兰（Stephen M. Horan）
新财富管理	[美]哈罗德·埃文斯基（Harol Evensky）等
投资决策经济学：微观、宏观与国际经济学	[美]克里斯托弗 D.派若斯（Christopher D.Piros）等
投资学	[美]哈罗德·埃文斯基（Harol Evensky）等
金融投资经典	
竞争优势：透视企业护城河	[美]布鲁斯·格林沃尔德（Bruce Greenwald）
漫步华尔街	[美]伯顿·G.马尔基尔（Burton G. Malkiel）
行为金融与投资心理学	[美] 约翰 R. 诺夫辛格（John R.Nofsinger）
消费金融真经	[美]戴维·劳伦斯（David Lawrence）等
智能贝塔与因子投资实战	[美]哈立德·加尤（Khalid Ghayur）等
证券投资心理学	[德]安德烈·科斯托拉尼（André Kostolany）
金钱传奇：科斯托拉尼的投资哲学	[德]安德烈·科斯托拉尼（André Kostolany）
证券投资课	[德]安德烈·科斯托拉尼（André Kostolany）
证券投机的艺术	[德]安德烈·科斯托拉尼（André Kostolany）
投资中最常犯的错：不可不知的投资心理与认知偏差误区	[英]约阿希姆·克莱门特（Joachim Klement）
投资尽职调查：安全投资第一课	[美] 肯尼思·斯普林格（Kenneth S. Springer）等
格雷厄姆精选集：演说、文章及纽约金融学院讲义实录	[美]珍妮特·洛（Janet Lowe）
投资成长股：罗·普莱斯投资之道	[美]科尼利厄斯·C.邦德（Cornelius C. Bond）
换位决策：建立克服偏见的投资决策系统	[美]谢丽尔·斯特劳斯·艾因霍恩（Cheryl Strauss Einhorn）
精明的投资者	[美]H.肯特·贝克(H.Kent Baker)等